마음세탁소

하루 20분,
내 마음때 씻어내기 **마음세탁소**

황웅근 지음

정신세계사

마음세탁소
ⓒ 황웅근, 2013

황웅근 지은 것을 정신세계사 정주득이 2013년 5월 3일 처음 펴내다. 이균형과 김우종이 다듬고, 김윤선이 꾸미고, 경운출력에서 출력을, 한서지업사에서 종이를, 영신사에서 인쇄와 제본을, 김영수가 기획과 홍보를, 하지혜가 책의 관리를 맡다. 정신세계사의 등록일자는 1978년 4월 25일(제1-100호), 주소는 03965 서울시 마포구 성산로4길 6 2층, 전화는 02-733-3134, 팩스는 02-733-3144, 홈페이지는 www.mindbook.co.kr, 인터넷 카페는 cafe.naver.com/mindbooky이다.

2022년 10월 31일 펴낸 책(초판 제9쇄)

ISBN 978-89-357-0367-8 03180

이 도서의 국립중앙도서관 출판시도서목록(CIP)은 e-CIP홈페이지(http://www.nl.go.kr/ecip)와 국가자료공동목록시스템(http://www.nl.go.kr/kolisnet)에서 이용하실 수 있습니다.
(CIP제어번호 : CIP2013004306)

일러두기

- 이 책은 다른 책들처럼 편하게 읽어나가셔도 좋지만,
  하루에 한 장씩 20분간 꼭꼭 씹어 읽으시면 더욱 좋습니다.
  마음의 불안과 불편을 극복하는 실용서로서는 물론이고
  동양 전통의 심리치유법을 알리는 교양서로서도
  부족함이 없도록 구성하였습니다.

- '심의心醫'란 조선 세조 때 편찬된 〈의약론醫藥論〉에 등장하는 바,
  자기수양을 통해 스스로의 마음의 때를 씻어냄과 동시에
  환우에게도 이를 계도하여 마음병을 치유하는 의료인을 말합니다.
  '심성계발'은 그 구체적인 방법으로서
  인문학적 통찰과 한의학의 원리를 조합한 우리나라 고유의 심리치유법입니다.

- 이 책 문답식 대화에 등장하는 분들에 대한 구체적인 신원을 생략하고
  연령대와 성별만을 밝히고 'OO씨'라고 표기한 것은
  개인정보를 보호하기 위함이며
  뜻이 전달되기에도 무방하기 때문입니다.
  독자님들의 너른 양해를 구합니다.

머리말

양말과 속옷은 매일 갈아입습니다. 점퍼와 치마와 바지는 며칠에 한 번 갈아입습니다. 두툼한 겨울외투는 몇 주씩 입기도 합니다. 신발은 그보다 더 오래 신을 수 있습니다. 그러나 시간이 지나면 자연스럽게 때가 낍니다. 결국 세탁이 필요합니다.

우리의 마음은 어떨까요?

우리는 내 마음이 곧 '나 자신'이라고 여기기 쉽습니다. 그러나 조금 더 숙고해보면, 옛 선현先賢들께서 밝혔듯이 내 마음은 '내가 입고 있는 옷'이라는 사실을 알게 됩니다. 그리고 내 마음이라는 이 '옷'도 시간이 지나면 때가 끼기 마련입니다.

세탁하지 않은 옷을 입고 다니면 악취가 풍겨서 나 자신과 주변 사람들을 모두 불쾌하게 하듯이, 마음의 때를 씻어내지 않는 사람은 스스로 마음병을 앓게 되고 타인에게 폐를 끼치게 됩니다. 누구라도 이런 사람이 되고 싶진 않을 것입니다. 그러므로 우리들은 반드시 마음의 때를 수시로 씻어내야 합니다.

그렇다면 대체 마음의 때란 무엇일까요?

그것은 바로 '강박심리强迫心理'입니다. 강박심리의 실체는 '착각錯覺'과 '무지無知'이며, 그 특징은 '고집固執'과 '욕심慾心'이고 그 표현방식은 '부정否定하기'와 '다툼'입니다.

만일 이 마음의 때를 정기적으로 씻지 않게 되면 강박심리가 걸림돌로 작용합니다. 그래서 어떤 일을 하려 해도 힘만 들고 효율이 오르지 않습니다. 그러다 보니 더욱 불만이 쌓이고 불평이 늘어납니다. 원망과 증오가 뒤따르면서 마음의 상처를 입거나 피해의식이 생겨납니다.

흔히 사람들에게 혐오감을 주는 불평과 화풀이, 비방과 남 탓하기, 핑계 대기, 시기와 질투, 게으름, 폭언과 폭력 등의 저변에는 늘 '강박심리'란 마음때가 끼어 있습니다. 걱정과 근심, 스트레스, 그리고 우울과 불안, 두려움과 같은 좋지 않은 감정들 역시 강박심리의 산물들입니다.

이와 같은 감정들이 증폭되면 삶의 흥미를 잃게 됩니다. 이로 인해서 대인관계가 악화되고 공동체 사회로부터 소외되기 쉽습니다. 이것이 심화되면 자기비하에 빠져 자해를 하거나, 세상을 비관하여 소위 '묻지마 범죄'를 저지르기도 합니다.

우리에게 마음이 있는 한 살아가는 동안 강박심리를 피해갈 수는 없습니다. 그러므로 마음의 때를 씻는 작업은 정상인과 병자, 의료인과 환우患友, 어른과 아이를 구분할 필요가 없습니다.

그렇다면 어떻게 이런 마음의 때를 씻어낼 수 있을까요?

우리 마음의 때를 말끔히 씻어줄 효과만점의 세제는 없을까요?

물론 있습니다.

자연의 이치를 담은 성현聖賢의 말씀이 그것입니다.

우리나라의 옛 선비들과 수행자들은 성현의 가르침을 곱씹으며 성실히 마음의 때를 씻어냈습니다. 또 여러 문헌을 통해 그 세탁법을 후손인 우리에게도 전해주었습니다. 그래서 저와 심의心醫들은 이 세탁법을 스스로 실천하는 동시에 임상臨床에도 적극 응용하였고, 오랫동안 그 탁월한 효과를 거듭 확인하였습니다.

어떤 분들은 성현의 말씀을 통해서 심리적 아픔을 치유한다는 말을 들으면 이렇게 묻곤 합니다.

"낯설고 생소한 성현의 말씀이 내 정신적인 문제를 해결하는 데 대체 무슨 상관이 있죠?"

그러면 저는 다음과 같이 되묻습니다.

"성현의 가르침이 낯설고 생소하기에 마음병에서 벗어나지 못하는 거예요. 성현의 말씀은 기천 년의 역사를 통해 검증된 가장 보편타당한 삶의 진리입니다. 이를 외면한 채 자신의 정신적 문제를 해결코자 하는 것이 오히려 더욱 의아스러운 일이 아닐까요?"

일단 성현의 말씀을 접하면 자기도 모르는 새 서서히 마음의 때가 씻어지고 생각이 크게 열리게 되는 것을 몸소 체험할 수 있습니다. 또 성현의 말씀과 친숙해지는 순간부터 우리가 겪는 대부분의 인생 문제들은 '혼자만의 왜곡된 생각이 만들어낸 허상'이었다는 점도 깨닫게 됩니다.

이 책은 모두 네 개의 장으로 구성되었습니다.

제1장은 우리 마음의 표면에 흔하게 묻어 있는 착각과 무지, 오해의 때를 씻어내는 예비세탁 과정입니다. 제2장에서는 강력한 세정력을 지닌 40여 가지의 요긴한 마음세제를 투입했습니다. 이를 통해 제3장에서는 우리의 마음 저변까지 침투한 묵고 찌든 속때에 대한 본격적인 세탁이 이뤄집니다. 제4장은 탈수 및 건조 과정인바, 이내 순백색의 깨끗하고 맑은 본성이 회복되도록 하였습니다.

또 이와 별도로 〈십이세심방十二洗心方〉이라는 부록을 통해 나만이 가진 마음때가 무엇인지 파악하고 이를 수시로 씻어낼 수 있는 구체적인 처방을 제시하였습니다.

나와 타인, 그리고 이 세상의 이치에 대해 바르게 깨칠 때에 마음때가 씻어집니다. 그러면 이제껏 나를 옭아맨 심리적 제약에서 벗어나기에 내가 뜻하는 바를 모두 이룰 수 있습니다. 답답했던 삶이 종결되고 새롭고 신명나는 삶이 펼쳐집니다. 저와 심의心醫들의 작은 노력이 심리적인 고충을 해결하고 마음의 평화를 구하는 분들에게 보탬이 되기를 희망합니다. 또 그렇게 되리라고 감히 확신합니다.

감사합니다.

2013년 4월 마음세탁소에서

심의心醫 황웅근

내 마음 때 세탁기 洗濯記

내 할아버지는 생전에 충청도 전역에서 활동하던 한의사셨다. 내가 태어나기 몇 해 전에 돌아가셨으므로 직접 뵌 적은 없다. 그러나 할아버지 덕분에 내 윗세대 어르신들은 조금씩 한의학을 전수받았고 그 인연으로 나 역시 자연스레 한의학에 입문할 수 있었다.

초등학교 저학년 때의 일이다. 이웃 할아버지께서 돌아가시자 상주는 새끼줄을 두른 흰옷을 입고 상가엔 사람들이 엄청나게 모여들었다. 나는 장례행렬을 보면서 사람은 누구나 언젠가 죽는다는 사실을 처음 알게 되었다.

그 이후로 죽음에 대한 의문은 내 머릿속에서 풀리지 않는 수수께끼가 되었다. 내게는 죽음이란 해석할 수 없고 받아들일 수도 없는 세상 그 무엇보다도 강력한 존재였다. 이때부터 무지막지한 두려움이 항상 내 가슴속을 무자비하게 짓눌렀다. 마음병이라는 불청객이 나를 찾아온 것이다.

생각이 복잡해지면서 생시에도 꿈을 꾸는 것처럼 혼란스러웠다. 특히 시골집을 떠나 읍내에서 자취하며 지낸 중고등학교 시절은 내 인생 최대의 암흑기였다. 죽음에 대한 풀리지 않는 의문은 내 삶의 에너지를 끝없이 소진시켰다. 하루하루의 삶이 너무 무겁게 다가왔고 사람들과의 만남이 부담스러운 나머지 가게에서 물건을 사는 일조차 버거웠다.

대인관계가 어렵고 딱히 탈출구도 없는 상황에서 내겐 학교공부 외에 달리 할 일이 없었다. 학업성적이 그런대로 괜찮게 나오자 가까운 사람들도 내게 마음병이 있단 사실을 전혀 알아채지 못했다.

그러나 마음병을 앓는 와중에도 나는 어릴 때부터 집안 어른들의 세뇌(?)에 의해 가업을 이어야 한다는 생각이 무척 강했다. 그래서 별 고민 없이 한의학과에 지원하게 되었고, 한 번의 실패 후 다행히 원하는 대학에 입학할 수 있었다. 그리고 그것이 바로 내 인생 최고의 행운일 줄이야.

한의학에의 입문은 내게 있어서 봉황을 잡은 것과 같았다. 한의학 속에는 이미 내가 상상한 것 이상으로 무궁무진한 철학과 사상이 듬뿍 담겨 있었다.

한의대 본과 2학년 여름방학이 시작되기 전의 일이다. 나는 급우 중에 예닐곱 살쯤 많은 형과 카페에서 이야기를 나누게 되었다. 그때 그 형은 자신이 성서만큼이나 방대한 분량을 지닌 한의학의 경전인《황제내경黃帝內經》[1) 전편을 모두 외우고 있다고 말했다. 나는 그 말에 신선한 충격을 받았다. 그래서 다음 학기에는 그 형과 더 친하게 지내겠다는 일념으로 두 달여의 여름방학 동안 모든 공부를 접고 오직《황제내경》암기에만 매달렸다.

그 결과 암기에는 소질이 없는 편이었음에도《황제내경》을 1편부터 15편까지 줄줄 외울 수 있게 되었다. 전체 분량으로 보면 약 1/10밖에 안 되었지만 그래도 나로서는 최선을 다한 결과였다.

그리고 이내 2학기가 시작되었다. 그런데 아뿔싸. 그 형의 모습이 더 이상 보이지 않았다. 나중에야 알게 되었지만 그 형은 마음병 환자였다. 《황제내경》 전편을 모두 외운다는 말도 전부 거짓말이었다. 나는 그 형의 대책 없는 허풍에 놀아난 셈이었다.

하지만 하늘의 섭리는 언제나 우리의 생각을 초월하는 법. 나는 그 덕분에 감사하게도 《황제내경》 15편을 항상 내 머릿속에 휴대한 채 다닐 수 있었다. 그때 암기했던 경전 내용은 항상 내 사색의 근간이 되어주었고, 생각이 막힐 때마다 번득이는 영감을 선물해주었다. 나는 한의학을 통해 내 사고를 크게 확장할 수 있었고 그것은 곧 내 마음병이 나을 수 있는 기반이 되어주었다.

한의대 졸업 후에 내게는 또 다른 행운이 찾아왔다. 나는 정통 성리학의 계보를 잇는 소당笑堂2) 스승님을 만나면서 우리나라의 성리학에 깊이 매료되었다. 퇴계退溪 이황, 율곡栗谷 이이 선생을 깊이 사숙私淑하며 광대무변한 내면의 정신세계로 깊이 잠입할 수 있었다.

그러나 무엇보다도 묵고 찌든 내 무지의 때를 씻어주고 마음병에서 확실히 벗어나게 해 주었던 가르침은 바로 구암龜巖 허준許浚 선생께서 쓰신 《동의보감東醫寶鑑》 '허심합도虛心合道'에 인용된 다음의 구절이었다.

온갖 생각이 어지럽게 떠올라도
의식이 있는 데만 작용하고 의식이 없는 데는 작용하지 못한다.

(百念紛起 能役有識 不能役無識)

쾌도난마快刀亂麻라고 했던가?
 이 구절은 내 번잡한 생각을 일거에 씻어내는 결정타였다. 나는 이 구절을 궁구하면서 현실과 관념, 실체와 생각을 확실하게 구분하게 되었다. 내 머리를 짓누르고 있었던 무거운 현실은 단지 '나만의 강박심리'에 불과했음을 알게 되었다. 심지어 내가 그토록 생생하게 느꼈던 죽음마저도 관념이었다는 사실을 깨닫게 되었다.
 생각의 허구성에서 빠져나오자 집착이 풀리면서 잠자리가 편해졌다. 한의학도로서 추상적으로 느꼈던 음양陰陽이 또렷이 보였다. 심리적 구조의 양대 축인 '해동네'와 '달동네'가 내 마음에 온전히 안기면서 삶이 새롭게 다가왔다.
 나는 내가 느끼고 깨쳤던 바를 임상에서 적용하기 시작했다. 그러나 스스로 깨치는 일과 그것을 전달하는 일은 또 다른 문제였다. 수많은 시행착오를 겪어나가던 2003년의 어느 봄날, 내게 아주 큰 슬픔이 찾아왔다. 선천적으로 심장병을 타고난 데다 마음병까지 얻어 고생했던 내 누이동생이 자의 반 타의 반으로 세상을 떠나게 된 것이다.
 모든 것이 무너져 내렸다. 녀석은 몸과 마음이 불편했지만 마음은 누구보다도 따듯했다. 그런 동생하나 제대로 챙기지 못한 나를 생각할수록 자책감만 늘어났다. 그러나 언제까지나 자책할 수만은 없지 않은가. 나는 다시 정신을 가다듬었다.

'이 세상엔 내 동생과 같은 사연을 지닌 사람들이 숱하게 많다. 크게 보면 그분들 또한 내 가족인 것을….'

삶과 죽음은 하나. 녀석이 간 세상과 내가 살고 있는 세상이 무에 그리 다른가. 녀석의 죽음은 내가 어떻게 살아야 할지에 대한 메시지로 부활하였다. 그녀는 그렇게 내 마음에 살아 있었다. 이런 사실을 깨닫자 자책은 곧바로 반성으로 바뀌었다.

나는 왜 옛사람들이 수기치인修己治人을 강조했는지 어렴풋이나마 짐작할 수 있었다. 이전에 내가 얻었던 깨달음은 아직 발아하지 못한 씨앗이었음을 알게 되었다.

나는 다시 성현의 말씀이 담긴 경전들과 《동의보감》에 준거하여 마음병 환우 치료에 매진했다. 치료과정에서 좌절과 희망이라는 손님들이 번갈아 찾아왔고 또 떠나갔다. 그러던 2004년의 어느 여름날, 마음병 환우 한 명을 완치시킨 후 나는 스스로 심의心醫[3]임을 선언했다. 이 선언은 내 정체성에 대한 정리이면서 동시에 결코 자기수양自己修養을 멈추지 않겠다는 결심이기도 했다. 그렇게 확고한 결심이 서자 내 마음 공부에도 힘이 붙었다. 그리고 그 다음 해 드디어 나는 마음병에 관한 한, 전통적 동양학문이 중시하는 '일이관지一以貫之'에 도달할 수 있었다.

이때부터 나는 우리 조상들이 남겨 준 훌륭한 심리치유법을 현대 언어로 쉽게 알리기 위해 집필에 들어갔다. 그런 결과 2009년 2월, 그때까지의 임상경험과 한의학적 음양원리를 조합하여 첫 번째 책을 펴낼 수 있었다. 그 책을 출간한 데는 또 다른 동기도 있었다. 바로 우리의 자기수양 치료법이 서양 심리요법의 뒷전에 밀려 있다는 사실에 대한 반성과 분개였다.

그리고 4년여가 지난 지금 세상에 내놓는 이 두 번째 책은 내 삶에 대한 감사와 함께 마음이 힘들고 아픈 분들에 대한 연민의 발로다. 나는 이 책에서 조금 더 쉽게 우리의 마음을 들여다볼 수 있도록 편제를 분류하고 내용을 심화하여 조금 더 깊은 심리영역으로 들어가 근본적인 원인을 해소하고자 힘썼다.

현재 우리나라에는 수많은 아픔이 상존한다. 부끄럽게도 전 세계에서 자살률이 1위다. 툭하면 흉악한 뉴스들이 불거진다. 경쟁사회에 적응하지 못하고 도태된 분들의 슬픈 이야기가 넘쳐난다.

이런 문제들은 우리 사회의 인성교육 시스템의 부재不在와 연관이 적지 않다. 나와 심의들은 이 분야의 관련인으로서 그 책임을 크게 통감한다. 이 책은 그 책임감에 대한 응답의 일환이기도 하다.

생각 열기, 마음때 씻기, 현실파악, 마음공부, 자기수양… 이 모두가 일맥상통한다. 누가 과연 이 영역을 소홀히 넘길 수 있겠는가. 내 마음의 때를 씻는 작업은 우리가 사회제도를 개선하고 정치적 변화를 꾀하는 일만큼 중요하다. 아니, 오히려 더 시급한 일이다.

다만 이런 나의 시도가 독선이나 경거망동이 될까 심히 두렵다. 성현의 뜻과 어긋난 부분에 대해서는 눈 밝은 분들의 가차 없는 질정을 간곡히 바란다. 그리고 무엇보다도 이번 기회에 심의心醫로서 내가 솔선수범하여 마음의 때를 성실히 씻겠다고 다짐해본다.

차 례

일러두기　5
머리말　7
내 마음 때 세탁기洗濯記　11

제1장 예비 세탁

1일차　꿈속 세상　23
2일차　그 사람은 없다　28
3일차　화려한 착각　34
4일차　그건 오해　40
5일차　내 마음 좀 알아줘　46
6일차　유쾌한 숙제　51
7일차　생각에서 믿음으로　57
8일차　자기성찰　62
9일차　현실과 비현실　68
10일차　꿈보다 해몽　73
11일차　꿀맛 나는 세상　79
12일차　깨달음, 그 통쾌한 반전　85

제2장 마음세제 투입

13일차　현상과 본질　95
14일차　본연의 자리　101
15일차　신과 나　107
16일차　내 안의 낙천주의자　113
17일차　삶과 죽음　119
18일차　모를 줄 안다　126
19일차　게임의 법칙　133
20일차　이별의 계절　140
21일차　그럴 수 있다　146
22일차　어쩔 수 없다　152
23일차　별 차이 없다　157
24일차　근본과 말단　163
25일차　시비와 선악　169

제3장 묵고 찌든 때 세탁

26일차 뇌병과 마음병 177
27일차 칠정七情과 본성本性 182
28일차 마음병의 대체 188
29일차 마음병의 범주 194
30일차 강박심리 200
31일차 불안불감증 207
32일차 우울불감증 213
33일차 게으름과 망상증 220
34일차 공황장애 226
35일차 정신분열병 232
36일차 피해의식 238
37일차 욕심 244
38일차 조급증과 중독증 250
39일차 자기수양 255
40일차 심의心醫의 길 262

제4장 탈수 및 건조

41일차 절대겸허 271
42일차 참회록 277
43일차 가장 멋진 도전 283
44일차 참된 부와 당당한 명예 289
45일차 예절과 대인관계 295
46일차 인격자와 자유인 300
47일차 내 인생 살기 306
48일차 삶은 곧 행복 312
49일차 찬란한 인생 319

감사의 글 325

부록 327
내 마음의 때를 씻어주는 열두 가지 처방전(十二洗心方)
십이세심방이란?
1 고개 들기(淸心解憂問)
2 끊어 내기(執着解消問)
3 제대로 보기(妄想認知問)
4 포용하기(感情緩和問)
5 깨어 있기(發心覺醒問)
6 순서 정하기(知所先後問)
7 자립하기(修身自立問)
8 뜻 이루기(慾求充足問)
9 내려놓기(虛心合道問)
10 본성 찾기(本性回復問)
11 흐름 타기(絕對順行問)
12 사랑하기(聖人君子問)

제1장 **예비 세탁**

마음 바탕이 밝으면 어두운 방 안에서도 푸른 하늘이 보이고,
마음속 생각이 어두우면 밝은 햇빛 아래에서도 악마가 나타난다.
(心體光明 暗室中有靑天 念頭暗昧 白日下生厲鬼)

— 《채근담 菜根譚》

꿈속 세상

아마 누구라도 한 번쯤은 겪어봄직한 일인 듯싶다. 중학교 학창시절, 나는 충주댐 건설로 수몰이 예고된 제천시 청풍면의 고향집을 떠나 서울 근교 읍내에서 혼자 자취하면서 학교를 다녔다. 그런데 어느 날, 해가 뜬 지 한참이 지나서야 일어나게 되었다.

'어이쿠! 지각이다. 큰일 났네.'

화들짝 놀란 나는 헐레벌떡 교복을 입고 정신없이 가방을 챙겨서 밖으로 뛰쳐나왔다. 그런데 이게 웬일인가. 자취방 앞 골목에서는 동네 아이들이 학교도 안 가고 천연덕스럽게 놀고 있었다.

'어라? 이게 어떻게 된 일이지?'

나는 내 눈에 비친 아이들의 모습에 몹시 당황스러웠다. 무심코 지나치기에는 너무나 자연스러워 보였기 때문이다.

'가만 있자 … 대체 뭐가 잘못된 거지?'

내 머릿속 기억의 회로를 점검하자 곧 생각의 오류가 걷혔다.

'아, 맞아! 오늘은 일요일이야!'

현실로 돌아오기까지 5분여 동안 나는 전혀 다른 세상에 있었다. 적어도 내게 있어 그 순간은 등교시각에 쫓기는 평일 아침이었고 영락없이 지각할 처지였다. 그때까지 단 한 번도 지각한 적이 없었던 나는 스스로 지어낸 압박감으로 인해 현실을 제대로 돌아볼 틈이 없었다.

'이런 젠장, 괜히 허둥댔네.'

정신을 차린 후, 모든 문세가 해결되어있던 그날의 경험이 오늘날에도 이어지지 않으리라는 보장은 없다. 비록 감각기관을 통해 정상적으로 들어온 정보라 할지라도 내 생각의 '슬라이드'를 거치면서 빈번히 왜곡되기 때문이다.

20대 중반의 한 청년이 말했다.

"저보다 잘 나가는 친구들이 참 부러워요. 요즘 같은 경쟁사회에선 뒤처짐은 곧 죽음이잖아요. 그들을 따라갈 수가 없으니 마음만 조급해져요. 의욕도 없고 불안하기만 해요."
"그러시군요. 하지만 정말 세상이 그럴까요?"
"무슨 말씀이시죠?"
"지금 느끼고 계신 세상, 그러니까 경쟁사회에서 도태되면 끝장이라는 그 세상은 대체 어디에 있나요?"

"지금 우리가 살고 있는 이 세상이 그렇잖아요."

"과연 그럴까요? 혹시 그 생각에 오류가 있는 건 아닐까요?"

"제 생각이 오류라고요?"

"물론 이 세상은 경쟁하고 이겨야 하는 면이 분명히 있죠. 하지만 누리고 즐기면서도 살아갈 수가 있어요. ○○씨가 느끼는 불안감은 자신이 가진 기대치가 높기 때문에 일어난 일일 수도 있거든요."

이 청년이 느꼈던 부담감과 답답함, 그리고 좌절감은 예전에 내가 겪었던 그대로였다. 마치 사방이 가로막힌 암벽을 만난 것처럼 내 인생에 어떤 출구도 보이지 않았다. 유일한 희망은 이 처절한 현실이 '한낱 꿈이어야만 한다'는 사실이었다. 그런데 놀랍게도 그 희망은 단지 바람이 아닌 진실이었다.

누구라도 고달픈 수험생활, 힘든 군대생활, 가슴 아픈 이별, 불행한 사고 등을 겪는다. 이런 기억들은 한참이 지난 후까지도 꿈속에서 다시 생생한 현실로 재현되곤 한다. 졸업한 후에도 학교에서 시험을 치르는 꿈을, 제대를 한 후에도 연병장에서 얼차려를 받는 꿈을 꾼다. 놀랍게도 생시에서마저도 그 꿈을 꿀 수 있다.

30대 초반의 한 여성이 말했다.

"제 남편은 너무 의심이 많아요. 저를 가만히 두질 않아요. 어떻게든 자기식대로만 하려 해요. 아이들을 생각하자니 이혼할 수도 없고, 그렇다고 같이 살아가려니 너무 힘들고. 이럴 수도 없고 저럴 수도 없어요. 차라리 이 모든 게 꿈이었으면 좋겠네요."

나는 그분께 이렇게 말했다.

"맞습니다. 그건 꿈입니다."

삶이 매우 가혹하게 다가올 때면 우리는 그 상황이 꿈이기를 희망한다. 그러나 그런 바람이 단지 나약한 책임회피인 것만은 아니다. 오히려 지금의 고통과 두려움이 실은 꿈에 불과함을 자각하라는 내면의 목소리일 가능성이 높다.

지금 당장 춥고 배고프지 않음에도 불구하고 내 삶이 힘들게 느껴진다면, 그 대부분은 내 생각의 오류다. 미래의 암담함이 느껴진다면 그 역시 현실을 지나치게 부정적으로 몰아가는 욕심의 산물이다.

실제로 삶 그 자체가 일종의 꿈이라는 자각은 이미 오랫동안 각종 경전과 고전소설에 수시로 등장해왔다. 호접지몽胡蝶之夢, 일장춘몽一場春夢, 남가일몽南柯一夢이란 고사성어가 모두 그러하다. 또 〈이상한 나라의 앨리스〉에서처럼 동화나 연극과 영화의 단골 메뉴이기도 하다.

미시세계를 다루는 양자물리학에서는 내 생각이나 의도와 무관하게 존재하는 객관적인 실체랄 것이 따로 없다고 한다. 이는 곧 우리가 공유하는 이 세상은 과학적으로도 현실이라고 정의할 수 없는 '꿈과 같은 허상'이라는 뜻과 다르지 않다.

이 진실을 파악한 사람들의 삶에는 여유가 묻어난다. 장자莊子도 그랬다. 그는 《장자莊子》 외편外篇 지북유知北遊에서 다음과 같이 말했다.

사람이 천지간에서 사는 기간은, 마치 벽의 틈새 사이로
흰 망아지가 지나가는 모습을 언뜻 보는 것과 같다.

(人生天地之間 若白駒之過隙 忽然而已)

단지 우리의 삶이 하나의 꿈에 불과하다는 사실을 알아차리는 것만으로도 삶의 무게는 뚝 떨어진다. 그것으로 충분하다. 이제껏 고민했던 삶의 문제가 즉시 해결된다.

경쟁에서 이겨야만 한다는 생각에 휩싸여 가슴이 짓눌릴 때, 상대방 때문에 내 인생이 꼬였다고 한탄스러울 때, 하는 일마다 생각대로 되지 않아 좌절할 때, 그래서 내 삶과 내가 처한 현실로부터 상처받고 암울한 기분에 빠질 때, 그 모두가 꿈에 불과할 수 있다는 사실을 떠올려보자.

그리고 냉정하게 헤아려보자.

계속적으로 악몽을 꾸며 꿈속 세상을 누빌 것인가.

아니면 그 허망함을 정확히 인식하고 의도적으로 행복한 꿈을 꿀 것인가.

그 선택이 내게 달렸다면?

그 사람은 없다

　수년 전 〈밀양〉이라는 영화가 국내외적으로 크게 주목받았다. 이 영화는 극 중에서 '타인을 용서함으로써 나를 드러내려는 마음'의 본질을 매우 섬세하게 표현해내었다. 이러한 관점에서 영화의 줄거리를 간추려보면 다음과 같다.

「아들을 살해한 범인에게 극도의 증오심을 가지고 있던 신애는 종교에 귀의하면서 심리적 안정을 찾아가는 듯했다. 신앙심이 깊어가던 어느 날, 그녀는 교우들의 권고로 용서의 메시지를 전하려고 살해범이 있는 교도소로 찾아간다. 그러나 그곳에서 만난 살해범은 그녀가 상상했던 모습과는 전혀 딴판이었다. 살해범은 자신도 종교를 통해 이미 신으로부터 용서를 받고 새로운 삶을 찾았다면서 평온한 모습을 보인다. 신애는 그런 그를 보며 큰 혼란과 엄청난 분노를 느낀다. 범인을 용서하려고 찾아갔다가 그의 당당한 모습에 오히려 더 큰 상처를 입은 신애는 신앙 속에 분노와 고통을 숨겼던 제 모습을 되돌아보게 되는데…」

　주인공 신애가 교도소에서 만난 사람은 참으로 당당했다. 그는 자신의 죄를 부끄러워하고 그의 죄를 용서해주었음에 머리를 조아리며 감사해하는 '그 사람'이 아니었다. '그 사람'은 단지 신애의 머릿속에서만 존재했었다. 우리들 역시 자기가 모르는 새 이와 같은 경우에 처한 것은 아닐까?

심한 자책감에 빠진 30대 초반의 한 청년이 말했다.

"그렇게 단단히 결심하고도 또 딴짓하며 무너졌어요. 도저히 저를 용서할 수가 없어요. 대체 어떻게 살아가려고 이러는지 모르겠어요."
"잠깐만요, 지금 딴짓하면서 무너진 사람은 누구죠?"
"그야 저죠."
"그럼 무너지지 않는 사람은 누구죠?"
"제가 희망하는 모습이요."
"그럼 그 사람은 ○○ 씨의 이상형이죠?"
"네."
"그럼 지금 ○○ 씨가 인정하는 사람은 누구죠? 무너진 사람인가요, 이상형인가요?"
"음… 이상형이네요."

무너진 그 행위 자체는 사실 중요한 문제가 아니다. 더 큰 문제는 있는 그대로의 자신을 스스로 공격하고 비하하려는 마음이다. 현실엔 없는 이상형을 내세워 스스로를 부정하고 공격하면 내가 갈 데가 어딘가. 자책에 빠져 자기를 공격하기보다는 진솔한 반성을 통해 새롭고 아름다운 변화를 시도해봄이 마땅하지 않을까?

수많은 대인관계의 어려움은 내 생각이 만들어낸 가공의 인물과 현실에 존재하는 실제 사람과의 괴리에서 비롯되는 경우가 대부분이다.

20대 중반의 한 청년이 말했다.

"제가 어느 식당에서 식사를 하는데요, 5천 원짜리 식사메뉴와 6천 원짜리 식사메뉴가 있었거든요. 물론 6천 원짜리가 더 맛있게 보였어요. 하지만 거스름돈으로 천 원짜리 넉 장을 받으면 지갑이 두꺼워지거든요. 그게 싫어서 일부러 5천 원짜리를 선택했어요. 근데 계산할 때 5천 원 지폐가 몇 장 없다면서 5백 원짜리 동전 네 개와 천 원짜리 석 장을 주는 거예요. 저는 지갑이 무거워지니 오천 원짜리 한 장으로 달라고 했죠. 그래서 받긴 했는데, 식당주인이 '아니, 젊은 사람이 그 정도로 지갑이 무겁다고 불편해하면 어떻게 살아가려고 해' 하며 핀잔을 주는 거예요. 그땐 그냥 나왔는데, 집으로 돌아오는 내내 너무 화가 나는 거예요. 다시 가서 뭐라고 쏴붙이고 싶더라고요. 제가 너무 예민한가요?"

"소기의 목적을 얻었으면 된 거예요. 상대는 나에 대해 이러쿵저러쿵 말할 수 있는 자유가 있지요. 그 식당 주인이 핀잔을 준 사람은 누굴까요?"

"저잖아요."

"본질적으로는 그렇지 않아요. 그는 식당주인의 머릿속에 있는 '한 청년'이에요. 내 눈을 바라보고 내 이름을 불렀을지라도, 그 대상은 식당주인의 세계관으로는 이해되지 않는 '한 청년'일 뿐이에요. 그날의 분노는 상대방 머릿속의 그 사람과 나 자신을 동일시했기 때문에 일어난 감정이지요. 실제로 그런 사람은 존재하지 않아요."

그의 눈에 비친 나는, 그의 생각이 그려낸 사람일 뿐 실재의 나와는 다르다. 또 내 눈에 보이는 그 역시, 내 생각이 파악하는 사람일 뿐 실재하는 그와는 다르다. 이를 구분하지 못하면 수많은 착각과 오해가 산더미처럼 쌓인다.

30대 초반의 남성이 말했다.

"남들은 어떻게 저토록 행복할 수 있죠? 남들이 행복한 만큼 저는 불행해져요."

"혹시 그분들에게 얼마나 행복한지 직접 물어본 적이 있나요?"

"그런 적은 없어요."

"그렇다면 사람들에게 한 번 물어보세요. 행복해 보이는 사람들에게서 불행한 이야기를 듣게 되고, 거꾸로 불행해 보이는 사람들에게서도 행복한 이야기를 듣게 될 테니까요."

몇 년 전, 남북 이산가족이 상봉했을 때의 일이다. 북한에 사는 90세 아버지와 환갑을 갓 넘긴 남한의 아들이 상봉했다. 그런데 아들은 지금껏 아버지가 전쟁에서 전사한 것으로 알고 매년 제사를 지내왔었다고 한다. 그렇다면 제사를 받은 아버지는 누구이며, 지금 살아계신 아버지는 또 누구인가?

밤이 없는 낮이 존재할 수 없듯이, 억울하지 않은 사람, 피해를 입지 않은 사람, 부끄럼이 없는 사람, 괴롭지 않은 사람은 어디에도 없다. 어디서나 행복한 사람, 언제나 부유한 사람은 존재하지 않는다. 존재한다면 내 머릿속일 뿐이다.

어제 내게 상처를 줬던 그 사람은 이미 사라졌고, 오늘 내 눈앞에 있는 그 사람은 내가 모르는 새로운 존재일 수 있다. 내가 가장 부러워하는 사람이 실은 아등바등 발버둥치는 중일 수도 있고, 내가 멸시하는 사람이 실은 매우 즐겁고 평화로운 사람일 수 있다.

이와 같은 왜곡은 멀리 있는 사람보다는 가까운 사람일수록 더욱 심하다. 늘 보는 직장동료와 선후배, 오래된 친구, 형제와 자매, 연인이나 부부, 부모와 자식 관계에서 이런 일이 허다하다.

부부가 가장 많이 싸울 때가 부부동반 모임을 끝내고 돌아올 때라고 한다. 서로 다른 부부에게 잘 보이려고 애써 다정한 행세를 취했던 처지를 한탄하며 "우리는 왜 남들처럼 사랑하지 못하냐"고 다투는 것이다. 하지만 대체 '선망의 대상이 되는 그 부부'는 어디에 존재하는가?

내가 원망하고 증오하는 그 사람은 현실에는 없는 허망한 허깨비다. 그럼에도 이미 지난 기억의 파편을 끄집어내어 그가 내 눈에 보인다는 이유만으로 '있지도 않은 잘못'을 덧씌우기도 한다.

그렇게 현실에서는 존재하지 않는 '그 사람'을 공격하면 그가 존재하는 내 머릿속만 괴로워질 수밖에 없다. 그러니 그런 공격을 삼가고, 내 머릿속의 착각과 오해, 내 마음속의 원망과 증오, 피해의식과 상처를 지워봄은 어떨까?

물론 내 가슴을 아프게 했던 사건 자체를 잊을 수는 없을 것이다. 하지만 평생 마음속에 노여움과 분함과 원한을 품고 다닐 수는 없지 않은가. 과연 언제까지 끝없이 펼쳐진 망상의 가시덤불을 헤맨단 말인가.

내가 죽도록 증오하는 그 사람은 없다. 지금까지 화를 낸 것만으로도 이미 충분한 법. 이젠 용서를 할 시간이다. 상대와 상관없이 지금 이 순간 즉시 모든 것을 용서해야 갈등과 다툼이 멈춘다. 그리고 그렇게 용서한 이후에 진실을 알게 된다. 그것은 용서할 것이 아니었음을.

감정에 복받치고 원한에 휩싸여 있는 '나 자신' 역시 영원히 존재할 수 없고, 무상하기는 마찬가지다. 내가 '나'라고 생각하고 있는 그조차도 환상의 인물일지 모르는데, 그런 '나'가 머릿속으로 파악한 '그'의 실체는 무엇인가.

  내가 그리는 '그 사람'은 없다.

  그가 그리는 '나' 역시 없다.

화려한 착각

20대 중반의 여성이 말했다.

"제 방의 가구가 마음에 들지 않아요. 색깔, 디자인, 크기 전부 다요. 바닥 색깔도 어두워서 싫어요. 근데 이걸 다 바꾼다고 해도, 나중에 결혼해서 나갈 걸 생각하면 몇 년밖에 못 쓰는 거라 억울할 것 같아요."
"교환을 요청하진 않았나요?"
"몇 차례 교환을 했는데요, 이젠 업체에서 제 부탁을 들어주지 않아요."
"대단히 죄송스러운 말씀을 드릴 수밖에 없네요. 뭔가 착각을 하는 것 같아요. 바꿔야 할 것은 가구가 아니라 ○○씨의 마음이 아닐까요?"

20대 중반의 한 청년이 말했다.

"저는 왜 이렇게 생각이 많을까요? 회사에서 기본적인 과제조차 해내지 못하거든요. 저는 이런 제가 너무 싫어요. 차라리 죽고 싶은 심정이에요."
"그것이 왜 문제가 되죠?"

"남들만큼 못하니까 너무 초라하잖아요. 또 그만큼 피해를 보잖아요."

"남들이 나보다 더 많은 실적을 올릴 수도 있고 그렇지 않을 수도 있어요. 내 상태가 좋지 않아도, 내가 실수를 했어도, 어쨌든 내가 얻은 그만큼의 성과가 곧 내 실적이죠. 이를 인정치 않고 '원래 내 실적은 저 정도가 되어야 하는데'라고 생각하는 게 합리적일까요?"

또 다른 20대 후반의 청년 역시 비슷한 고민을 하고 있었다.

"저는 늘 남 앞에서 자기주장을 못해요. 아무리 단단히 결심해도 남 앞에만 서면 도리어 착하게만 보이려고 할 뿐 제 목소리를 높이지 못해서 자꾸 화가 나요."

"○○씨! 자기주장을 잘하는 ○○씨와 자기주장을 못하는 ○○씨 중 누가 현실의 자신일까요?"

"후자요."

"그래요. 그게 바로 ○○씨죠. ○○씨는 무거운 돌을 가방에 넣고 다니고 싶나요?"

"아니요."

"그럼 밀폐된 공간 안에 들어가고 싶나요?"

"물론 아니죠."

"왜 그렇죠?"

"돌을 넣으면 가방이 무거워지잖아요. 밀폐된 곳은 숨이 막힐 테고요."

"그렇다면 ○○씨는 왜 스스로 무거운 생각을 들고 다니고, 밀폐된 생각의 틀 안에 자신을 구겨서 넣으려고 하죠?"

"무슨 말이죠?"

"현실의 자신을 버리고 상상의 자기를 좇는 모습이 바로 이러한 모습이잖아요."

잘못 아는 것은 착각錯覺이요, 아예 모르는 것은 무지無知다. 깨어 성찰하지 않으면 무지와 착각에 빠져서 내가 가진 생각의 짐이 얼마나 무거운지 모르거나 그런 짐이 있는지조차 눈치채지 못한다.

20대 중반의 한 여대생이 말했다.

"저는 친구가 없어요. 다른 사람 앞에 나설 용기도 없어요. 좀더 좋은 학교로 들어가서 학력을 세탁해야겠어요."

"참 죄송스러운 말씀을 드려야겠네요. 강박증에 걸린 분들은 지나치게 손을 씻는 경우가 많아요. 그러나 실제로 씻어야 할 것은 마음때죠. 그와 마찬가지예요. 학력을 세탁해야 한다는 그 생각부터 세탁해야지 않을까요?"

30대 여성이 말했다.

"저는 다른 사람들보다 못난 점을 발견하면 마음이 쉽게 흐트러져요. 그때의 괴로움은 말로 다 표현할 수가 없어요. 다시금 마음을 잡아도 결국 또 제 마음이 흐트러질까 봐 두렵고 걱정스러워요."

"○○ 씨는 목이 마를까 봐 걱정하나요?"

"아뇨."

"왜 그렇죠?"

"물을 마시면 되니까요."

"바로 그와 같아요. 목이 마르면 물을 마시면 되고, 마음이 흐트러지면 마음을 비우고 순리대로 살면 돼요. 늘 물이 있기에 목마를 것을 걱정할 필요가 없지요. 마찬가지로 항상 진리가 우리 곁에 흐르고 있어요. 그러니 마음이 흐트러질 것을 걱정할 필요가 있을까요?"

우리가 착각에 빠지는 것은 사물의 양면兩面과 이면裏面을 살피지 않고 단면單面과 표면表面에만 집착하기 때문이다. 그 결과 우리가 느끼는 실체는 본래의 실체와 다르게 된다.

착각은 매우 광범위하게 일어난다. 가장 흔한 착각은 '남들처럼 살아야 한다'는 착각이다. 남들이 사치스럽게 사니까 나도 그렇게 살아야 한다고, 남들이 여행가니까 나도 여행을 가야 한다고 믿는 것이다. 그렇다면 왜 청빈하게 살아가는 사람들을 따라서 스스로 청빈하게 살려 하지 않는단 말인가. 또한 마음의 평화를 위해서 열심히 자기수양을 하는 사람들을 보고서는 스스로 그런 노력을 기울이지 않는단 말인가.

그러나 정말 화려한 착각이 있다. 그것은 '내가 존재한다'는 착각이다. 그 존재의 이유는 내가 생각하기 때문이라고 한다. 내 팔다리와 몸뚱이가 여기 있기 때문이라고 말한다.

그러나 나라는 존재를 깊이 성찰하면 이런 착각이 얼마나 허망한지 바로 알 수 있다. 내가 존재한다고 치자. 그러나 나는 내 존재의 시작점인 출생과 내 존재의 끝점인 사망에 대해 본질적으로 아무런 권한을 가지고 있지 않다. 비록 내가 자의적으로 생각하고, 내 마음대로 몸을 움직인다고 할지라도 내 생각이 흐르도록 하는 근본 바탕, 내 몸을 구성하는 원소마저도 내 것이라고 주장할 수는 없지 않은가. 그렇다면 그 바탕에 의지해서 일어나는 나의 자율적인 권력이 과연 내 것이라고 말할 수 있을까?

그러므로 냉정하게 판단해보면 내 생각의 원천, 내 몸의 근본적인 요소는 나와 무관하다. 그렇게 '나'라는 존재는 스스로 통제할 수 없으며, 그렇다면 내 주체성의 권위가 이미 훼손된 것이며, 따라서 나는 존재하지 않는다는 결론이 도출된다.

사정이 이와 같은데 내가 존재한다고 생각하고 계속 존재하려고 하거나 내가 살아 있다면서 죽지 않으려고 노력한다면 이 얼마나 해괴망측한 일인가.

그럼에도 우리들은 '내가 존재한다'는 착각을 쉽게 떨쳐내지 못한다. '내가 존재한다'는 이 강력한 착각은 '내가 뭔가를 가질 수 있다'는 화려한 착각으로 변질된다. 아무것도 가질 수 없건만 재산, 사랑, 명예, 지식… 이 모든 것들을 가지려고 한다.

그러나 이와 같은 대상들 역시 공기나 무지개와 같다. 보고 즐기고 누릴 순 있지만 원천적으로 가질 수는 없는 것들이다. 가질 수 없지만, 가졌다고 착각하고, 다시 잃어버릴 것을 염려하는 우리들의 착각은 정말 화려함, 그 이상이다.

'나를 잘 관리해서 남들로부터 인정받아야 한다'는 착각 역시 '내가 존재한다'는 착각으로부터 생겨난다. 도저히 해결되지 않을 것 같은 죽음의 공포 역시 알고 보면 '내가 존재한다'는 착각에 기인한다.

그럼에도 우리들은 곧잘 화려한 착각 속으로 빠져든다. 사물에 오감五感과 생각이 덧씌워져 실체가 한없이 왜곡된다.

괜찮다.

그럴 수 있다.

속아줄 수도 있지 않은가.

우리의 눈과 생각을 속여 가상의 현실을 창조한 영화는 오히려 우리가 지닌 착각을 잘 활용하여 우리의 삶을 맛깔스럽고 아름답게 장식하고 있다.

속아주면 해결된다.

져주면 된다.

단지 착각임을 아는 것으로 충분하다.

이때부터 우리의 삶에는 경쾌한 행진곡이 울려 퍼진다.

그건 오해

20대 초반의 한 여성이 말했다.

"저는 할머니, 할아버지들이 참 부러워요. 인생의 모든 과정을 다 겪으신 거잖아요."
"앞으로 겪을 일들이 기대되지 않나요?"
"전혀 그렇지 않아요. 오히려 살아갈 날들이 걱정스러워요."
"뭔가 오해를 하고 있네요. 살아가려고 하니 힘든 거예요. 삶은 그냥 살아지는 것이 아닐까요?"

착각과 무지의 빗줄기가 모여 오해誤解의 강물이 흐르게 된다. 오해란 사물을 그릇되게 해석하는 착각이 확대된 것이다.
30대 초반의 한 여성이 말했다.

"저는 왜 되는 일이 하나도 없죠? 몸이 무너질 듯 피곤하고 머리가 빙빙 돌고 아파서 계속 잠도 못 자고요. 이러다가 정말 미치거나 죽을 것 같아요."
"통증이 있다는 건, 그걸 느낄 만큼 건강한 신경세포가 있다는 뜻도 돼요. 게다가 문제를 해결하기 위해 저를 찾아오실 만큼의 에너지도 갖고 계신 거죠. 자꾸 안 되는 쪽만 바라보니 삶 전체가 안 되는 일들로 가득 차 보이는 거예요. 안 되는 쪽만 보니까 괴로움이 커지는 거예요. 되는 쪽부터 살펴봄은 어떨까요?"

되는 일보다 안 되는 일에만 초점을 맞추다 보면 되는 일이 더 많다는 사실을 까맣게 잊게 된다. 안 되는 일보다 되는 일이 훨씬 많기에 우리는 이만큼 살아가고 있다. 실로 오해가 아닐 수 없다.

고시를 준비하는 30대 초반의 청년이 말했다.

"왜 살다 보면 '싫은 소리'를 해야 할 때가 있잖아요. 그런데 저는 '싫은 소리'를 못하다 보니 화병이 생겼어요. 제 마음을 훈련하면 '싫은 소리'를 하는 게 좀 쉬워질까요? 저는 아무리 맘먹고 노력해도 잘 안 돼요."

"꼭 남들이 싫어하는 소리를 해야 할까요? 그저 내가 맡은 일에 충실하고 남들에게 간섭하려 들지 않는다면 싫은 소리 할 일이 별로 없죠. 내 생각대로만 하려다 보니 남에게 싫은 소리를 해야 하고 그것이 자신을 힘들게 하고 있네요."

내 일 하나 감당하기에도 시간이 모자란다. 언제 남에게 충고하고, 남에게 이런저런 소리를 하겠는가. 싫은 소리를 해야 한다는 생각, 그건 오해다.

편입을 준비하는 20대 중반의 청년이 말했다.

"어떤 일부터 시작해야 할지 모르겠어요. 적성이 뭔지도 잘 모르겠고요. 머리가 아플 정도로 굉장히 혼란스럽고 도대체 갈피를 잡을 수 없어요."

"직업은 천차만별이에요. 그러나 경제력을 확보하고 삶의 보람을 추구한다는 본질은 같죠. 이렇게 크게 보면 선택이 쉬워질 거예요."

"그래도 제게 따로 맞는 직업이 있지 않을까요?"

"어떤 일이 됐든 직접 부딪혀봐야 그것이 내게 맞는지, 맞지 않는지를 알 수 있어요. 단번에 완벽한 직업, 후회하지 않을 직업을 택하려다 보니 혼란스러운 거예요. 어떤 일자리이든 내게 주어진다면 최소 6개월쯤은 성실하게 임해보세요. 그러면 판단이 정확해질 수 있을 거예요."

얼핏 보면 모든 직장이 이미 포화 상태여서 내가 설 자리가 없는 듯하다. 그러나 인터넷과 스마트폰이 새로운 세상을 열었듯이, 지금의 세상 역시 포화 상태라 단정할 수 없다. 내가 좋아하는 일만 좇거나 지나치게 성과를 빨리 얻으려는 생각이 오해를 부른다.

다시 한 번 냉철하게 생각해보자. 광활한 이 세상, 날마다 변화하는 이 공간에서 내가 일할 곳이 없다는 것이 오히려 이상한 일이 아닐까?

그러니 내 감정이 좋아하는 일을 좇기보다 내게 주어진 일부터 해보는 것이 바른 순서다. 차분하게 마음을 가라앉히고 손에 잡히는 일부터 하다 보면 저절로 좋은 아이디어가 떠오르고 내게 맞는 일이 무엇인지 자연스럽게 알게 된다.

그렇게 욕심과 조급함을 내려놓고 내게 주어진 일에 감사함과 경건함으로 임해보노라면 그 일이 점점 숙달되면서 능률도 오르고 재미도 생긴다. 그 일이 곧 천직이다.

늘 선택의 갈등으로 괴로워하는 20대 후반의 청년이 말했다.

"내일 친구들 모임에 참여하려고 해요. 그런데 몸이 너무 약해 나가기가 힘들어요. 그래서 모임에 안 가려고 하는데, 그러면 친구들이 저를 나쁘게 바라볼 것 같아요. 그렇다고 가려고 하니 몸이 너무 힘들고 이 생각들이 종일 제 머릿속을 떠나지 않아요."

"하나가 이득이면, 나머지는 그만큼 손해가 따르는 게 현실이죠. 지금 ○○씨의 심리는 A를 선택해도 괴롭고 B를 선택해도 괴로워요. 그 이유는 내가 선택하지 못한 상황에 대한 손해만을 생각하기 때문이에요. 상황은 어차피 똑같죠."

"그럼 어떻게 하죠?"

"상황이 비슷하다면 얻을 것과 잃을 것도 비슷해요. 잘못된 선택으로 인해서 막대한 피해가 올지도 모른다는 생각은 오해죠. 선택으로 갈등하기보다, 선택한 것에 온 마음을 실어서 집중하도록 해보세요. 그러면 설령 잘못 선택했더라도 선택한 상황을 얼마든지 유리하게 이끌고 나갈 수 있을 거예요."

조금도 손해를 보려 하지 않는 생각은 오해다. 손해를 봐야 제대로 마음을 잡을 수 있고 크게 성장할 수 있다. 그렇다면 손해 역시 이익을 위한 밑천이 되지 않겠는가. 이처럼 생각을 한다면 손해가 두렵지 않고 선택 또한 힘들지 않다.

물론 선택을 함에 있어 충분히 헤아리는 것은 좋다. 특히 부정적인 측면을 충분히 고려할 필요가 있다. 중요한 것은 선택 이후의 마음가짐이다. 더 이상의 선택에 대한 미련을 버리고 내가 선택한 사항에 집중하고 흔들리는 마음을 잡는다면 비록 잘못 선택해서 손해를 보더라도 얼마든지 만회할 수 있다.

점점 불어나는 체중을 감당하지 못한 40대 초반의 주부가 말했다.

"체중이 늘면서 맞는 옷도 없고 사진 찍기도 싫어져요. 그런데도 식탐이 심해서 자꾸 먹어요. 음식을 조절하려고 하니 그것 때문에 스트레스가 쌓여요. 그렇다고 지금처럼 먹고 싶은 대로 다 먹을 수도 없고요. 어떻게 해야죠?"

"뭔가 오해하고 계시네요."

"네?"

"음식을 조절하려다 보니 스트레스가 쌓인다고 하셨죠? 반대일 수 있어요. 스트레스를 받다 보니 엉뚱한 식탐이 생기는 거예요. 스트레스의 그릇된 해소방법이 식욕으로 번지고 있는 거죠. 그러다 보니 다시 체중이 늘고, 늘어난 체중이 다시 스트레스가 되는 악순환의 고리가 형성되고 있는 거예요."

"그럼 어떻게 하면 될까요?"

"먼저 마음의 평화를 얻는 것이 중요해요. 평화에 대한 욕구가 해소되지 않기 때문에 비만의 문제가 발생한 거예요. 이 욕구를 해소하면 비만은 저절로 해소될 수 있어요."

차라리 알지 못하는 게 유익한 경우가 많다. 보면 오해하기 쉽고, 알면 오해하기 쉽다. 우리들의 사고로는 사물과 우주의 질서를 따라갈 수 없다. 그러므로 항상 오해로 점철될 수밖에 없는 태생적 한계를 지니고 있다.

그렇다면 어떻게 이런 오해를 해소할 수 있을까?

평소에 오해의 찌꺼기를 꾸준히 씻어내는 방법밖에 없다. 그러면 제대로 알 수 있고, 오해로부터 자유로워진다.

나는 마음병 치료 초기에 단단히 오해를 하고 있었다. 환우에게 수양을 강조할 뿐, 나는 제대로 수양하지 않았다. 환우의 마음병이 완치될 리 없었다. 그 후, 나는 다시 마음을 가다듬어 내 마음의 평화에 힘썼다. 환우의 마음병이 얼마만큼 호전될 것인가에는 관심을 줄였다. 그랬더니 오히려 환우들의 완치율이 현저하게 향상되었다.

내가 어떤 오해를 하고 있는지를 아는 순간 오해로부터 벗어난다. 내게 있는 근원적인 욕구를 모른 채 엉뚱하고 불필요한 욕심을 좇는 것, 나 스스로는 수양치 않고 타인만 가르치려고 하는 것, 그건 분명 오해다.

내 마음 좀 알아줘

2007년의 어느 날이었다. 집에 들어가려는 순간, 현관문 밖으로 초등학교 다니는 두 딸이 다투는 소리가 들렸다. 당시 큰딸은 6학년이었고 작은딸은 4학년이었다. 문을 열고 들어가니 큰딸이 뛰어나오면서 눈물을 글썽이며 말했다.

"동생 진짜 너무해. 나는 거실에서 공부하고 싶은데, 자꾸 내 방에서 공부하라고 하잖아. 내가 공부할 때만 꼭 내 옆에서 인터넷게임하고, 텔레비전 보고. 인터넷과 텔레비전이 얼마나 재밌는데 말이야. 내 옆에서 저렇게 놀고 있으면 내가 어떻게 공부할 수 있겠어? 엉~엉~"

이에 질세라 작은딸도 자기주장을 펼친다.

"언니는 왜 꼭 거실에서만 공부하겠다고 하는지 몰라. 그러면서 내가 좋아하는 텔레비전도 못 보게 하고, 인터넷도 못하게 하고. 그럼 나보고 어쩌란 말이야! 언니가 방에 들어가서 공부하면 되잖아. 흑~흑~"

서로 자기 말이 옳다고 하는 딸들의 이야기!

나는 둘이 스스로 해결할 수 있을 것으로 믿고 그냥 내버려뒀다. 시간이 조금 지나자 다툼이 소강상태를 보이더니 이내 잠잠해졌고 각자 잠이 들었다. 그리고 다음 날 아침, 언니의 책상 위에는 동생이 쓴 쪽지가 놓여 있었다.

> 예림이언니 아끼는 미안해
> 하지만 내 마음도 알아줘
> 예림이언니는 언니잖아 언니가
> 되게도 싶지 않아
> 그런데 예림이언니는
> 큰언니라 동생이 되본직이 없잖아
> 그니까 내마음 좀 알아줘
> — 채림 —

사과를 하면서도 연장자인 언니가 좀더 이해해주고 자기의 마음을 알아주기를 바라고 있다. 그날 저녁에 나는 큰딸에게 물었다.

"예림아! 너 동생이 쓴 글 봤지? 네 마음이 어때?"

그랬더니 큰딸이 하는 말.

"맞춤법이 틀렸어요."

아이들은 생각이 번잡하지 않다. 다툰 날 저녁, 동생은 마음이 켕기는지 글을 써서 언니 책상에 올려놓는 것으로 스스로 모든 문제를 종결시켰고 언니 역시 한숨 잔 것으로 이미 좋지 않은 감정으로부터 벗어난 후였다. 그러니 다음 날 아침에 사과문을 본 언니의 눈에는 철자와 맞춤법의 문제만 보일 수밖에.

이에 비해 우리 어른들은 참 복잡하다. 한 번 다투면 감정의 앙금을 털어내지 못하기 일쑤다. 일이 다 끝난 후에도 '상대가 내 사과를 받아줄까? 내가 괜한 말을 썼나? 내 글을 보기나 했을까?' 등등 생각의 찌꺼기들이 남기 일쑤다.

6남매를 잘 키운 어느 집안의 어머님께서 질병으로 갑자기 작고하셨다. 그리고 1년도 안 지나서 그 집안의 아버님께서 새로운 부인을 맞이하셨다. 이에 자녀 한 명이 몹시 화를 내며 내게 말했다.

"아무리 제 아버지지만 어떻게 그러실 수 있죠? 어머니께서 돌아가신 지 얼마나 되었다고 새어머니를 맞이하는지 이해가 안 가요. 이제껏 어머니께서 얼마나 고생하셨는데…."

"그게 ○○씨에게 직접적인 피해를 주나요?"

"그렇진 않지만 아버지께 너무 실망이 커요. 저는 이 일을 절대 인정할 수 없어요."

"지금 ○○씨는 자기 마음 편하자고 아버지 선택을 반대하고 있어요. 본인이 상처받는 것만을 중시하고 있는 거예요. 내 마음을 알아달라고 아버지께 요구하시기 전에 아버지의 마음은 무엇인지 여쭤보셨나요?"

"아뇨."

"한 번 여쭤보세요. 아직 아버지 마음에 대해서는 전혀 모르고 계시잖아요."

40대 후반의 한 남성이 정신적인 고충을 겪고 있었다. 어느 날 가까운 고향친구가 그에게 전화를 걸어서 도움을 요청했다. 그가 지금 자신은 정신적인 여유가 없다고 설명하며 전화를 끊으려고 하자 그 친구가 이렇게 말했다.

"야, 임마! 너는 자식도 있고 마누라도 있잖아. 나는 이혼했고, 자식도 없고, 게다가 파산 상태야. 네가 아무리 힘들다 해도 나만큼 힘들겠니?"

그는 더 이상 친구에게 할 말이 없었다. 친구의 마음을 이해하자, 그의 고충이 일거에 날아갔다. 그는 새로운 깨우침을 준 친구에게 도움을 주게 되었고, 그때의 교훈을 가슴 깊이 새길 수 있었다고 말했다.

내 아픔만 이해받기 원하고 남의 아픔을 전혀 알아주지 못하는 것이 마음병이다. 타인의 사정은 전혀 배려하지 않고 인정받으려는 사고방식은 실제로 몸을 더 아프게 한다. 그러다가 어느 용렬庸劣한 의료인이 "당신의 병은 난치라서 평생 약을 복용해야 한다"고 말해주면 환자는 그 말이 참으로 반갑다.

이런 식으로 의사와 환자가 서로 밀약하고 의존만 하는 관계에서는 마음병이 점점 깊어진다. 그러다가 끝내 점점 더 헤쳐 나오기 힘든 터널 속에 갇힐 수도 있다. 그러나 심의心醫들은 이런 의존관계를 단호히 끊는다. 의존은 자기를 수양하기 위해 필요한 최소한의 부분으로만 끌고 간다. 그들은 '내 마음 좀 알아달라'는 환우들의 절규를 단칼에 자른다.

"그 마음은 똥덩어리에 불과해요."

심의心醫들은 환우 자신도 모르고 있는 그의 더 깊은 속마음을 세심하고 따뜻하게 헤아려준다. 반드시 스스로 먼저 수양하면서 환우들로 하여금 좋지 않은 습관을 떨쳐내고 마음의 중심을 지킬 수 있는 길을 제시한다.

내 처지를 한탄하면서 내 입장을 알아달라고 목소리를 높여봤자 고작 잠깐의 관심을 얻을 수 있을 뿐이다. 그럼에도 자해와 같은 극단적인 선택을 통해서라도 자기의 사정을 이해받기를 갈구해야 할까?

남을 인정해야 나 역시 상대로부터 내 넓은 마음을 인정받을 수 있는 법. 만일 남을 먼저 인정하지 않고 내 마음만 인정받고자 한다면 이는 본질적으로 남이 나를 인정하지 못하도록 결심하는 것과 무엇이 다르겠는가.

그럼에도 우리들은 나를 내세우고 자꾸만 외치고 싶다.

"제발 내 마음 좀 알아줘!"

라고.
아, 마음공부가 절실하다.

유쾌한 숙제

무기력증을 호소하고 있는 20대 후반의 한 청년이 말했다.

"저는 저녁이 오기 전에 탈진해버려요. 온몸의 힘을 다 써버린 느낌인데 병원 검사로는 아무런 문제가 발견되지 않았어요. 정신과 두 곳에 들러서 검진을 받아보니 모두 우울증이라고 하네요. 대체 왜 이렇게 힘이 없는 걸까요?"

"우울증은 증상일 뿐이지요. 원인은 따로 있어요. 그것이 곧 강박심리죠. 내면의 '강바기'[4]가 작용하여 불필요한 곳에 에너지를 쓰기에 피로가 엄습하는 거예요. 그러다 보니 욕구를 충족시키지 못하고 우울증에 빠지는 거예요."

"그럼 어떻게 하면 될까요?"

"원인을 해소해야 돼요. 원인은 강박심리죠. 마치 구슬에 강박심리라는 때가 낀 것과 같아요. 생각과 감정의 때가 낀 거죠. 그 마음때를 씻어내면 구슬은 빛이 나죠. 그것이 곧 본성회복이에요."

'강바기'의 요지는 간단하다. 그건 '해동네여야만 한다'는 생각이다. '모든 것을 자기 방식대로만 해야 한다'고 주장한다. 그 외에 다른 생각의 출구, 즉 '달동네'를 허락하지 않는다.

강박심리는 착각錯覺과 무지無知로 시작해서 욕심慾心과 고집固執으로 귀착된다. 무지無知란 어떻게 살아야 바른길인지 알지 못하는 것이요, 착각錯覺은 자기만의 생각에 취해 잘못 알고 있는 것이요, 욕심慾心은 내 실적보다 기대치가 높은 마음이며, 고집固執은 바른길을 일러줘도 듣지 않는 마음이다.

녀석이 있는 한 내 삶은 해로운 긴장감으로 가득 찬다. 달동네가 싸워 이겨야 할 적군이 되어버린다. 그 결과 이럴 수도 없고 저럴 수도 없는 진퇴양난進退兩難에 빠져버린다.

10대 후반의 고등학교 남학생이 말했다.

"저는 수학의 원리를 정확히 알아야 다음 진도를 나갈 수 있는데, 제가 전에 알았던 원리도 의심이 돼서 공부를 할 수가 없어요. 어떻게 된 일인가요?"

"모든 것을 확실하고 완벽하게 알아야 한다는 생각, 또 완벽하게 알아야만 한다는 생각을 넘어서 안 것을 절대로 잊어버리지 않겠다는 생각이 옳을까요?"

"알 것은 알아야 하잖아요. 특히 수학의 원리는 매우 중요하잖아요. 확실히 알아야 하고요. 제가 알았던 부분을 잊어버릴까봐 두려워요."

"물론 그렇지요. 그러나 세상은 불확실한 것으로 가득하죠. 그래서 이를 해소하고 생활의 편리를 위해 불확실한 것을 그 어떤 개념으로 규정하는 게 수학이에요. 일례를 들어보죠. '상수/무한대'는 얼마죠?"

"0이요."

"그럼 '1/무한대'과 '1조/무한대'는 같은 거예요. 그러나 과연 그럴까요? 깊이 생각해보면 분자가 다르므로 엄연히 다른 거 아닌가요?"

"네, 그렇게 볼 수도 있겠네요."

"그래요. 그냥 그렇게 규정한 거예요. 또 원주율과 같은 것은 3.14159265358979…… 등과 같이 한없이 불확실하게 나가죠. 이를 그냥 π라고 규정한 것과 같아요. 불확실한 것을 어떤 규정을 통해 확실한 모양으로 포장한 거죠."

"그럼 어떻게 해야죠?"

"그러려니 하고 져주면 돼요. '그럴 수 있다'라고 말이에요."

'강바기'는 오직 한 가지만 붙잡고 다른 가능성을 허용치 않는다. 언제나 극단적이고 조금의 여유도 둘 줄 모른다. 그러나 각성심리는 '꼭 그래야만 한다'라고 내세우기보다 '그럴 수 있다'면서 포용할 줄 안다. '깨치미'[5)]는 항상 새로운 가능성을 인정한다.

'강바기'는 특정한 대상을 가리지 않는다. 연애를 하든, 공부를 하든, 취미를 가지든, 강박심리가 붙으면 앞으로 나아갈 수도 없고 뒤로 후퇴할 수도 없는 상태에 이르러 엄청난 고통이 뒤따른다.

'강바기'가 가장 강하게 밀착된 부분은 죽음이다. 녀석은 언제나 죽음을 적대시한다. 이때부터 우리들은 극한의 두려움에 처하면서 삶이 황폐화된다. 그럼에도 이런 강바기를 떨쳐내고 삶의 중심을 잡은 사람들이 존재한다.

내게 많은 은혜와 가르침을 내려주신 글 선생님이 그랬다. 선생님은 등단한 시인이셨고 모 출판사에서 근무하셨다. 나는 첫 책을 출간할 때 선생님을 알게 되었다. 나는 선생님 덕분에 단행본 쓰는 법을 배워서 첫 책을 출간할 수 있었고 그 후로도 지속적으로 글쓰기에 대한 조언을 들을 수 있었다.

2010년 6월경, 선생님은 대장암 말기 판정을 받았지만 그 사실을 숨기셨다. 단지 허리가 조금 좋지 않다고만 말씀하셨다. 그 상황을 몰랐던 나는 2010년 말경에 선생님께 나와 심의心醫 문하생들을 대상으로 글쓰기 강좌를 요청하였는데 선생님은 당시 최악의 몸 상태였음에도 쾌히 내 부탁을 들어주셨다.

선생님은 돌아가시기 전까지 나를 비롯한 주변 어떤 사람들에게도 당신의 근황을 알리지 않았다. 마치 "내일 지구가 멸망하더라도 나는 오늘 한 그루의 사과나무를 심겠다"고 했던 스피노자처럼.

나는 작고하신 지 1년 만에 유언에 따라 발간된 선생님의 유고 시집 《나 한 사람의 전쟁》(윤성근 著, 마음산책 刊)에서 선생님의 뜻을 엿보게 되었다.

「나는 상황을 받아들이고 상황을 이해하려고 애쓸 수밖에 없었다. 운명은 내가 A란 길로 가고 싶어했을 때 C라는 알 수 없는 길로 나를 데려갔다. 그리고 나는 그리될 줄을 전혀 알지 못했던 것이고. 이 모든 것이 누구의 잘못인가 하는 것에 대해서 생각하는 것이 내게는 긴요하지 않았다. 나는 현재 내가 할 수 있는 일을 하며, 비록 그것을 잘 못한다고 할지라도 최선을 다해서 하고, 노력하는 모습을 보이고 싶다. 뭐, 그러다 보면 또 다른 보이지 않는 운명의 내방이 있을 수도 있지 않겠는가.」

이미 달관의 경지에 이르신 선생님께는 삶과 죽음이라는 두 운명 모두 별 의미가 없었고, 또 한편으로는 두 운명 모두 특별한 의미가 있었다. 그렇게 선생님은 하나의 운명만을 택하지 않으셨다. 어느새 선생님께서는 죽음에 대한 강박심리를 훌훌 털어내시고 계셨던 것이다.

나는 사모님으로부터 선생님께서 타계하시기 전, 다음과 같은 말씀을 남겼다고 들었다.

"내게 있어 투병은 고통스러운 면도 많았지만, 암 선고를 받은 이후 지난 7개월은 내 인생에서 가장 행복했던 순간이었다오."

한때 내게 글을 가르쳐주신 선생님께서는 지금 내게 도道를 전해주신 마음의 스승님이 되어주시고 있다.
공자孔子께서는 《논어論語》 이인편里仁篇에서 다음과 같이 말씀하셨다.

아침에 도道를 들으면 저녁에 죽어도 좋다.
(朝聞道夕死可矣)

나 역시 어느 날부터인가는 더 이상 죽음에 대해 심리적인 갈등이나 막연한 공포감을 느끼지 않는다. 그러나 나는 선생님께서 작고하신 후에 나 스스로에게 다시 한 번 물어보았다. 아마도 이 질문은 선생님께서 내게 던지신 유쾌한 숙제이리라.

'만일 내게 질병으로 인해 당장 죽음이 들이닥친다면 나도 선생님처럼 초연하게 대처할 수 있을까?'

내 안의 내가 한참 머뭇거린다.
아직 내 마음에는 좋지 않은 마음때가 덕지덕지 묻어 있다.

죽음에 대한 강박심리가 여전하다.
도道와 거리가 한참 멀다.
숙제 제대로 해야겠다.
더 부지런히 씻어야겠다.

생각에서 믿음으로

20대 중반의 한 여성이 말했다.

"저는 심성계발에서 권고하는 대로 '낯빛을 온화하게, 말투를 부드럽게, 태도를 공손하게' 하려고 해요. 그런데 자꾸 가식적이라는 생각이 들어요. 과연 이렇게 해서 다른 사람들과 친해질 수 있을지 의문이에요. 누군가는 제 속을 훤히 들여다보지 않을까요? 그게 제 진심이 아니라는 것을 금방 들킬 것만 같거든요."

"그럼 무엇이 들켜서는 안 되는 진심이죠?"

"저는 다른 사람들이 우스워 보이거든요. 그 마음을 들킬 것 같아요."

"그럼 그걸 고치면 되지 않나요?"

"저도 타인을 존중하고 싶은데 자꾸 타인을 멸시하는 마음이 올라와요."

"근본적으로는 ○○ 씨가 어떻게 살아야 내게 유익한지를 모르고 있어요. 또 안다고 해도 그렇게 살 때 내게 유익하다는 믿음이 없기 때문에 타인을 멸시하는 거예요. 심성계발이 필요한 시점이네요."

우리의 생각은 갈고 닦지 않으면 자꾸만 때가 낀다. 그래서 내게 유익하지도 않은 생각에 빠지게 되고 그런 행동을 서슴지 않는다. 그렇기 때문에 성현의 말씀에 내 생각을 비춰보고 부단히 타인들과 소통하면서 오류의 찌꺼기를 걸러내야 한다.

다음의 그림을 보자.

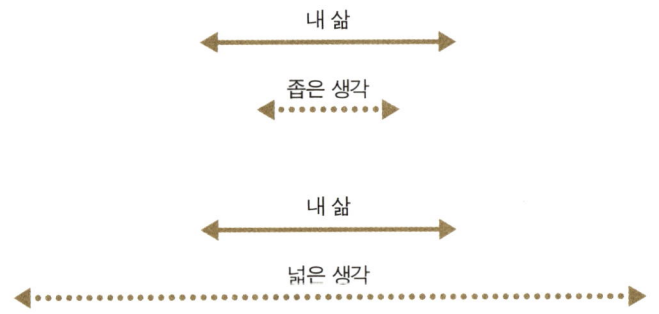

위 그림처럼 좁은 생각에서는 내 삶의 무게가 크게 느껴지지만, 넓게 생각하면 삶은 경쾌하게 다가온다. 좁은 생각은 '강바기'의 견해다. 선善하지 않다. 넓은 생각은 선善한 '깨치미'의 사고다. '강바기'는 자기만의 생각에 갇혀서 삶의 여러 문제에 대해 대처능력이 부족하다. 그러나 '깨치미'에게는 다양한 방법을 통해서 이를 해결할 수 있는 지혜와 믿음이 있다.

20대 후반의 직장여성이 말했다.

"왜 자꾸 사람들이 나를 무시하죠?"

"과연 사람들이 ○○ 씨를 무시할 수 있을까요?"

"진짜로 무시하는 걸요."

"그럼 다른 걸 여쭐게요. 사람들이 이 지구와 우주를 무시할 수 있을까요?"

"그럴 수는 없겠죠."

"한 사람, 한 사람이 모두 하나의 소우주小宇宙예요. 그런데 어찌 무시당할 수 있죠? 우리는 절대로 무시당할 수 없는 거대한 존재들이에요. 내가 참된 나, 더 큰 나를 찾지 못했기 때문에 그저 드러난 나에 집착하며 남들의 얘기에 영향받는 거죠."

"잘 이해가 되지 않아요."

"만일 ○○ 씨가 백만 원을 소매치기당했다면 매우 화가 날 거예요. 그러나 ○○ 씨가 천 억대 부자라면 어떨까요?"

"그야 뭐 아무것도 아니겠죠. 대수롭지 않게 생각할 거예요."

"그래요. 더 큰 나를 찾지 못했을 때 우리는 남이 내 인생에 개입하고 나를 무시한다고 예민해져요. 더 큰 나는 타인의 무시로부터 자유롭죠. 더 큰 나를 찾지 못했기 때문에 다른 사람들의 말에 영향받는 거예요.

지금 ○○ 씨가 느끼고 있는 '나'는 본래의 나에 비해서 1억 분의 1도 되지 않아요. 더 큰 나에 대한 믿음을 가지면 남의 시선과 무시로부터 편해질 거예요."

30대 초반의 한 남성이 물었다.

"어떻게 하면 평화롭고 행복하게 살아갈까요?"

"우리의 본성대로 살아가면 되죠. 맡은 바 최소한의 일을 완수하고,

비방이나 화풀이, 불평, 불만, 원망을 하지 않는다면 내 삶을 평화롭고 행복하게 살아갈 수 있다고 믿어지지 않나요?"

"정말 그럴까요?"

"아무렴요, 역대 성현들의 가르침이고 역사가 증명한 사실이지요."

성현의 말씀의 핵심은 인仁·의義·예禮·지智라는 사덕四德이다. 사덕은 통찰의 영역으로서 나만의 생각과 구분된다. 사덕은 곧 이성理性이다.[6)]

이성은 삶의 문제에 대해서 다양한 가능성을 보고 유연하게 대처할 수 있는 선한 생각이다. 내가 선해지는 만큼 타인에 대한 불필요한 경계심이 없어진다. 따라서 사람을 믿는 마음이 자연스럽게 생겨난다.

20대의 초반의 한 청년이 말했다. 그는 고교시절 왕따를 당하면서 마음의 상처를 입고, 삶에 대한 믿음이 결여되어 있었다.

"악하고 예의 없는 사람을 보면 자꾸 화가 나요. 그런 사람들이 많아서 제가 살아가기에 너무 힘들어요."

"그것은 성장기의 한때 왜곡된 환경에서 잘못 입력된 정보죠. 이 세상을 악한 사람들이 지배할 수는 없어요. 특히 정신적인 문명이 점점 증대되고 세계적으로 민주화의 물결이 진행되는 현대 사회에서 선하지 않고, 예의 없는 사람들이 설 땅은 없죠. 마음공부를 통해 내가 먼저 선한 마음을 가져보도록 해요. 내가 선해지는 만큼 삶에 대한 믿음과 배짱이 생겨날 거예요."

어떤 분들은 이렇게 생각할 수도 있을 것이다.

'다른 사람은 그렇다고 치더라도 내가 어려운 것은 진짜 현실이야. 난 돈도 없고, 차도 없고, 배우자도 떠나갔잖아.'

이것이 곧 자기만의 생각이다. 내 생각이 선하지 않기에 내 생활이 어려워진 줄 모르고 그것을 현실 탓으로 돌린다. 이것은 의심疑心이다. 이에 비해 의문疑問은 내 생각을 뛰어넘는 이성의 영역이다. 의심은 나를 가두지만 의문은 나를 성장시킨다. 위의 의심을 극복하고 다음처럼 건전한 의문을 일으켜보자.

'과연 돈과 차와 배우자를 제외하면 내가 가진 것은 아무것도 없는 걸까? 그 세 가지가 지금 없다고 해서 앞으로도 가질 기회가 없다고 단정할 수는 없지 않은가.'

믿음이 형성되면 아무리 삶이 고단할지라도 결코 쉽게 무너지지 않는다. 집중력이 향상되어 결국 내가 뜻한 바를 이루고야 만다. 누구에게도 이러한 믿음의 씨앗이 있다. 그래서 우리들은 아무리 힘겹고 어려운 일이 있을지라도 활짝 웃으며 살아가고 있다.
나만의 생각에서 벗어나, 삶과 사람에 대한 크고 아름다운 믿음을 얻는 것이 마음공부의 핵심이다. 자기를 수양하면서 꾸준하게 선한 생활을 하다 보면 자연스럽게 굳건한 믿음이 형성된다. 그러한 믿음은 외부의 영향을 받지 않기에 깨지는 법이 없다.
참된 믿음은 우리 삶의 토대요, 희망의 어머니다.
믿음을 얻게 되면 걸릴 것 없이 편안하다.

자기성찰

20대 초반의 한 여성이 말했다.

"전 부모님을 용서할 수가 없어요. 도대체 이제껏 저를 위해 해준 일이 무엇이죠? 저를 낳았으면 책임지고 제대로 길러줘야 하는 것 아닌가요?"

"여기는 왜 오셨나요?"

"부모님께서 한 번 가보라고 해서요."

"기왕지사 오셨다면, 단지 하소연만 할 것이 아니라 제 말씀도 한 번 들어봐야 하지 않나요?"

"네. 그렇게 하죠."

"모든 사람은 부족해요. 부모님도 완벽한 사람이 아니에요. 잘못하실 수도 있는 분들이죠. 용서할 수 없다는 것은 부모님이 완벽하기를 바라는 욕심이에요. 그러는 ○○씨 자신은 완벽한가요?"

"……."

"왜 부모님은 자식에게 모든 것을 다 해줘야 하죠? 20세가 넘었다면 부모님의 허물도 감싸줄 줄 알고, 오히려 부모님을 위해서 뭔가를 해드릴 수 있는 나이가 아닌가요?"

무엇보다도 먼저 파악해야 할 대상은 '나 자신'이다. 문제를 갖고 있는 당사자가 바로 나 자신이기 때문이다. 설령 남에게 문제가 있다고 하더라도, 지금 그 문제에 대처를 해야 할 사람은 나다. 그러므로 가장 먼저 나를 살펴야 한다. 나를 성찰하지 않으면, 내가 잘못을 범하고도 이를 상대의 책임으로 미룬 후 자신을 변화시키려 하지 않는 우를 범하기도 한다.

30대 중반의 한 여성이 말했다.

"4~5년 전부터 열이 오르고 가슴이 답답하고요, 불면증도 있어요. 화병이 생겼나 봐요."

"그때 무슨 일이 있었나요?"

"남편이 저를 너무 무시해요. 막말을 하고 욕설도 서슴지 않아요. 이제는 화가 나요. 그 사람을 용서할 수가 없어요. 어떻게 내게 이럴 수 있죠?"

"지금 누구 덕분으로 살아가고 있죠?"

"그야 뭐, 남편 덕이긴 하지만요, 그래도 어떻게 이럴 수 있죠?"

"무시를 받으면서도 남편을 떠나지 않고 계시는 이유는 뭘까요?"

"선생님! 제가 여기에 온 것은 애 아빠 문제 때문이에요. 제 잘못을 해결하러 온 것은 아니라고요."

"외손뼉으로는 소리가 나지 않아요. 마주칠 손뼉이 있어야 하죠. 문제의 원인을 상대에게서만 찾으려고 하면 결코 문제가 풀리지 않아요. 최소한 그 원인의 절반은 자신에게서 찾아야 하지 않을까요?"

하소연을 하면 잠깐 속이 시원할 순 있으나 문제 해결에는 별 도움이 되지 않는다. 문제를 가진 당사자인 나로부터 문제의 원인을 살펴야 그 실마리를 얻을 수 있다.

다음《명심보감明心寶鑑》7) 정기편正氣篇의 한 구절을 살펴보자.

내가 귀하다고 남을 천하게 여기지 말고,
자기가 크다고 해서 남의 작은 점을 업신여기지 말며,
용맹을 믿고서 적을 깔보지 말라.

(勿以貴己而賤人 勿以自大而蔑小 勿以恃勇而輕敵)

내 생각과 감정의 흐름을 주의 깊게 관찰하는 것이 곧 자기성찰이다. 그러나 자기성찰을 하려면 반드시 자기를 들여다볼 수 있는 거울이 필요하다. 그 거울이 곧 성현의 말씀이다.

《명심보감》계선편繼善篇의 또 다른 구절을 함께 보자.

선한 일을 보거든 목마른 듯하고, 악한 일을 듣거든 귀먹은 체하라.
또 이르기를, 선한 일은 반드시 탐을 내며, 악한 일은 즐기지 말라.

(見善如渴 聞惡如聾 又曰 善事須貪 惡事莫樂)

대개 우리가 아는 선악善惡과 시비是非의 개념은 대부분 나만의 자의적인 생각과 느낌이다. 성현이 말씀하시는 선악과 시비는 최소한 내가 머릿속에서 이제껏 파악하고 있었던 선악과 시비를 초월한다.

혹자或者8)가 물었다.

"악한 일을 듣지 않는 것은 무책임한 처사이며 악에 대한 도피가 아닌가요? 악은 응징해야 하지 않을까요?"

"내가 응징할 위치라면 그렇게 해야 하죠. 예컨대 내가 경찰이나 판사라면 악적인 요소를 적극적으로 찾아내야겠지요. 그러나 악은 스스로 무너질 수밖에 없는 구조를 가지고 있어요. 그러니 내가 세상에 존재하는 모든 악을 응징하려 애쓸 필요는 없어요. 그건 불필요한 간섭이죠. 내 자리에서 내 책임을 다하며 선하게 사는 것이 곧 악을 극복하고 초월하는 길이에요."

나는 대학시절 이봉철 스승님으로부터 중국무술의 한 분파인 당랑권螳螂拳을 배우면서 무술의 기본인 형形과 투로套路9)를 익힐 수 있었다. 그때 나는 현란하고 의미심장한 여러 권법을 접하면서 내 평생 무술만 닦는다 해도 하나의 투로조차 완성하기 어렵다는 사실을 깨달았다.

성현의 말씀 역시 수천 년간 정제된 정교한 형形이요 투로套路와 같다. 결코 한 개인이 단기간에 쉽게 터득할 수 있는 경지가 아니다. 성현의 말씀은 시대를 초월한다. 국가를 넘어 분열을 통합하고, 인류를 넘어 우주자연의 만물에게 혜택을 준다.

성현의 말씀은 내 마음을 들여다보는 거울인 동시에 내 마음의 때를 씻어주는 세제요, 내 영혼靈魂10)을 살찌우는 양식이다. 또한 성현의 말씀은 타인들의 비방으로부터 내 마음을 지켜주는 성곽이 되어준다.

《황제내경》과《동의보감》에서도 성현의 말씀이 즐비하다. 이 두 의서醫書에는 산처럼 굳세고 물처럼 유연한 인생철학이 담겨 있다. 그래서 우리는《동의보감》을 저술한 허준 선생을 의성醫聖이라고 부른다.

나는 어려서부터 마음병을 앓았기에 늘 잡념이 많았다. 그러한 잡념들은 다시금 불필요한 위축감과 두려움, 혼란함으로 이어졌다. 그러나 성현의 말씀을 암송한 이후 잡념이 씻겨 내려가면서 샛별처럼 맑은 성현의 말씀이 내 가슴에 자리를 잡았다.

새벽녘 잠이 깰 때는 가장 먼저 성현의 말씀이 떠올라 하루 출발이 상큼해지는 걸 자주 경험했다. 행여 오후 나절 몸이 피곤할 때에도 성현의 말씀을 되새기면 금방 피로가 걷히고 정신이 맑아졌다.

애석하게도 공부가 얕은 사람들은 성현의 말씀을 폄하貶下한다. 그들은 자기를 내세우면서도 그것이 얼마나 부끄러운 행위인 줄 모른다. 선악善惡에 대한 명확한 기준이 없기에 자기의 생각과 감정에 취해 스스로를 고통 속에 가두고 타인에게 피해를 주면서도 무슨 일이 일어나는지 알지 못한다.

이와 달리 성현의 말씀을 존중한 사람들은 우리 사회의 빛과 소금이 되었다. 실제로 우리나라 최고의 인격자이자 성현의 반열에 오른 퇴계, 율곡 선생을 위시해서 뛰어난 인품을 지니신 남명南冥 선생, 역대 최고의 학자로 인정받는 다산茶山 선생 같은 분들은 한결같이 성현의 가르침을 존중하고 그 가르침대로 살았다.

다시금 《논어》 술이편述而篇 한 구절을 보기로 하자.

도道에 뜻을 두고, 덕德에 의거하며,
인仁에 의지하고, 예藝에서 노닌다.
(志於道 據於德 依於仁 遊於藝)

어찌 이리도 맑고 크고 아름다운가.
성현의 가르침은 곧 삶의 교과서요, 모범답안이다. 이 구절만으로도 우리가 어떻게 살아야 하는지에 대해 정확하게 알 수 있다.

나는 가끔 생각한다. '만일 성현의 말씀을 접할 수 없었다면 그 무엇으로 나 자신을 성찰하여 내 마음의 중심을 잡을 수 있었을까'라고.

아, 상상만 해도 끔찍하다.

현실과 비현실

위 사진은 경기도 양평 양수리 한강변에 있는 세미원洗美苑의 한 풍광이다. 그 이름처럼 유유히 흐르는 한강물을 보면서 마음을 씻고, 수련과 연꽃을 보면서 예쁘고 고운 마음을 지니라는 의도로 기획되었으리라.

실제로 이곳 세미원은 우리 마음의 때를 씻어줄 만큼 맑고 깨끗한 환경이 조성되어 있다. 또 이곳의 산책길에는 우리 선조들의 한시漢詩들이 소개되어 있는바, 이를 감상하노라면 한결 마음이 맑아진다.

어느 날, 나는 어떻게 이렇게 좋은 명소가 생겨났는지에 대해 의문을 가져보았다. 어쩌면 그 누군가가 매우 멋진 철학을 가지고 굳세게 추진

하였기 때문일 것이다. 그와 동시에 정치·경제·행정적인 이유도 작용했었겠고. 그러나 그런 추측은 석연치 않았다.

그러다가 결론이 났다. '뭐가 뭔지 정확히 알 수는 없어. 그렇지만 결국 이 세미원은 지금 여기에 존재할 수밖에 없어서 존재하는 거겠지'라고.

어디 세미원뿐이겠는가. 이 거대한 우주는 왜 이렇게 열심히 운행하는지에 대해 빅뱅이나 중력이론, 진화론 등을 통해서 설명할 수는 있다. 그러나 그런 설명들에 대해 그런 법칙이 왜 존재하는지 다시 물어보면 또다시 어떻게 설명할 길이 없다. 그냥 존재해야 하기 때문에 존재할 뿐.

이처럼 현실의 존재 이유는 참 애매하다. 그럼에도 불구하고 단지 우리가 이 세계를 보고 듣고 만질 수 있다는 것만을 내세워 우리들은 감히 '현실'이라는 이름딱지를 붙인다. 그런데 최소한 현실이라면 확실하고 안정된 그 무엇이어야 하지 않을까? 꿈속에서도 감각을 느끼기는 마찬가지니까 말이다.

현실의 실상이 이러하다면 현실이 비현실과 다른 점은 무엇인가.

다행스럽게도 모든 정보가 디지털화된 컴퓨터와 인터넷 세상을 살고 있는 우리들이기에 존재의 본질에 더 가까이 접근할 수 있다.

예컨대 컴퓨터 게임이라는 가상공간에서는 무시무시한 위력을 지닌 괴물이 등장한다. 괴성을 지르고 어마어마한 파워로 무장했기에 그 괴물과 싸울 때는 상당한 집중력이 필요하다. 게임에 몰입하면 마치 그 괴물이 실재하는 것처럼 느껴지기도 한다.

그러나 그 괴물은 단지 가상공간에서만 존재하는 0과 1의 정교하고 복잡한 조합에 의한 프로그램일 뿐, 결코 실재하지 않는다. 마치 영화를 볼 때는 '스파이더맨'이나 '반지의 제왕'이 지구상에 실재하는 것처럼 느껴지나 본래는 허상에 불과한 것과 같다.

이처럼 '존재하는 것처럼 느껴지는 것'과 '실제로 존재하는 것' 사이에는 엄연한 차이가 있다.

또 다른 예를 들어보자. 이미 대중화된 스마트폰에서는 디지털로 변환된 사진을 두 손가락을 벌려서 확대할 수 있다. 손가락을 오므리면 사진은 다시 축소된다. 또 사진을 밀어서 다음 장을 볼 수도 있다. 이 역시 손가락의 접촉을 스마트폰이 디지털 명령어로 인식하여 즉각 반응토록 짜진 프로그램에 불과하다. 그러나 분명한 것은, 우리가 손가락으로 사진을 늘린 것은 아니라는 사실이다.

현재 공상영화에서는 3차원 공간에 펼쳐낸 영상을 눈으로 볼 뿐만 아니라 손으로도 만지는 장면들이 나온다. 머지않은 미래에는 이런 기술도 충분히 실용화될 수 있을 것이다.

흥미로운 사실은, 디지털기술이 발달할수록 아날로그화한다는 점이다. 그렇다면 이런 기술의 발달이 극에 이르러 전지전능한 기술을 갖게 된 그 누군가가 디지털기술을 프로그램화하여 고도로 아날로그화한 결과물을 만들어냈고, 그것이 곧 이 우주라는 가정을 해볼 수도 있지 않을까?

이런 시각에서 살펴보면 비록 내가 사물을 보고 듣고 냄새 맡고 맛보고 만지는 느낌이 아무리 생생할지라도, 또한 탄생과 성장과 소멸이라는 위대한 자연의 질서가 아무리 분명한 현실로 보일지라도 그 모든 것은 실새가 아닐 수 있다.

놀랍게도 퇴계선생이 필사한 《활인심방活人心方》[11] 내용에 그런 구절이 존재한다. 이 구절은 《동의보감》 이도료병以道療病에서도 인용한 내용인바, 다음과 같다.

우리가 현실이라고 하는 세상의 모든 일이 모두 공허하다.
내가 종일 중시하는 모든 일이 망상이다.
내 몸은 곧 하나의 허깨비다.
복된 것과 그렇지 않은 것, 그 자체가 본래 존재하지 않는다.
삶과 죽음이 곧 거대한 꿈이다.

(世間萬事 皆是空虛 終日營爲 皆是妄想 知我身皆是虛幻 禍福皆是無有 生死皆是一夢)

옛사람들은 이미 최첨단 디지털 기술이 발달한 현 시대에서나 유추해볼 수 있었던 존재세계의 본질을 일찌감치 파악하고 있었던 것이다.

잠시 우리가 살고 있는 지구를 살펴보자. 바닷물의 평균 깊이는 4킬로미터에 달한다고 하지만, 지구의 반지름은 무려 6400킬로미터이다. 그토록 깊은 바닷물도 지구 지름의 약 1600분의 1에 해당할 뿐이다. 농구공에 비유하면 공을 둘러싼 빨간 외피 정도에 불과하다. 그중에 땅으로 노출된 부분이 약 3분의 1이며, 바로 그 위에 우리가 살고 있다.

어쩌면 그 누군가가 농구공과 같은 지구를 물에 잠시 담근 후 빼냈고, 그때 묻어난 물기에 의해 생명체가 탄생했으며, 그 물기의 3분의 1 정도가 마른 시점에서 비로소 우리 인류가 발생한 것이라고 생각해볼 수도 있다. 그런데도 우리는 인간이 만물의 영장이라는 허망한 주장을 자랑거리로 늘어놓는다.

비단 그뿐만이 아니다. 이 큰 지구도 우주 전체로 본다면 티끌에 불과하다. 우리는 그 티끌 같은 지구 속에서 다시금 티끌과 같은 존재로 살아간다.

이러한 여러 가지 정황들을 살펴보면 우리의 삶은 하나의 가상공간이고, '나' 또한 허상이며, 내가 중시하는 일체가 망상이고, 불행과 행복은 본래 따로 존재하지 않으며, 삶과 죽음이 하나의 꿈이라는 현인賢人의 가르침은 참으로 실감 난다.

설령 절대적인 실체로서의 현실세계가 존재한다고 치자. 그러나 이 또한 개인적인 주견主見에 따라 매우 주관적으로 파악될 수밖에 없기에 정확한 감지가 불가하다. 따라서 사물의 실체가 존재하느냐, 그렇지 않느냐를 초월하여 우리는 사물의 실체를 결코 정확히 알 수가 없다.

결국 현실세계란 수없이 왜곡될 수밖에 없고, 어쩌면 영원히 보지도 듣지도 만지지도 느끼지도 못한다는 결론에 이른다. 이는 곧 현실세계란 애당초 존재하지 않는다는 의미와도 다를 바 없다.

《반야심경般若心經》에서는 "색色은 곧 공空이며, 공空은 곧 색色"이라고 하여 이 사실을 직시하고 있다. 이 세계는 실체가 없으며, 실체가 없는 그 자체가 곧 실체일 뿐이라는 것이다.

이런 이치를 깨달은 사람은 사물의 여러 현상들에 대해서 무심無心해지면서 자연스럽게 공평무사公平無私한 삶을 살아간다. 더 이상 자기를 과시하거나 주장할 필요가 없기에 선善한 사람이 된다. 그런 사람을 일러 군자, 인격체, 도인, 깨달은 사람이라고 한다.

눈에 확연히 보이는 무지개도 가까이 가면 형체가 사라지듯 우리가 현실이라고 부르는 이 세계, 우리들, 나 자신이라는 실체에 대해서 한 번 더 의문을 품고 한 차원 더 들어가면 아무것도 없는 그 무엇이 감지된다. 이 순간 꿈과 생시, 허구와 실재, 삶과 죽음, 존재와 비존재非存在의 경계점이 사라진다.

현실이 곧 비현실이며, 비현실이 곧 현실이다. 이를 깨달으면 선해진다. 그러므로 선한 것이 현실이요, 악한 것이 비현실이다.

이얍!

꿈보다 해몽

50대 초반의 남성이 말했다.

"여동생이 제 통장 비밀번호를 알아서 돈을 몽땅 가지고 도망쳤어요."
"그래서 어떻게 하셨나요?"
"고소하려고 법원까지 갔어요. 그러나 여동생인데 차마 그럴 수 없어서 그냥 돌아왔어요. 이럴 수도 없고 저럴 수도 없네요."
"법에 호소하지 않은 것은 여동생이라는 존재를 중시하는 마음이 있기 때문이겠죠. 만약 여동생이 중병을 앓고 있어서 오빠에게 도움을 요청해온다면 어떻게 하실 거죠?"
"그야 물론 도와줘야죠."
"그럼 차라리 동생이 병을 앓기보다 지금처럼 건강하게 살아가는 게 좋지 않을까요?"
"그렇지만 그건 현실이 아니잖아요."
"그래요. 하지만 그렇게 생각해서 마음의 평화를 얻는다면 그 또한 괜찮은 일이 아닐까요?"

만일 내가 병에 걸려서 숨도 제대로 못 쉬고, 걷지도 못하고, 보지도 못한다고 가정해보자. 그러면 내 꿈은 '제대로 숨 쉬면서 푸른 하늘을 보고 걷는 일'일 것이다. 그런데 그 꿈이 정말로 이루어졌다면 어떻게 할 것인가. 또다시 새로운 꿈을 설정하고 그 꿈을 이루지 못했다며 괴로워해야 할까?

새로운 사업을 시작했다가 큰 손실을 본 30대 남성이 말했다.

"괜히 급하게 사업을 시작했다가 크게 손실만 봤어요. 이럴 바에는 그냥 다 접고 마음공부를 못한 게 후회가 돼요. 마음을 잡지 못한 채 일을 하니, 하는 일마다 실패네요."

"실패를 통해 다시 각성한다면 그 실패를 배움으로 여길 수도 있지 않을까요?"

"그렇긴 합니다만, 계속 가슴이 아파요."

"네. 하지만 그토록 아프지 않았으면 정신을 차릴 수 없었을 거예요."

극단적인 상황이 아님에도 심적 고통이 가중된다면 현실을 빈곤하게 해석하기 때문이다. 비록 현실이 빈곤할지라도 이를 풍요롭게 해석한다면 마음이 평화로워지고, 이 마음의 평화는 현실적 어려움을 극복하는 발판으로 작용한다.

20대 중반의 청년이 말했다.

"부모님은 제가 초등학교 때 이혼하셨어요. 그때 너무 많이 상처를 받아서인지 아직도 제 마음 한구석이 어둡고 의욕이 생기지 않아요. 저도 다시 밝게 살아갈 수 있을까요?"

"아무렴요. 얼마든지 그럴 수 있어요."

"어떻게 하면 되죠?"

"되는 쪽을 바라보세요. 그러면 살 만한 세상임을 알 거예요. 기운이 생겨나고 삶의 재미가 올라오죠. 그러다 보면 그 기억과 상처는 점점 희미해지고 작아질 거예요. 나중에는 그저 먼지와 다를 바 없다는 사실을 깨닫게 될 거예요."

20대 중반의 한 여성이 말했다.

"저는 열등감이 심해요. 어렸을 때부터 뚱뚱하고 땀이 많이 나서 남들 앞에 나서는 것이 너무 두려웠고, 놀림당하는 것이 힘들었어요. 그때부터 남의 말에 신경 쓰기 시작했고, 늘 남들에게 잘 보이고 싶어졌어요. 이런 열등감을 없앨 방법이 있을까요?"

"열등하다는 생각에 내 전부를 투영할 필요는 없어요. 내 존재 전체가 열등할 수는 없어요. 열등한 것은 나의 일부분일 뿐이죠. 오히려 열등한 일부분을 철저히 인정하세요. 그것이 바로 열등감으로부터 빠져나오는 지름길이죠. 우리는 누구나 열등한 측면이 있기에 겸손을 배울 수 있어요. 열등감에 빠지는 이유는 내 열등한 측면을 거부하려 들기 때문이에요."

열등감은 '내게는 열등함이 있어서는 안 된다'는 오만한 생각의 산물이다. 내게 부족한 면이 있어야 겸손해질 수도 있고 사랑할 수 있는 법. 그래야 타인의 허물을 용서할 수도 있다. 그러므로 열등한 점을 인정하는 그 마음이 곧 우등하다고 말할 수 있다. 단점을 활용하면 장점이 되고, 장점에 빠지면 단점이 되듯이.

《명심보감》정기편正己篇은 다음과 같이 말한다.

나를 선하다고 말해주는 사람은 내 적이요,
나를 악하다고 말해주는 사람은 내 스승이다.

(道吾善者 是吾賊 道吾惡者 是吾師)

내게 선하게 대하는 사람을 만났을 때 자만심에 빠질 것을 경계하고 내게 악하게 대하는 사람을 만났을 때 더욱 자기수양에 힘쓸 수 있다면, 그 누가 내 마음의 평화를 깨뜨릴 수 있겠는가.
이런 의미에서 살펴보면《대학大學》의 서두에 등장하는 삶에 대한 '3강령綱領 8조목條目'의 해석은 보석처럼 영롱하다.

- 3강령 : 명명덕明明德, 친민親民, 지어지선止於至善.
- 8조목 : 격물格物, 치지致知, 성의誠意, 정심正心, 수신修身, 제가齊家, 치국治國, 평천하平天下.

무슨 문제든 어떤 단정도 삼가고 무한히 열린 시각으로 접근할 때 치지致知에 이르게 된다. 치지致知가 체득되면 나머지를 모두 하나로 꿸 수 있다. 성의와 정심이란 격물格物, 즉 사물을 접하면서 치지가 정밀해지기 위한 방편이다. 즉, 성의誠意란 성현의 말씀에 대한 믿음과 집중력이라 볼 수 있으며, 정심正心은 사물에 대해 자기 생각대로만 단정하지 않는 마음이다. 치지가 되면 내가 마땅히 실천할 바로서의 수신修身으로 이어지며, 그 뒤로는 저절로 이뤄진다.

3조목 역시 8강령의 다른 표현이다. 명명덕明明德에서의 밝은 덕은 치지의 목표요, 친민親民이란 치지를 통해서 백성을 이롭게 함이며, 지어지선止於至善이란 그럼으로써 지극한 선에 도달됨을 말한다.

해석의 범위가 넓고 다양할수록 사물에 대한 차별심이 사라지고 오해가 적어진다. 겉으로 드러나는 차이는 오십보백보에 불과함을 알게 된다. 본질과 현상의 가치, 모르는 것과 아는 것의 의미, 가치 있음과 가치 없음, 이 모두가 한통속임을 깨닫게 된다. 이때부터 우리 마음에는 안정과 자유, 평화와 사랑이 싹튼다.

선가禪家에서 해석하는 삶의 모습이 이와 같다. 그 흐름은 마치 바람과 같고 그 자유는 구름과 같다.

누군가 선사禪師에게 물었다. "부처는 어디에 있습니까?"
선사가 대답한다. "법당 안에 있지."
그랬더니 묻는 이가 말한다. "그건 나뭇조각을 도금한 것에 불과합니다. 어떻게 부처라고 말할 수 있습니까?"
이에 선사가 호응한다. "그렇지. 그건 자네 말이 맞네."
그러자 그가 다시 묻는다. "그럼 부처는 어디에 있습니까?"
다시 선사가 대답한다. "법당 안에 있지."

부처와 부처 아님을 구분하려고 애쓸 필요가 없다. 나뭇조각을 도금한 불상도 부처님의 마음으로 바라보면 부처다. 속아준들 좀 어떠랴. 그것을 부처로 알고 살아가더라도 자비심을 유지할 수 있다면, 목불木佛 역시 부처님이 아니고 또 무엇이겠는가.

비록 고달파 보이는 삶일지라도 얼마든지 긍정적이고 아름답게 해석

될 수 있다. 그러기에 유가儒家에서는 이 꿈과 같은 현상세상에서 사람이 어떻게 사는 것이 바른길인지에 대해 고민했다. 도가道家에서는 나와 내 욕심의 허망함을 설파하여 텅 비워 살도록 계도했다. 불가佛家에서는 성불成佛을 위한 끊임없는 수양을 강조했다.

이런 삶의 해석은 유가의 인仁, 도가의 무위자연無爲自然, 불가의 공空을 낳았다. 그 모든 정의를 총괄한다면 우리의 삶은 곧 수행의 발판이요, 도道를 깨칠 수 있는 최적의 기회라는 해석이 가능하다.

내 생각이 좁을수록, 삶에 대한 해석이 편향될수록, 부정적으로 바라볼수록 내 감정이 엉키고 삶이 고단해진다. 그러니 현실과 비현실, 진실과 거짓을 구분하기에 앞서 내 마음이 평화롭도록 내 삶에 도道를 적용해서 전향적으로 해석해 봄은 어떨까?

어찌 아는가.

나를 괴롭혔던 해묵은 난제들이 단숨에 해결될지….

꿀맛 나는 세상

「숲 속을 여행하던 한 사람이 어느 날 호랑이에게 쫓기는 신세가 되었다. 그래서 죽기 살기로 도망가는데 앞에 절벽이 나타났다. 밑을 내려다보니 까마득했다. 다행히 절벽 바로 밑에 나무 한 그루가 있어서 그는 얼른 뛰어내려 나뭇가지에 매달렸다. 그런데 가지가 약해 금방이라도 부러질 것 같았다. 더욱이 나무 밑동을 두 마리의 생쥐가 갉아 먹고 있지 않은가. 절체절명 위기의 순간, 그 나무 곁에는 꿀이 넘쳐흐르는 벌집이 있었다. 그는 꿀맛이나 보고 죽겠다는 마음으로 그 꿀에 혀를 들이댔다. 그랬더니 위험상황은 온데간데없었다.」

이 우화에 등장하는 주인공은 엉뚱하게도 위험천만한 상황 속에서 꿀을 맛보기로 결정하였다. 참으로 비현실적인 대처법으로 보인다. 그러나 이 우화는 우리의 삶을 있는 그대로 정확하게 대변해주고 있다.

실제로 우리는 이 우화처럼 살아가고 있다. 누구든 백 년이 채 안 되어 죽음이란 절벽을 만나게 된다. 또한 늘 수많은 질병과 사고의 위험에 노출되어 있다. 그럼에도 우리는 지금 이 순간에도 노래 부르고 춤을 추며, 달콤한 인생의 꿀맛에 취해 살아간다. 향후 닥쳐올 위험을 대비하고 고민하기보다 우리 인생의 달콤한 꿀맛을 즐기기가 더 시급하기라도 한 걸까?

어쩌면 우리 내면의 '깨치미'는 이를 알고 있을 듯하다. 내 안의 '깨치미'는 비록 내 눈에 보이고, 귀에 들리고, 손에 만져질지라도 이 세상의 위급한 상황에 대해서 결코 민감하게 반응하지 않는다.

돌이켜보면 우리의 행동은 우리의 머리보다 총명했다. 우리의 삶은 우리의 머리보다 현명했다. 그리고 항상 '깨치미'가 그 중심에 있었다. 우리에게 처한 위험상황이 허상이라는 것을 아주 잘 간파하고 있었다.

신라의 고승 원효元曉 대사는 내면의 '깨치미'를 만났던 때를 잘 기술했다. 대사가 의상義湘과 함께 뱃길을 통해 당나라로 가기 위해 당성唐城 12)에 이르렀을 때, 갑자기 내린 소낙비를 피하기 위해 토굴 속으로 들어가 하룻밤을 보내게 되었다. 그런데 날이 밝자, 밤중에 머문 곳이 토굴이 아니라 무덤가임을 알게 되었고, 극렬한 정신적 혼동을 느낀 후 밝은 깨침을 얻었다. 그리고 그 경험은 훗날 다음처럼 재미있게 각색되었다.

「당나라 유학길에 오른 원효는 어느 날 밤에 길을 잃고 토굴을 찾아 잠을 청했다. 그런데 너무 목이 말랐다. 그때 우연히 잠결에 손에 잡히는 바가지에 물이 고여 있어 마시게 되었는데, 갈증이 심한 터라 물맛이 감로수와 같았다. 다음날 잠에서 깨어 살펴보니 그곳은 무덤 속이었고 갈증을 달래준 물은 해골에 담겨 있는 빗물이었다. 그 순간 그는 엄청난 구역질을 해댔다. 그렇게 한동안 심하게 고통스러워하다가 불현듯 '한 소식'을 듣게 되었다. 원효는 그렇게 깨달음을 얻자, 곧바로 신라로 발길을 돌렸고….」

만일 원효대사가 해가 뜨기 전에 무덤가를 벗어났다면 별 괴로움 없이 하루가 시작되었을 터였다. 그러나 대사가 자기가 마신 물이 해골바가지에 괸 물이었다는 사실을 인식한 순간 온갖 괴로움이 닥쳐왔다. 과연 무엇이 대사의 머리를 괴롭게 했던 것일까?

그것은 바로 '해골바가지로 물을 마시면 안 된다'는 생각이었다. 본질적으로 보면 해골바가지 역시 물을 떠먹을 수 있는 움푹 파인 용기(容器)에 불과할 뿐, 어떤 문제도 없었다. 대사는 괴로움의 본질은 '사물'이 아니라 '생각'이었음을 알아차렸다. 이것은 "모든 것은 오로지 마음이 지어낸다(一切唯心造)"는 석가세존의 가르침과 일맥상통한다.

이 명제는 실로 엄청난 위력을 발휘한다. 우리는 '모든 것이 관념에 불과하다'는 것에 동의하면서도 '죽음'만큼은 현실이라고 믿는다. 적어도 언젠가 우리 눈앞에 닥쳐올 죽음은 엄연한 현실이니까 말이다.

아, 그러나 그것 역시 '나만의 생각'이었다. '강바기'의 견해였을 뿐이었다. 사는 동안 '강바기'는 줄곧 자신의 권력을 행사한다. 그래서 죽음도 해골바가지처럼 흉악한 그 무엇으로 착색한다. 그리고 자기의 견해를 단단히 부착시킨다. '죽으면 절대로 안 돼'라고.

그러나 '깨치미'는 안다. 우리가 이미 살아 있지 않다는 것을. 죽음과 삶이 분리되지 않는다는 것을. 그러니 어찌 죽을 것을 걱정한단 말인가.

혹자가 물었다.

"저는 현실적으로 되는 일이 없다 보니까 불안과 우울감이 심해요. 어떻게 하면 이렇게 좋지 않은 감정으로부터 벗어날 수 있을까요?"

"그 감정을 물끄러미 쳐다보는 거죠. 그러면 반드시 그 감정을 부른 생각을 발견할 수 있어요. 조금 더 나아가면 그 생각의 허구성을 인식할 수 있어요. 그러면 감정 역시 무상함을 알 수 있고 바로 빠져나오게 돼요.

그러나 여기에는 어느 정도의 집중력이 필요해요. 그래서 성현의 말씀을 읽고, 쓰고, 외우고, 묵상하는 방법이 선행되어야 하는 거예요. 그런 과정을 통해 자기의 생각을 성찰할 수 있는 집중력을 갖게 되죠. 그러면 좋지 못한 감정들은 현실적 문제이기보다 내 생각의 틀에 갇혀서 짓눌린 감정이었음을 깨치게 되고요."

내 삶의 위험상황은 '강바기'가 만들어낸 착각이었다. 꿈속 세상이었을 뿐이었다. 쫓아오던 호랑이도, 까마득한 절벽도 없었다. 그 모든 절망적인 상황은 나만의 가상공간에서 일어난 일이었다. 그것은 마치 내가 지금껏 컴퓨터 속 정글탈출게임에 몰입해서 그만 가상공간을 현실로 착각했던 것과 다르지 않았다.

깊은 회의懷疑와 우울감에 빠진 고교 중퇴생이 말했다.

"선생님! 삶이 참 공허해요. 그래서 더 이상 의욕도 없고 살고 싶지 않아요. 모든 게 결국 끝날 것인데 열심히 살아서 뭐하죠?"

"맞아요, 삶은 공허해요. 결국은 끝이 나니까요. 그런데 왜 그것이 문제죠?"

"공허하니까요."

"공허해서는 안 되나요?"

"네? 그건, 글쎄요. 공허해도 되는 건가요?"

"삶이 꽉 차 있으면 오히려 숨이 막히지 않을까요? 공허하니까 그 안에 뭐든 담아낼 수 있는 거예요. 지금 ○○군이 힘든 것은 '삶이 공허하다'는 이치를 깨쳤기 때문이 아니라, '삶이 공허해서는 안 된다'는 강박심리에 얽매여 있기 때문이죠. 공허하다는 생각에 막혀 답답해진 것이지, 공허함 자체가 문제인 것은 아니에요. 공허하다고 여기는 그 생각 역시 공허하기는 마찬가지예요."

나는 한의대 과정을 전부 마친 후 국가고시를 치렀다. 그런데 시험이 생각보다 어려웠다. 복잡한 수식과 기호들로 출제된 시험지…. 문제가 낯설어 도저히 시간 내에 풀 수가 없었다. 마음이 정신없이 쫓겼다. 그런데 문득 이것이 꿈일지도 모른다는 생각이 들었다. 그리고 놀랍게도 정말 꿈이었다.

대개 의료인의 국가고시는 90퍼센트 전후의 합격률을 보인다. 그러나 내가 시험을 치렀던 1991년에는 합격률이 63퍼센트였다. 시험을 앞두고 받았던 스트레스가 꿈에서 재현되었던 것이다.

누구라도 마찬가지다. 만일 '죽을 만큼' 괴롭게 느껴진다면, 그것은 현실이 아니라 나만의 생각일 수 있다. 악몽은 단지 꿈에서 깨어나는 것으로 한순간에 해결된다. 마찬가지로 비록 참담한 상황일지라도 그것이 욕심이었음을 아는 것으로 해결된다.

나를 괴롭힌 그 남자가 문제가 아니었다. 나를 압박한 그 여자도 문제가 아니었다. 실패도 문제가 아니었다. 죽음도 문제가 아니었다. 그것은 단지 착각이었을 뿐이다. 무지였고 욕심이었고 집착이었을 뿐이었다.

물론 절체절명의 위기상황은 존재한다. 춥고 배고프지만 거처할 곳과 먹을 것이 없는 상황, 포탄이 쏟아지는 전쟁터 등이 그러하다. 그런데 그와 같은 상황이 얼마나 되겠는가. 그러한 상황이 아님에도 절체절명의 위기를 느끼는 것은 현실적 상황의 문제가 아니라, 내 마음의 문제다.

그러나 마음의 때가 끼어 있으면 그 두 상황을 제대로 분간하지 못한다. 그러므로 성현의 말씀에 근거하여 내 마음의 때를 씻어내야 한다. 그래서 생각의 안개가 걷히는 순간, 최악의 상황은 최상의 시나리오로 바뀐다. 극단의 상황이 해소되고 꿀맛 나는 세상이 펼쳐진다.

바람을 맞으며 조깅하기, 소낙비에 발 적시기, 땀 흘리며 등산하기, 개울에서 목욕하기, 눈밭에서 굴러보기, 취미가 같은 사람들과의 담소, 책을 통해 동서고금을 넘나들기, 박진감 넘치는 스포츠 관람, 연인과의 밀월, 아이들의 웃음소리들, 음악 감상과 연주, 아침잠의 달콤함, 무아無我와의 조우遭遇, 위기 탈출의 기쁨…….

아, 어디 이뿐이겠는가.

깨달음, 그 통쾌한 반전

다음의 글을 읽어보자.

「에이 씨8 ~ 개X끼!」

위의 글은 분명한 욕설이다. 보기만 해도 기분이 확 상한다. 이 글 앞에 내 이름이 있다면 "우이씨~" 하며 버럭 화가 난다.

그러나 다시 한 번 자세히 직시해보자. 이 글은 욕 이전에 무엇일까? 바로 '문자'가 아닌가?

그리고 또다시 직시해보자. 문자 그 이전에는 무엇일까?

하얀 바탕에 까만 잉크일 뿐이다. 만일 우리가 한글을 배우지 않았다면 위의 문자는 다음 문자와 다를 바 없다.

「И μ ε Ω βE Ж Ы з」

우리는 이 문자를 읽을 수 없다. 설령 이 글이 자신에 대한 욕설이라고 할지라도 뜻을 모르기 때문에 화낼 수 없다.

이처럼 '모르기 때문에' 화를 내지 않는 것은 누구라도 가능한 일이다. 그러나 그 뜻이 욕설임을 알면서도, 그저 일종의 무늬나 그림으로 파악함으로써 현상에 휘둘리지 않는 게 곧 깨침이다.

깨침이란 냉철한 이성理性의 영역이다. 이성적으로 살피는 것을 통찰洞察 혹은 직관直觀이라 한다. 통찰은 사물의 본질을 꿰뚫어 보는 것이며, 직관은 자기만의 감정과 생각을 배제하고 사물을 있는 그대로 보는 것을 말한다. 같은 의미다. 통찰이나 직관을 통하여 현상세계로부터 자유로워지는 것, 자신의 생각굴레로부터 벗어나는 것이 곧 깨침이다.

깨침은 그리 대단한 일이 아니다. 가벼운 깨침은 누구라도 즉시 체험할 수 있다. 만일 숨 쉬고 사는 것이 얼마나 감사한 일인지 체득하고 싶다면, '호흡 중단 명상'이 좋다. 1분간 숨을 쉬지 않고 있다가 다시 쉬는 것만으로도 우리는 생명의 희열과 그 감사함을 깨치게 된다.

'호흡 중단 명상' 같은 방식은 환경의 변화로써 생각의 변화를 이끌어낸다. 그러나 굳이 환경을 변화시키지 않더라도 깊이 통찰하면 깨침을 얻을 수 있다.

중고교시절 잘 풀리지 않는 수학문제로 씨름하다가 해법을 터득하는 것도 깨침이다. 아르키메데스의 원리와 피타고라스의 정리, 멘델의 유전법칙, 뉴턴의 만유인력도 자연법칙에 대한 깨침이다. 깨치게 되면 나만의 생각굴레로부터 벗어나 사물의 생생한 맛을 느낄 수 있다.

대개 '깨침'과 '깨달음'이라는 단어는 혼용되어 쓰인다. 굳이 구분해보자면, 깨침은 일상의 소소한 생활에서 일어나는 일에 대한 새롭고 정확한 인식의 변화이며, 깨달음은 인생 전반에 대한 깊은 통찰에서 오는 좀더 근본적인 변화다. 인생은 무수한 깨침의 연속이다. 그런 깨침이 삶 전체로 확대되면서 깨달음에 이르는 것이다.

안데르센 동화에 등장하는 '미운 오리 새끼' 이야기는 깨달음에 대한 훌륭한 비유이다. 이야기 속의 미운 오리 새끼는 자신이 그저 미운 오리 새끼인 줄로만 알고 살았다. 그는 몸짓과 생김새가 달라 동료들로부터 늘 소외되고 우울하게 살았다. 그러던 어느 날 그는 자신이 더 이상 미운 오리 새끼가 아니라 화려한 백조임을 깨닫게 된다. 그 순간부터 그의 우울은 한꺼번에 모두 날아갔고 신명 나는 삶이 시작되었다.

깨달음도 이와 같다. 깨달음은 오리가 백조로 변화하는 게 아니라 '내가 곧 백조'였다는 진실을 깨치는 것이다. 오리는 오리로 살고, 백조는 백조로 살 때에 편안한 법. 백조가 오리라고 착각해서 오리처럼 살려고 했기에 온갖 고초를 당했다. 그러다가 스스로 백조임을 알아차리고 오리처럼 사는 것을 접는 것이 깨달음이다.

이는 마치 한 손에 가위를 든 채로 그 가위를 잃어버렸다고 착각하고 주변을 두리번거리다가 내 손에 쥐어진 가위를 보는 것과 같다. 인식 하나가 변화했지만 모든 고민이 해소되고 곧바로 생활이 안정되고 평화로워진다.

수행자나 종교인들은 이와 같은 경험을 "득도得道했다", "거듭났다", "해탈했다", "견성見性했다" 등의 말로 표현한다. 일상생활에서 볼 수 있는 깨달음 전후의 상황을 열거해보면 다음과 같다.

	깨달음 전	깨달음 후
마음주체	칠정(강바기)	본성(깨치미)
인생견해	죽음은 삶의 적이고 이 세상은 고통의 바다요, 인생은 문제투성이다.	죽음은 또 다른 삶이고 이 세상은 펼쳐진 잔칫상이요, 인생은 놀이터다.
대인관계	그 사람이 잘못해서 내 삶이 불행하다. 나는 아무에게도 사랑을 받지 못해서 우울하다.	짜증내는 그 사람을 품는 내 삶이 아름답다. 내가 우주적인 사랑을 베풀 수 있기에 평화롭다.
생활습관	불만과 원망, 불안이 잦고 쉽게 상처를 받는다.(종속적 삶)	감사와 만족, 감동을 느끼며 믿음과 배짱이 생겨난다.(주체적 삶)

 물론 삶을 깨달음 전과 깨달음 후라는 극단적인 양면으로 나눌 수는 없다. 우리는 수시로 깨달은 상태와 그렇지 않은 상태를 왕복한다. 내 마음의 때를 잘 씻어내지 않으면 잠들고 잘 씻어내면 깨어 있을 뿐. 깨달음이란 좀더 넓은 견해로 바라보는 것, 사물의 본질을 보는 것, 그 이상도 그 이하도 아니다.
 40대 초반의 어떤 어머님이 자녀의 학습 문제로 찾아왔다.

 "제 아들은 중학생이 되었지만 도대체 공부할 생각을 하지 않아요. 과외선생까지 붙여줘도 놀 생각만 하네요. 공부하기보다 친구들과 노는 것을 좋아해서 그게 문제예요."
 "학교는 잘 다니고 있나요? 등교시간을 어기거나 숙제를 안 하거나 그런 점은 없나요?"

"그런 것은 그런대로 잘해요. 그런데 저렇게 놀기 좋아하면 나중에 커서 뭘 먹고 살아가겠어요?"
"자제분이 공부 잘해서 어떻게 되기를 바라시나요?"
"그야 미래에 자립하고, 결혼해서 행복하게 잘 살아가기를 바라는 거지요."
"그렇다면 그냥 지금부터 어머님께서 자제분과 잘 살면 되지 않을까요?"

모든 심리적인 문제는 반드시 '깨달아야' 근본적인 해결이 된다.
무엇을 깨닫는단 말인가?
'내가 없음'을 깨치는 것이다.
자기수양을 통해 무한히 생각을 확장해 나가면 우주적인 나를 찾는다. 여기에서 더 나아가면 결국 비존재로서의 '나 없음'에 도달한다. 이것이 곧 도통道通이요, 깨달음이다. 진정한 해탈이요, 참된 구원이다. 극기복례克己復禮요, 본성회복本性回復이다.
이 자리에는 욕심이 개입할 수 없다. 이미 다 얻었기 때문이다. '내가 없음'으로 인해 내 마음의 상처도 소멸한다. 공격성이 사라지면서 자연스럽게 선善해진다. 욕을 먹거나 모함에 휩싸일지라도 그에게는 종달새가 노래하는 소리 정도로 들리기에 결코 마음이 어지럽지 않다. 평범한 일상 속에서도 진한 삶의 희열이 느껴진다.
여러 성현들의 가르침을 기초로 하여 '깨달음'의 순환 고리와 그로 인해 발현되는 심성을 도표로 정리하자면 다음과 같다.

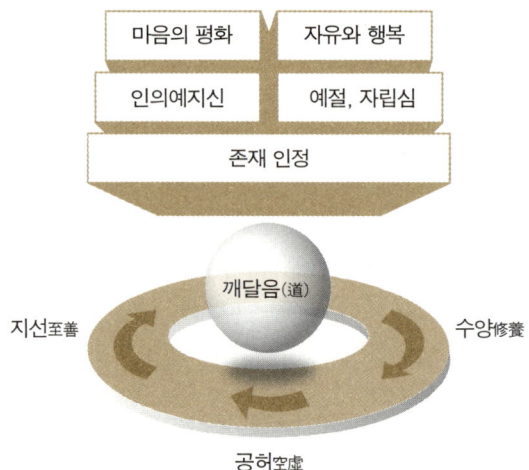

위 도표에서처럼 나를 포함한 만물은 모두가 공허空虛하다는 인식, 그로 인해서 마음이 비워지고 이때 발현되는 지극한 선善, 그리고 이를 발현시키기 위한 지극한 자기수양이 깨달음의 순환 고리를 형성한다.

이중에서 가장 중요한 요소는 바로 자기수양이다. 수양하지 않으면 사물의 본질인 공허空虛를 볼 수 없다. 공허는 '가득 참'의 극치다. 모든 것을 담아낼 수 있기 때문이다. 반드시 이것을 보아야 칠정七情과 집착이 끊어지면서 선악을 초월한 지극한 선(至善)이 발현된다. 이것이 인의예지신仁義禮智信이라는 본성이다.

이때부터 사물에 대한 존재인정이 가능해진다. 더 이상 자기만의 생각에 매몰되어 현실을 외면하는 일이 없다. 우리가 꿈꾸는 내 마음의 평화를 얻고 자유롭고 행복한 생활을 영위할 수 있다.

꾸준한 자기수양을 통해서 나만의 착각에서 벗어나 본래부터 가지고 있는 아름다운 본성을 회복하여 선하게 살아가게 되는 것, 이렇게 평범하고 단순한 모습이 깨달음의 실체이고 전부다.

그러나 그로 인한 생활의 변화는 상상을 초월한다. 외부환경에 의해서 일희일비一喜一悲하는 생활로부터 졸업한다. 내 인생 최고의 통쾌한 반전이 시작된다.

제2장 마음세제 투입

사람의 본성 가운데 모든 선은 스스로 충분하기 때문에 따로 보태야 할 이치가 없다. 다만 마땅히 기품과 물욕의 때를 덜어내면 될 뿐이다. 덜어내고 또 덜어내어 더 이상 덜어낼 것이 없으면 본연의 성품을 회복하게 된다.

(蓋人性之中萬善自足 善無可益之理 只當損去其氣稟物慾之累耳. 損之又損之 以至於無可損 則復其本然之性矣)

— 율곡의 《순언醇言》

현상과 본질

마음세제

형식과 실질이 조화를 이룬 후라야 군자다.
(文質彬彬 然後君子)

- 《논어》 옹야雍也

근원은 하나요, 지류는 둘이다.
(源一而流二)

- 율곡전서栗谷全書 답성호원서答成浩原書

1537년(중종 32년)에 정지운鄭之雲(1509~61) 선생은 당시의 여러 가지 학설을 취사取捨하여 《천명도설天命圖說》이라는 책을 썼다. 그리고 1553년(명종 8년)에 이르러 퇴계退溪 이황李滉 선생께 감수를 받은 후 책의 중요 이론을 일부 수정하여 세상에 내놓았다.[13)]

그 후 5년이 지난 1558년, 이 책을 감수한 퇴계 선생에게 한 통의 편지가 날아들었다. 보낸 사람은 고봉高峰 기대승奇大升 선생이었다. 당시 퇴계 선생의 나이 58세, 고봉 선생은 33세였다. 고봉 선생은 그 편지에서 다음과 같이 주장했다.

"사람의 마음은 본래 칠정七情이 전부인데 따로 사단四端의 마음을 언급하며 '이理가 발현한 바'라고 하셨어요. 그러나 사단지심四端之心에서 '마음 심'의 글자가 있는 것처럼 이미 그것도 사람의 마음이라는 사실을 인정한 거잖아요. 그렇다면 사단의 마음 역시 기氣가 발현된 칠정과 다를 것이 없는데, 이를 따로 또 언급하는 것은 모순이 아닌가요?"

이 편지를 받은 퇴계 선생은 적잖이 당황스러웠다. 그리고 그 비판을 수용하여 다음과 같이 답했다.

"선생께서 나의 무지를 잘 깨우쳐주었군요. 그렇다면 사단의 마음에 대해서는 칠정의 때가 끼지 않은 순수하게 선善하고 악惡이 없는 마음으로 별도로 규정하지요. 이것으로써 사단의 마음은 선과 악이 공존하는 칠정의 마음과 확실히 구별되겠지요?[14)] 이제 공께서는 어떻게 보시나요?"

그러자 고봉 선생은 다시 물었다.

"비록 그렇다고 치더라도 이理는 사물의 원리이자 본질이에요. 본질이란 발현하게 하는 '원리'인데, 어떻게 그런 원리가 스스로 움직여서 발하게 되는지요? 이점 또한 의아스러워요."

그러자 퇴계 선생은 다시 한 번 주장을 완화시키기에 이른다.

"선생의 의견을 참조하여 사단은 이理가 홀로 발현하는 게 아니라 기氣가 따라온 것으로, 또 칠정은 기氣가 발현될 때 이理가 올라탄 것으로 정리하지요.15) 자, 이제 괜찮나요?"

그렇지만 고봉 선생은 이 역시 완전히 받아들이지 않았다. 이理란 발현하는 원리일 뿐, 발현되는 것은 기氣 하나라는 견해를 굽히지 않았다. 퇴계 선생 또한 그렇게 수정, 보완한 이론에서 더 이상 양보하지 않고 이理를 기氣보다 중시한 이기이원론理氣二元論과 이기호발설理氣互發說을 고수했다.

그 후 율곡 선생은 고봉 선생의 이론을 받아들여서 이기지묘理氣之妙의 논리로 요약·정리했다. 그 대체는 다음과 같다.

"발하는 것이 둘이라면 우리 마음의 중심이 둘이 되는 모순이 발생하기에 옳은 견해가 아니다. 무릇 발현하는 것은 기氣요, 발發하게 하는 원리는 이理다. 기氣가 아니면 능히 발현하지 못하고, 이理가 아니면 발현할 수 있는 원리가 없다. 이것이 곧 이理와 기氣의 묘함이다."

율곡 선생은 또한 기발리승일도설氣發理乘一途說16), 이통기국설理通氣局說17)을 내세워 퇴계 선생에 대한 비판적 시각을 유지하였다. 이때 퇴계 선생의 논리를 옹호한 우계牛溪 선생은 이기호발설理氣互發說을 계승, 발전시키면서 1572년부터 6년간에 걸쳐 율곡 선생과 대립하였다.

그러나 이 과정에서 퇴계, 고봉, 율곡, 우계 선생들께서는 서로의 견해가 다르다는 이유로 결코 상대를 비방하지 않았다. 오히려 퇴계 선생은 고봉 선생을 제자로 받아들여 극진히 아꼈고, 고봉 선생은 퇴계 스승의 인격을 크게 흠모했다. 우계 선생은 율곡 선생의 빈틈없는 이론적 비판에 감동했으며, 율곡 선생은 당신 이론의 정밀함에도 불구하고 스스로 우계 선생에 인격에는 미치지 못한다고 말했다.

이와 같이 선과 악에 대한 섬세한 고찰考察과 치열한 논증論證을 통해 도달한 인간 본성에 대한 심원深遠한 경지는 기존의 정주程朱 성리학18)에서 볼 수 없었던 조선 성리학만이 가진 특징이자 쾌거였다.

그렇다면 도대체 기氣와 이理란 무엇일까?

이理는 자연의 원리로서 '본질本質'이며, 기氣는 자연이 드러난 모습으로서 '현상現象'이다. 퇴계 선생은 원리가 현상보다 우선하기에 원리에 힘을 실어주고자 했다. 그런 의도는 필연적으로 논리적인 모순을 안을 수밖에 없었다.

그럼에도 퇴계의 주리설이 세상에 널리 퍼질 수 있었던 것은 우리의 보편적인 마음은 늘 순수한 본성으로서의 선한 마음을 기氣와는 다른 깨끗한 그 무엇으로 간직하고 싶은 욕구가 있었기 때문이었다. 퇴계 선생은 있는 그대로의 사실보다 사람이 염원하는 마음을 중시했던 것이다. 그러므로 퇴계 선생의 의도를 파악하면 논리적 모순을 초월하여 그 아름다운 사상을 이해할 수 있다.

그러나 논리적인 정밀함으로써 사람의 마음을 설명하고자 한다면 역시 율곡 선생의 견해가 탄탄하다. 선생께서는 단 하나라도 논리적으로 위배되는 상황을 허락하지 않았다. 그러한 선생의 학풍은 독특하면서도 정교한 이론을 탄생시키기에 이르렀다.

대개 퇴계 선생은 주리론을 주장한 이원론자로, 율곡 선생은 주기론을 펼친 일원론자로 규정한다. 그러나 그 이면裏面을 살펴보면 다르다.

퇴계 선생은 이理를 인간의 생활에 있어 동떨어진 존재가 아니라 역동적으로 개입하는 주체성을 가진 존재로 인식했다. 이것은 이미 이理에 기氣의 기능을 부여한 것과 같다. 실제로 퇴계 선생은 사단四端을 '이지발이기수지理之發而氣隨之' 19)라고 수정 보완하면서 이理에 기氣를 통합하는 일원론적인 견해를 피력했다.

또 율곡 선생은 철저히 이理의 위치를 지키고자 하였다. 이理란 발현하는 원리일 뿐 스스로 발현할 수 없음을 강조하면서 이理에 흔들리지 않는 권위를 부여했다. 이것은 결국 이원론二元論의 입장을 취했다고 볼 수 있다.

근원은 하나요, 지류는 둘이라는 율곡 선생의 정확한 견해를 퇴계 선생이 모를 리가 없다. 퇴계 선생은 다만 하늘로부터 받은 순선무악純善無惡한 사람의 마음을 강조하여 선하게 살아가기를 계도했을 뿐이었다. 본질을 정확히 이해하였기에 현상에 져줄 수 있는 여유가 있었다.

그렇게 두 분 모두 본질과 현상, 즉 이기理氣 모두를 존중하면서 균형과 조화를 중시하였다. 그러므로 각자 강조한 부분과 외적인 주장이 달랐음에도 불구하고 자기수양의 중요성에서는 두 분이 일치할 수밖에 없었다.

그러기에 퇴계 선생을 이원론적인 주리론자로, 율곡선생을 일원론적인 주기론자로 단정 짓는 것은 바람직하지 않다.

현재 우리는 퇴계 선생을 천 원 지폐의 배경 인물로, 율곡 선생을 오천 원 지폐의 배경 인물로 부활시켰다. 그 덕분에 우리들은 두 분의 용안 容顔이 그려진 초상화를 지갑에 넣어 가슴에 품고 크게 흠모하고 있다.

기氣가 돈이라면 이理는 마음이다. 그러나 먼저 중시할 바는 본질이다. 의리다. 실질이다. 그러면 돈도 따라오고 형식도 갖춰진다. 퇴계 선생의 핵심 가르침인 마음의 평화를 중시한다면, 율곡 선생이 가장 강조하셨던 성실함을 잃지 않는다면 얼마든지 착하고 깨끗한 돈을 벌 수 있다.

확실하다.

괜히 성현님들의 말씀이겠는가.

본연의 자리

마음세제

곡신谷神은 죽지 않으니 이를 현빈玄牝이라 한다.
현빈의 문이 바로 천지의 근원이다.
끊길 듯이 이어지면서 아무리 써도 다함이 없다.
(谷神不死 是謂玄牝 玄牝之門 是謂天地根 綿綿若存 用之不勤)

— 《도덕경道德經》

천지의 도는 항구적이라서 끝남이 없다.
(天地之道 恒久而不已也)

— 《역경易經》 항괘恒卦

우리의 귀로 들을 수 없다는 이유로 초음파의 존재를 부정할 수 없으며, 우리의 눈으로 볼 수 없다는 이유로 적외선과 자외선의 존재를 부정할 수 없다. 이와 마찬가지로 평소의 감각이나 내 생각으로 파악되지 않는다는 이유로 근원적인 현실세계인 본연의 자리를 부정할 수 없다.

본연의 자리는 생각 그 이전의 세계요, 존재 그 너머에 있는 본질이다. 이곳은 우리가 이 세상에 오기 전의 세계이며, 앞으로 가야 할 곳이며, 모든 욕구의 최종 종착지다. 성리학자들은 이를 본연지성本然之性[20]이라고 하였다.

누구라도 성현의 말씀에 근거하여 겸허한 마음 자세로 간절히 구하면 이성이 발휘된다. 이러한 이성을 통해 세상과 나를 통찰하면 본연의 자리를 만날 수 있다. 이 자리와 접하는 순간 소위 "도道를 통했다", "깨달음을 얻었다"고 말한다.

이 자리가 곧 본연의 자리다. 이理이고 무극無極이다. 신神의 영역이다. 죽음이며 무위자연無爲自然이며, 도道다. 우리의 옛 선비들이 경외했던 하늘이다.

이 자리는 너의 자리인 동시에 나의 자리이고 우리 모두의 자리다. 여기에 도달하면 자의식自意識이 없어지기에 타인과의 다툼이 종식되면서 지극한 마음의 평화가 달성된다.

노자老子는 본연의 자리를 '현빈玄牝(그윽한 여성)'이라고 표현했다. 이 자리는 시작과 끝이 없기에 항구적이다. 혹은 시작과 끝이 있을지라도 그것을 초월한다. 생성과 소멸, 삶과 죽음 그 너머에 있다.

30대 초반의 한 미혼 여성이 말했다.

"저는 요즈음 참 불안해요. 자신감을 잃어버렸어요. 알바도 그만두

게 됐고요. 어떻게 하면 자신감을 찾을 수 있을까요?"

"인생의 계획표를 길게 볼 필요가 있어요. 10년의 목표를 넘어 평생의 목표를 보세요. 그러면 올해 무엇을 해야 할지 분명해지고, 다소 쉬거나 방황하더라도 자신감을 잃지 않게 될 거예요. 그렇지만 이보다 더 근본적인 접근이 필요해요."

"그게 뭐죠?"

"본연의 자리를 보는 거예요"

"그게 뭐죠?"

"더 큰 나를 보는 거예요. 곧 본연의 자리를 찾는 거죠. 그러면 삶은 하나의 경쾌한 게임이 되고 마음이 한결 가벼워지면서 당찬 자신감이 올라와요."

갑자기 모친상을 당한 30대 후반의 여성이 있었다. 그녀는 전문직에 종사했고, 평소에 많은 심리서적을 읽고 공부한 사람이었음에도 불구하고 상당한 충격을 받았다고 말했다.

"어머니께서 돌아가신 이후로 마음이 많이 불안해졌어요. 신앙에 귀의하고 싶어요. 도움이 될까요?"

"자연스러운 마음이에요. 우리들의 마음이 불안할수록 본연의 자리를 찾아가기를 원하거든요."

"죽은 후에 천국이나 극락을 가기 위해 신앙생활을 하는 것은 어떤가요?"

"본연의 자리를 찾아줌으로써 죽음에 초연해지고 마음의 평화를 얻는 것이 신앙의 본질이죠. 이를 바탕으로 사랑과 자비를 베풀 줄 아는 마음을 지니게 하는 것이 참된 신앙이죠. 이미 죽음이 문제가 되지 않는데 죽음 이후에도 생존하겠다는 것은 난센스이며, 착각이고 욕심의 발로일 뿐이지요."

죽음 앞에서는 모두가 무력하다. 죽음은 강렬하고 통제 불가능하며, 아무도 당해낼 수 없다. 그 어떤 답도 구할 수 없다. 그래서 우리들은 죽음이 두렵다. 아니다. 죽음을 해결하고자 하는 생각, 죽음과 맞서 싸우려는 생각이 일으킨 두려움일 뿐이다. 그리고 그 두려움은 워낙 커서 내 존재 전체를 산산이 부서뜨린다. 이때 내 생각마저도 함께 부서진다. 그렇게 내 생각이 부서진 자리에 찬란한 본연의 자리가 감지된다.

혹자가 물었다.

"일상에서도 본연의 자리를 찾을 수 있을까요?"
"깊은 수면상태, 아주 바쁜 생활 속에서 나를 잃어버릴 때, 또는 각종 취미활동이나 레저나 스포츠에 심취할 때가 곧 본연의 자리예요. 기도와 명상을 통해서도 이를 수 있죠. 남녀의 사랑 속에서도 만날 수 있고요. 대의大義를 위해 일할 때도 느낄 수 있어요. 선善하게 살면 자연스럽게 도달하게 돼요. 사랑하면 더 쉽게 찾게 되죠."

본연의 자리는 마음의 고향과 같다. 이 자리에 머물러야 편안함과 평화가 느껴진다. 본연의 자리는 우주로부터 내가 분리되지 않았음을 느끼는 자리이기에 충만한 사랑과 평온이 느껴진다. 어떤 문제라도 희석되고, 매우 큰 아픔이라도 용해된다. 본연의 자리에서 보면 모든 인생의 문제는 티끌과 같기 때문이다.

다음은 선가禪家의 《벽암록碧巖錄》21) 첫머리에 수록된 글이다

 양나라의 무제가 달마대사에게 "무엇이 가장 성스러운 진리입니까?"라고 물었다. 달마는 "텅 비어 있어 성스럽다고 할 것도 없습니다"라고 대답했다. 그러자 무제가 "내 앞에 있는 당신은 누구요?"라고 묻자 달마는 "모릅니다"라고 대답했다. 무제는 알아듣지 못했다.
 (梁武帝 問達磨大師 如何是聖諦第一義 磨云 廓然無聖 帝曰 對朕者誰 磨云 不識 帝不契)

 달마대사는 텅 빈 본연의 자리와 하나가 되었다. 그는 모를 줄 알았다. 그렇게 본연의 자리는 어떤 규정과 평가도 불허한다. 감히 이런저런 잣대를 들이대어 판단할 수 없는 고유성이 유지된다. 진흙 속에 던져진 구슬이 진흙에 의해 더러워지지 않듯이, 비극에 등장하는 여주인공의 삶이 아무리 괴로울지라도 그 배우는 편안하듯이, 본연의 자리는 외부의 상황과 상관없이 안전하고 평화롭다.
 《황제내경》 상고천진론上古天眞論에서는 이렇게 적고 있다.

 아주 오래전 진인眞人이라는 자가 있었다. 세상천지를 마음껏 돌아다니며 음양의 이치를 파악하고 정미精微한 기氣를 호흡했다. 홀로 중심을 잡고 본성을 지켜 몸이 천지와 하나가 되었다. 그러므로 능히 천지가 다할 때까지 살았으며, 끝나는 날이 있지도 않았다. 이것이 그 도와 더불어 사는 방법이다.
 (上古有眞人者 提挈天地 把握陰陽 呼吸精氣 獨立守神 肌肉若一 故能壽敝天地 無有終時 此其道生)

진인眞人은 자연과 하나이기에 천지가 다할 때까지 끝나는 날이 없다. '현상으로서의 나'에게만 초점을 맞춘다면 이 말씀은 얼토당토않다. 현상으로서의 나는 내 몸의 수명이 다 되면 죽기 때문이다. 그러나 그건 그림자일 뿐이다.

실체는 본연의 자리다. 이를 보는 순간 진인이 된다. 아니 우리 모두는 진인임을 안다. 진인은 곧 '참된 나'다. 진인이 찾은 삶, 내 삶에 수많은 문제가 생기더라도 '본연의 자리'의 가치와 절대성은 결코 훼손되지 않는다.

본연의 자리는 모든 문제의 해결책이다. 이곳을 찾는 순간 내 마음의 때가 모두 씻어진다. 이 자리는 결코 오염될 수 없는 무한히 웅대한 호수다. 이곳에 도달하지 않으면 어떤 인생의 문제도 결코 궁극적으로 해결되지 않는다.

겸허하면 이 자리에 놓여진다. 사랑해야 이 자리에 머물 수 있다. 이곳을 찾는 게 곧 '본성회복'이다. 이곳이 곧 참된 내 자리다. 아니, 곧 나다. 이 자리는 따듯하고 넉넉하고 사랑스럽고 평화롭다. 이곳에 도달하면 다시금 싱싱한 삶의 에너지가 충전된다.

신과 나

마음세제

도道라는 것은 잠시도 떠날 수 없는 것이니,
떠날 수 있으면 도가 아니다.
(道也者 不可須臾離也 可離 非道也)

- 《중용中庸》

보아도 보이지 않고, 들어도 들리지 않고, 써도 다함이 없다.
(視之不足見 聽之不足聞 用之不足旣)

- 《도덕경道德經》

도는 가까이 있건만 사람들이 스스로 살피지 않을 뿐이다.
(道在邇 而人自不察耳)

- 퇴계退溪 '잠언箴言' 중에서

신神과 도道는 하나다. 신을 보는 것이 도이기 때문이다. 아주 먼 옛날, 인류는 자연물을 숭상했다. 태양과 별과 하늘은 신神 그 자체였다. 그 후에는 이런 자연물을 주관하고 있는 그 무엇을 '신'이라고 부르기 시작했다. 우리나라의 토속 신앙에서는 하늘엔 옥황상제, 바다엔 용왕님, 산엔 산신령이 계시다고 믿었다. 오래된 느티나무와 형상이 특이한 바위에도 신성神性이 있다고 믿으며 받들었다.

그러나 흥미롭게도 과학문명이 발달한 현 시대에도 여전히 신이라는 존재는 풀리지 않는 수수께끼로 남아 있다. 지극히 당연한 일이다. 신이라는 말 자체에 '인간의 사고로는 헤아릴 수 없는 절대 불가침의 영역'이라는 정의가 포함되어 있기 때문이다.

신은 마땅히 논리적으로 설명되지 않아야 한다. 설명된다면 그것은 이미 신이 아니다. 우리가 신의 존재를 인식한다면, 그것은 신이 우리 인간의식의 하위개념에 속한다고 교만을 부리는 것에 불과하다. 이는 신성불가침 영역을 훼손하는 것이며, 신의 정의에 위배된다.

신은 우리가 인식할 수도, 설명할 수도 없는 그 무엇이어야 한다. 그럼에도 신에 대한 논의가 필요한 이유는, 신 그 자체를 설명하기 위함이라기보다는 오히려 우리가 할 수 있는 논의의 한계점이 어디까지인가를 알기 위함일 것이다. 그 한계점에서 구조적으로 체감할 수 없는 존재로서의 신이 자연스럽게 인정되기에 이른다.

대개 신에 대한 논의는 신의 존재 여부에 집중되곤 한다. 그러나 신이 존재하느냐 존재하지 않느냐는 논쟁은 무의미하다. 신은 무한히 크고 지극히 완전하므로 그 자신을 위한 별도의 존재 기반이 필요치 않기 때문이다. 그러므로 굳이 존재라는 말을 빌린다면 '무존재無存在'의 방식으로 존재해야 한다. 그렇기 때문에 신은 느껴지지 않는다. 무신론이

팽배한 것은 신이 존재하는 강력하고도 역설적인 증거다.

누군가 내게 물었다.

"선생님은 신을 믿으시나요?"
"사람들이 창조한 신은 믿지 않지만 본래의 신은 믿어요."
"그럼 유신론자이신 거네요?"
"저는 무신론을 존중하기 때문에 유신론자라고 할 수 있어요."

신이 존재하지 않는다고 말하는 사람들은, 한편으로는 자기의 생각 범위 내에 들어오지 않는 개념으로서의 신에 대해서 가능성을 열어두고 있다. 그러니 그들이야말로 오히려 신에 대한 왜곡이 없다고 말할 수 있다. 그렇기에 무신론자들이야말로 신의 실체를 더욱 가깝게 인식한다고 말할 수도 있다.

물리학이나 천문학에서도 신의 존재에 대해서 종종 언급한다. 다음은 〈연합뉴스〉 2010년 9월 8일 기사의 일부다.

「영국의 이론 물리학자 스티븐 호킹Stephen Hawking 박사[22]가 최근 저서를 통해 "신이 우주를 창조하지 않았다"는 주장으로 세계적인 논쟁을 불러일으킨 데 이어 "과학이 신을 불필요하게(unnecessary) 만들 것"이라는 의견을 내놨다. 호킹 박사는 7일 미국 ABC 뉴스에 출연해 "신이 존재하지 않는다는 것을 인간이 입증할 수는 없다. 하지만 과학은 신을 불필요한 것으로 만들 것"이라고 말했다. 호킹 박사는 이어 "창조주를 찾을 필요 없이 물리학의 법칙들로 우주를 설명할 수 있다"고 덧붙였다.」

호킹 박사의 이런 발언은 다시금 신과 인간, 창조와 자연발생에 대한 격한 논쟁을 일으키고 있다. 이미 종교계나 신학자들은 발끈하며 호킹 박사의 견해에 반기를 들었다. 유명한 신학자인 앨리스터 맥그래스 Alister Mcgrath[23)]는 다음처럼 말했다. 아래는 〈서울신문〉 2010년 9월 4일 기사다.

"신의 섭리를 배제한 채 과학으로 우주 탄생을 추측할 수 있다고 해서 그것이 곧 신이 존재하지 않는다는 의미는 아니다. 과학적 결과물에 대한 호킹의 시각이 변한 정도라고 봐야 할 것 같다."

그러나 호킹 박사는 그의 최근 저서 《위대한 설계》를 통해 다음과 같이 밝히고 있다.

"우주는 신의 창조물이 아니다. 우주는 중력의 법칙과 양자이론에 따라 무無로부터 자연적으로 발생했다. 중력과 같은 법칙이 있기 때문에 우주는 무無로부터 스스로를 창조할 수 있다. 우주와 인류의 존재는 자연발생적인 창조에 따른 것이다."

표면적으로 본다면 호킹 박사는 무신론자다. 신의 작품으로 여겨지던 이 불가사의한 우주는 이제 중력의 법칙과 양자이론으로써 설명이 가능해졌기에 그는 더 이상 우리가 신을 끌어들일 필요가 없다고 말한다.
그러나 여기서 호킹 박사가 비판하고 있는 신은 인간이 만들어낸 정형화된 신, 즉 '가짜 신'이다. 그런 신은 내 머릿속 망상에 불과하다. 그러므로 그는 그의 무신론적인 주장과 상관없이 오히려 진짜 신을 찾을 수 있도록 유도하고 있다.

　신에 대한 다양한 견해가 존재한다. 그러나 신은 우리의 욕심을 들어주는 존재로서의 '가짜 신'과 우리의 욕심을 초월해야만 파악할 수 있는 '진짜 신'으로 대별된다. 전자는 만물에 대한 인간의 우월함과 차별성을 뒷받침하기 위해서 '강바기'가 창조한 가짜 신이다. 후자는 통찰과 기도와 명상으로써 만날 수 있으며 '깨치미'와 소통하는 진짜 신이다.

　누군가 내게 말했다.

　"신을 만나신 적이 있나요?"
　"우리 모두가 이미 신과 더불어 살아가고 있죠. 신의 혜택이 없다면 우리는 한순간도 살지 못해요. 우주의 흐름 그 자체가 이미 신성神性이죠. 지금 당신과 저의 대화도 신이 허락했기에 이뤄지고 있는 놀라운 기적이죠. 그런데 어찌 신을 만나지 않았다고 말할 수 있겠어요?"
　"간절히 구해야 신을 만난다고들 하는데, 우리 모두가 이미 신을 만났다면 너무 쉽게 신을 정의내리고 계신 게 아닌가요? 대체 신이 왜 필요하죠? 저는 신이 필요하지 않아요."
　"신은 완벽할 정도로 우리 삶에 은밀히 스며들어 있어요. 그래서 우리는 신 없이도 살아갈 수 있다고 큰소리를 치죠. 그렇게 큰소리를 칠 수 있는 것이 바로 신의 혜택인데도 말이에요. 신이 느껴지지 않고, 신의 필요성도 딱히 없어 보인다는 것은 거꾸로 신이 존재하고 있다는 결정적 증거예요. 지금 저는 사사건건 개입하려 드는, 우리 인간이 만들어낸 '가짜 신'을 얘기하는 게 아니에요."
　"그렇다면 신과 인간은 어떤 관계인 거죠?"
　"신은 내 존재의 근원이에요. 내 존재의 근원에 대해서 내 안의 나에게 진지하게 물어본다면 그 누구라도 신으로부터 직접 그 답을 듣게 될 거예요."

　우리의 몸이 땅을 딛고 하늘의 공기를 마시는 것처럼 우리의 마음도 어딘가 의지할 곳이 필요하다. 그 의지처가 곧 신이다. 신은 보이지 않는 하늘, 보이지 않는 땅과 같다. 땅에 의지하지 않으면 내 몸이 안정될 수 없듯이, 신에 의지하지 않으면 내 마음은 평화로울 수 없다.
　이를 확대하면 신은 내 존재의 근원으로서 곧 나 자신이라고 볼 수 있다. 그러나 우리들은 이 말이 참 껄끄럽다. 자칫 내가 교만에 빠지기 쉬운 정의이기 때문이다. 그래서 감히 신이 나라고 말하지 않는다. 그럼에도 신은 곧 나이어야 한다. 그렇지 않다면 신은 우리 사람으로부터 왕따가 된다.
　신은 곧 '더 큰 나'요, '보다 더 근원적인 나'다. 그러므로 신을 부정하는 것은 나 자신의 존재를 부정하는 것과 다르지 않다. 신이란 잠시도 우리를 떠날 수 없는 무존재의 존재다. 보아도 보이지 않고 들어도 들리지 않는다. 공기와 물처럼 늘 가까이 있기에 오히려 그 존재와 소중함을 모를 뿐이다.
　신을 아는 것은 곧 나를 아는 길이요, 신을 만나는 것은 참된 나를 만나는 것이다. 신을 만나기는 매우 쉽다. 오직 겸허한 자세와 아낌없이 사랑하겠다는 마음으로 충분하다. 신의 속성이 곧 사랑이기 때문이다. 이것이야말로 곧 신을 만나기 위한 최고의 명상이요, 가장 간절한 기도다.

내 안의 낙천주의자

일차

마음세제

의리를 밝히는 학문은 반드시 (마음을) 깊이 가라앉히고
(자세가) 반듯해야 만들어진다.
대충 쉽고 가볍고 들뜬 마음으로 (접근해서는) 얻을 수 없다.
(義理之學 亦須深沈方有造 非淺易輕浮之可得也)
- 《근사록近思錄》[24) 치지편致知篇

우리는 지금 무엇이 진짜이고, 무엇이 본질인지, 무엇이 삶의 중요한 요소인지를 파악하는 학문에 몰입되어 있다. 이를 알기 위해서는 공부 따로 생활 따로 하거나 대충 쉽고 가볍게 접근하려는 자세를 버려야 한다.

다행스럽게도 우리의 내면에는 이미 바른 자세를 갖춘 본성이 소리 없이 활약하고 있다. 그는 곧 '깨치미'다. '깨치미'는 끈질기고 인내심이 강하며, 겸허하다. 그의 자세는 반듯하다. 그가 있기에 우리들은 평화를 유지할 수 있다.

그의 배짱이 얼마나 크고 그 믿음이 어느 정도 굳센지 알아보기 위해 천문학자들의 견해를 빌려 지구의 미래를 다음처럼 예측해보았다.

「과학자들은 겨우 50여 억 년만 지나면 지구를 포함한 태양계의 모든 행성은 백색왜성白色矮星이 된 태양에 흡수되어 장렬한 최후를 맞이할 것이라고 말한다. 그러나 생명체가 살 수 있는 기간은 훨씬 더 짧을 것이다. 그 근거는 여러 가지지만, 예컨대 달의 움직임만 보더라도 분명해진다. 과학자들에 의하면 현재 지구를 돌고 있는 달은 1년에 약 3.8센티미터씩 멀어진다고 하며 그 비율도 점점 더 빠르게 증가한다고 한다. 이 점을 감안한다면 달은 불과 10억 년을 넘기지 못하고 궤도를 이탈할 수도 있다. 달이 있기에 지구의 자전축이 23.5도로 유지되며 그 덕분에 태양열은 지구에 골고루 분산된다. 이로 인해서 생명체의 안정된 생존과 진화가 보장되고 있다. 그런 달이 멀어진다면 지구에서 생명체가 유지될 가능성은 희박해질 수밖에 없다.

또한 20억 년 후부터는 우리 은하와 안드로메다 은하가 충돌한다고 한다. 이때 태양계는 급격한 변화를 겪을 수밖에 없어 생명체가 살 수 있는 환경을 유지하기 힘들 것이다.

　현재 인류의 탄생은 길게 잡아야 천만 년이 되지 않는다. 향후 우리 인류가 1억 년 이상 살아남으리라는 보장이 없다. 물론 새롭게 진화된 생명체가 탄생하여 인류보다 더 오래 생존할 가능성도 있다. 그러나 우주의 변화 가능성을 생각하면 지구에 생명체가 살 수 있는 기간은 길어야 10억 년을 넘기기 어려워 보인다.」

　위의 견해에 의하면 우리는 실로 찰나를 살고 있음이 실감 난다. 그렇게 우리에게 할당된 시간은 허망할 정도로 짧다. 어쩌면 우리는 아예 존재하지 않는 것과 같다. 그런데 우리는 이 엄청나고도 엄연한 사실에 별로 개의치 않는다.

　왜 그럴까?

　사실이 그렇다 해도 내 안의 본성은 그런 문제로 고민하기보다는 일상에 충실하기를 택했기 때문이다. '깨치미' 덕분에 우리는 과학기술을 발전시켜 자동차와 비행기, 컴퓨터를 만들고 문학과 예술의 세계도 펼쳐낼 수 있었다.

　어떻게 이런 일이 가능할까?

　'깨치미'는 내가 죽어도 내 후대를 생각할 줄 아는 박애주의자博愛主義者요, 낙천주의자樂天主義者이기 때문이다. 나 하나를 넘어 인류의 존속을 꾀하며, 심지어 인류와 지구의 종말이 온다고 하더라도 오늘을 충실히 사는 데 관심을 쏟는다.

　실제로 '깨치미'는 종말이 온다고 하더라도 별로 개의치 않는다. 그럴 수도 있다고, 어쩔 수 없지 않냐고, 종말에도 뭔가 이유가 있고 장점이 있지 않겠냐고 믿는다. 영원한 것이나 종말이나 본질적으로는 별 차이 없다고 인식한다. 종말 역시 그 어떤 연결점일 것이라고 믿는다.

이처럼 내 안의 '깨치미'는 한계상황마저도 뛰어넘는다. 지구와 우리 은하, 심지어 이 우주가 전부 사라진다 해도 그게 전부는 아니라고 믿는다. 만약 그렇지 않다면 우리가 이토록 위급한 우주환경에서 어떻게 현기증 한 번 제대로 느끼지 않고 웃으며 살아갈 수 있겠는가. 심지어 이렇게 절체절명의 상황에서도 지루함마저 느끼지 않는가.

실제로 내 생각이 희망하는 사항과 달리 현실은 냉정하다. 우리의 삶이 그저 신기루라는 것, 그 자체가 얼마나 냉정한 현실인가. 그럼에도 '깨치미'는 우리의 이런 삶의 구조에 대해서 끄떡도 하지 않는다. 오히려 이를 비웃듯이 노래하고 춤춘다. 그 어떤 것도 본성이 지닌 낙천적인 성격과 화려한 믿음을 깰 수 없다.

'깨치미'의 속성을 한마디로 말한다면 곧 '인정하기'다. 태어나도 좋고, 소멸해도 괜찮다. 극한의 한계상황마저도 인정하고 흡수할 수 있는 가장 경이로운 이 마음을 옛사람들은 천리본성天理本性이라고 불렀다. 하늘의 이치가 아니라면 나올 수 없다는 뜻이다.

그럼에도 우리는 현상세계에 더 잘 빠진다. '강바기'가 힘쓰기 때문이다. '강바기'는 불확실한 것, 애매모호한 것, 껄끄러운 것, 미완성의 세계에 대해서 매우 예민하다. '강바기'는 무언가를 규정하고 지배해야 한다고 믿는다. '강바기'는 불확실성을 참을 수 없다.

사실 '강바기'가 해로운 것만은 아니다. '강바기'는 그 나름대로 우리를 지켜주고 보호하려고 애쓰는 존재이기 때문이다. 다만 '강바기'의 사고체계가 단편적이라는 점이 문제일 뿐이다.

우리는 모든 것이 확실해야한다는 '강바기'의 주장을 받아들여 달력을 만들어냈다. 그 덕분에 오늘 지금 이 시간이 몇 시 몇 분인지 정확히 정의해 내기에 이르렀다. 이 얼마나 고마운 일인가.

　이것은 사물에 대한 불확실성을 해소하여 신기루 같은 현상세계에서 재미있는 게임을 펼치게 하기 위한 '깨치미'의 배려다. '깨치미'는 '강바기'가 주장하는 사실 중에서 유용하게 쓰일 수 있는 것이라면 기꺼이 수용할 줄 안다. 그렇게 대처해야 비로소 내 안의 '강바기'가 안정된다. '깨치미'는 그 특유의 여유로움으로 '강바기'를 달래주기도 하고 져주기도 하고 속아주기도 한다. 결코 대결구도를 형성하지 않는다.

　10대 후반의 고교 남학생이 말했다.

"저는 뭔가 확실해야 한다고 생각해요. 그런데 세상은 너무 불확실해서 마음을 어디에 둘지 모르겠어요. 뭔가 확실한 것을 얻고 싶은데 너무 혼란스러워요."

"만일 확실한 것을 얻는다고 쳐요. 그러면 마음이 안정될까요?"

"확실한 것을 얻어도 또다시 그것을 의심할 것 같아요."

"그래요. 그래서 비록 확실한 것을 얻어도 상황은 마찬가지예요."

"왜 저는 확실해야 한다고 생각하는 걸까요?"

"내 안의 '강바기'가 작용해서 그래요. 그는 불확실하고 애매하면 대처하기 곤란하거든요. 무엇이든 확실시되고 개념화되어야 비로소 대처할 수 있다고 판단하면서 안정되는 거예요."

"구체적으로 어떻게 해야 하죠?"

"이제부터는 불확실한 것을 '달동네'로 정의해보세요. 애매하고 껄끄러운 것들, 찜찜한 상황들, 그 모두를 '달동네'로 묶어서 포장해보는 거예요. 그런 달동네가 있을 수 있잖아요. 그리고 '달동네도 괜찮다'라고 정의하면 모든 불확실성이 개념화되면서 확실해지죠. 그러면 즉시 마음이 안정되고 평화로워질 거예요."

내 안에 '깨치미'가 존재하는 한, 우리가 인정하지 못할 것이란 없다. '강바기'가 내세우는 주장도, 칠정의 감정도, 죽음이라는 한계상황도 '깨치미'의 큰마음에 의해 모두 용해된다. 빈약하고 부족한 것, 실패, 찜찜한 내 마음, 그 모든 것들도 내 삶의 한 부분으로 인정받는다.

'강바기'는 순간의 이득과 쾌락을 추구하는 각종 유혹에 쉽게 걸려든다. 그래서 일을 그르치고 사람들과 다투기 일쑤다. 그러나 '깨치미'는 냉철하다. 결코 순간의 쾌락 따위에 마음을 빼앗기지 않고 일을 멀리 도모할 줄 안다.

'강바기'는 들떠 있지만, '깨치미'는 차분하다. '강바기'는 걸핏하면 부정하지만 '깨치미'는 항상 인정한다. 그는 무엇이든 사랑한다. 사랑만이 해결책인 줄 잘 이해한다. 그가 있기에 우리는 모진 세파를 극복하고 온갖 걱정과 근심을 초월해서 잘 살아간다.

'깨치미'는 내 안에 존재하는 낙천주의자다. 반드시 들뜬 마음을 가라앉히고 자세가 반듯해야 그가 온다. 그가 발현하면 '강바기'가 끌고 온 모든 내적 갈등과 외적 대립이 종식된다. 다시 평화로운 세상이 열린다.

삶과 죽음

마음세제

모름지기 '이 한 생각'을 탁 하고 깨뜨려야 비로소 생사를
초월할 수 있다.
(須得這一念子 爆地一破 方了得生死)
- 《선가귀감禪家龜鑑》[25)]

삶이란 죽음을 뒤따르게 하며 죽음은 삶의 시작이다.
누가 그것을 주관하는지 어찌 알겠는가.
사람이 사는 것은 기가 모이기 때문이다.
기가 모이면 삶이 되고, 흩어지면 죽음이 된다.
이처럼 죽음과 삶은 서로 뒤쫓는 것이니
내가 어찌 괴로워하겠는가.
그렇게 만물은 하나인 것을.

(生也死之徒 死也生之始 孰知其紀 人之生 氣之聚也 聚則爲生
散則爲死 若死生爲徒 吾又何患 故萬物一也)

- 《장자莊子》 외편外篇 지북유知北遊

옛 진인은 삶을 기뻐할 줄 모르고 죽음을 싫어할 줄 몰랐다.
태어남을 기뻐하지 않고 죽음을 거역하지 않았다.
무심하게 자연을 따라가고 무심하게 자연을 따라올 뿐이었다.

(古之眞人 不知說生 不知惡死 其出不訢 其入不距 修然而往 修然而來而矣)

- 《장자莊子》 내편內篇 대종사大宗師

일반적으로 호흡이 정지되고 심장이 멈추는 현상, 즉 심폐사心肺死를 죽음이라고 말한다. 그러나 의학적으로는 뇌의 기능이 완전히 멈추는 현상, 즉 뇌사腦死시점을 '완전한 죽음'에 가깝다고 정의하는 경향이 있다. 결국 죽음의 확정은 의료인의 최종적인 판단에 의거하여 용인되고 있다.

나 역시 의료인으로서 여러 차례 사망진단서를 발급한 바 있다. 그러나 그럴 때마다 '이게 다가 아닌데' 라는 반문이 끊임없이 올라왔다. 아마도 이것은 사람의 죽음을 생물학적, 의학적 시각으로만 국한시키는 것에 대한 내 양심의 반론일 것이다.

따라서 죽음에 대한 바른 생각을 얻을 필요가 있다. 죽음은 사랑만큼이나 오해와 오염이 심한 단어이다. 나 역시 그로 인해서 막강한 공포에 휩싸였었다. 모름지기 죽음에 대한 이 '한 생각'을 탁 깨뜨려야 생사를 초월하여 더 활력이 넘치는 삶을 얻을 수 있다.

죽음이란 과연 무엇인가.

먼저 우리의 몸부터 살펴보자. 우리의 몸속에서는 이미 수많은 세포들의 생사生死의 향연이 펼쳐지고 있다. 예컨대 적혈구는 약 120일 정도 살 수 있다. 우리 몸을 구성하는 적혈구의 숫자는 25조 개쯤 되며, 1초에 죽는 적혈구 숫자만 3백만 개에 이른다고 한다. 120여 일의 수명을 다한 적혈구는 분해되고 다시 그만큼의 적혈구가 새로 생성된다. 위胃와 대장의 세포는 3~5일의 주기로 교체되고, 뼈는 6~8개월의 주기로 교체된다. 불과 수년 만에 우리 몸 세포가 통째로 교체되고 있는 셈이다. 그렇게 몸속에서 활발한 생사의 과정이 진행되기에 우리가 건강하게 살아갈 수 있다.

우리 몸속의 생명활동을 확장시켜 지구 역시 하나의 생명체로 가정해보자. 그러면 우리들 역시 하나의 적혈구와 같은 존재들이다. 그렇다면 나 또한 하나의 세포로서 때가 되면 죽는 것이 당연하다. 기꺼이 죽어야 하며, 죽지 않으려고 해도 죽을 수밖에 없다. 그래야 지구 전체의 생명이 유지될 수 있다.

이렇듯 죽음은 오히려 삶과 삶을 이어주는 매개체다. 삶과 다른 그 무엇으로서 삶의 적이 될 수 없다. 만일 죽음의 실체에는 관심을 두지 않고 그저 그것을 적대시하고 없애려고만 한다고 해서 죽음이 없어지기라도 할까?

혹자가 물었다.

"선생님은 죽음이 두렵지 않으신가요?"
"죽음을 이해하지 못할 때는 저도 두려움이 있어요. 하지만 죽음의 실체를 알고 나니 모든 게 달라졌죠."
"어떻게요? 저는 죽음이 너무 두려워서 자꾸 거부하게만 돼요."
"그 두려움은 죽음을 삶의 적으로 보는 오해에서 생겨나는 거예요. 그런 죽음은 존재하지 않아요. 그런데 왜 두렵겠어요?"

이미 숨을 잘 쉬고 있는 사람에게 억지로 호흡 조절을 시키면 오히려 숨쉬기가 부자연스러워진다. 죽음도 마찬가지다. 우리는 이미 죽음을 잘 받아들이고 있다. 그런데 억지로 죽음을 받아들이려는 노력이 오히려 죽음을 자연스럽게 받아들이지 못하게 한다. 지금 우리가 삶을 영위할 수 있는 것은 이미 우리의 본성이 삶의 짝인 죽음도 함께 받아들였기 때문이다.

그렇게 우리 내면의 '깨치미'는 결코 죽음을 적대시하지 않는다. 오히려 철저히 죽음을 포용한다. 그럼에도 죽음이라고 하면 먼저 두려움과 혐오감부터 떠오르는 이유는 그것이 폭력과 전쟁, 각종 사고의 귀착점이기 때문이다.

물론 자연스럽게 일어나는 생리적 죽음과 폭력에 의한 죽음은 엄격히 구분되어야 한다. 우리가 싫어하는 것은 악행惡行이지 죽음이 아니다. 죽음은 악행과 연결되면서 엄청난 누명을 쓰고 있는 셈이다.

혹자가 물었다.

"죽음에도 순기능이 있을까요?"
"죽음이 있어야 삶도 있어요. 삶을 유지해주는 것은 다름 아닌 죽음이죠."
"하지만 너무 관념적인 설명 같아요. 어차피 내가 죽고 나면 다 끝이잖아요."
"그렇죠. 바로 그 점이에요. 죽음이 없는 영생하는 삶을 생각해보세요. 그것이야말로 그 아득함으로 인해 견딜 수 없는 지루함과 극한의 두려움이 오지 않나요? 끝이 있어야 해요. 죽음이 있어야 삶의 가치가 빛날 수 있는 거예요."

죽음의 공포에 시달려온 30대 후반의 한 남성이 고백했다.

"제겐 날마다 죽음의 공포가 찾아와요. 일을 하기 어려울 정도예요."
"평소에 소중히 아끼는 물건을 잃어버릴까 봐 걱정한 적이 있으시죠?"
"네."

"만약 물건을 잃어버릴 것이 확실시되면 마음이 어떻죠?"

"두려워져요."

"그런데 그 물건이 진품이 아니라 모조품이라면 어떨까요?"

"그럼 별로 개의치 않을 거예요."

"마찬가지예요. '진품의 나'는 따로 있어요. 죽음이 데려가는 것은 '모조품의 나'예요. 모든 사물이 그러하듯이 우리도 그렇게 현상과 본질로 구성되어 있어요. 죽음을 통해서도 소멸될 수 없는 큰 존재가 곧 참된 나죠."

죽음은 아무도 차별하지 않고 평등하게 적용된다. 죽음이라는 강력한 존재 앞에 우리 삶의 어떤 문제도 곧바로 용해된다. 죽음은 온갖 집착과 욕심, 그로 인한 심적인 고통을 단숨에 극복시켜주는 유일한 해결책이다. 죽음만 생각해도 내가 가진 모든 인생의 번뇌는 싸늘히 식어버린다.

그러나 '죽어야 하는 칠정의 나'와 '죽을 수 없는 본성의 나'는 구분되어야 한다. 둘 다 나다. 그러나 후자가 진짜 나다. 그러므로 자신의 본성을 인식한 사람은 그림자가 없어지는 것에 개의치 않듯이 현상의 내가 소멸되는 것에 무덤덤할 뿐이다.

죽는 나는 '현상의 나'요, '작은 나'다. 현상의 '작은 나'는 세월의 무게와 죽음의 내방來訪을 당해낼 재간이 없다. 이에 비해 죽음을 통해 사는 나는 '본질의 나'요, '큰 나'다. 그런 나는 '너와 나'다. 곧 '우리'다.

내가 죽고 당신이 산다면 나는 당신을 통해 사는 것이다. 나와 당신이 죽고 우주가 산다면 나는 우주를 통해 사는 것이다. 우주가 죽고 아무것도 없다 해도, 우리는 그 아무것도 없는 것을 통해 사는 것이다. 삶과 죽음이 분리되지 않거늘 어찌 내가 죽을 수 있겠는가.

고의적 악행에 의한 죽음을 제외한다면, 죽음보다 더 찬란한 것은 없다. 죽음이 있기에 우리에게는 가장 아름다운 의식의 개화開花이자 선善의 출발점이 되는 깨달음을 얻을 수 있다. 가히 죽음이란 신이 우리에게 내린 최고의 선물이 아닐 수 없다.

우리가 태어남을 모른 채 태어나듯이 그 누구라도 죽는 그 순간에는 죽음이 일어나는 줄 모른다. 이 사실을 확대해석하여 비약한다면 아무도 죽지 않았다고도 말할 수 있거나, 모두가 죽었다고도 볼 수 있다. 그렇게 삶과 죽음의 경계점은 없다.

이미 우리 삶에는 아름다운 죽음의 파티가 날마다 열리고 있다. 불필요한 생각의 짐 내려놓기, 양보와 겸손, 담백한 졸업과 이별, 후회 없는 포기와 휴식 등의 심리적인 죽음이 그러하다. 이와 같이 무소유無所有의 덕목을 지키는 사람은 삶 속에서 충분히 죽음을 체험하기 때문에 자살 욕구 따위에 시달리지 않는다.

우리 내면의 진정한 나는 이러한 죽음에 대한 진실을 잘 알기에 내가 생각하는 것보다 훨씬 죽음과 친숙하다. 그러기에 더 이상 죽음을 문제로 인식하지 않는다. 누구라도 이미 삶과 죽음, 존재와 비존재, 그 두 방식을 통해 영원히 살아왔고 또 그렇게 살아갈 것이다.

잘 죽는 자가 잘 산다. 잘 살려면 잘 죽어야 한다.

죽음은 곧 삶이다.

모를 줄 안다

마음세제

아는 사람은 단정하지 않고, 단정하는 사람은 알지 못한다.
(知者不言 言者不知)

- 《도덕경道德經》

아는 것을 안다 하고,
모르는 것을 모른다 함이 아는 것이다.
(知之爲知之 不知爲不知 是知也)

- 《논어》 위정爲政

어떤 여중생이 말했다.

"얼마 전 구걸하는 아저씨에게 제가 쓰다 남은 돈 천 원을 드렸어요. 주변 사람들에게 이 얘길 했더니 어떤 사람은 잘한 일이라고 하고, 어떤 사람은 단지 구걸을 계속하게 만드는 일밖에 되지 않는다고 말했어요. 그럼 제가 어떻게 했어야 옳은 걸까요?"

"두 가지 의견이 모두 맞아요. 다만 이미 줬다면 그 베풂으로 얻어진 기쁜 마음을 간직하는 것으로 충분해요. 만약 그 사람이 계속 그 생활을 벗어나지 못한다 해도, 그것은 내가 천 원을 주었기 때문이 아니라 상대가 자기관리를 못한 탓이죠. 그건 학생의 책임이 아니에요. 그게 장기적으로 상대에게 이익이 될지 해가 될지는 아무도 모르는 일이에요."

"알아야 면장도 해 먹는다"는 말처럼 알 것은 알아야 한다. 그러나 뭔가 알았다고 해서 그게 전부는 아니며, 내가 제대로 알지 못할 수 있다는 사실을 잊어서는 안 된다. 그래야 타인의 의견을 경청할 수 있고 독단에 빠지지 않는다.

그러므로 안다는 확신에 빠지지 않도록 주의할 필요가 있다. 아는 것에 대한 지나친 확신은 더 이상 다른 견해를 받아들이지 않겠다는 결심의 표현과 다르지 않다. 어떻게 변화무쌍한 이 세상과 우주, 또 사람의 마음에 대해서 감히 정확히 안다고 단정할 수 있겠는가.

30대 초반의 한 여성이 말했다.

"저는 모든 게 헷갈려요. 심지어 신발을 신을 때도 제 신발인지 헷갈리고요, 아이스크림을 사와도 냉장고에 넣어야 할지, 냉동고에 넣어야 할지 모르겠어요. 계절이 바뀌어도 긴 소매 옷을 입어야 할지, 짧은 소매 옷을 입어야 할지 모르겠어요. 그래서 늘 불안하고 긴장돼요."
"지금 '틀린 것을 바로잡아야 한다'는 자신의 생각도 헷갈리나요?"
"아뇨. 그건 헷갈리지 않아요."
"그렇다면 그 확신은 왜 헷갈리지 않죠?"
"……."

우리 사람들은 뭐든지 다 알려고 한다. '강바기'가 작용하고 있기 때문이다. 심지어 모를 수밖에 없는 사실마저도 알아내려고 애쓴다. 조금도 헷갈리는 일들을 허용치 않는다. 정히 헷갈리면 특정한 정의를 내려서 규정하고야 만다. 수학의 원리가 그렇다. 점, 직선, 원, 네모 등과 같은 공리들을 만들어냈다. 본질적으로는 자꾸 헷갈리니까 그냥 그렇게 규정하자고 약속을 해버렸다.

시간도 그렇게 탄생되었다. 사람에게 이름을 부여한 것도 그러하다. 결코 애매한 것을 참지 못한다. 그런 심리의 중심에 '강바기'가 존재한다. 괜찮다. 그래서 우리 마음이 편해진다면 그 자체로 큰 의미가 있으니까.

30대 중반의 여성이 연하의 남자와 사랑에 빠졌다.

"선생님, 저는 그 남자가 마음에 들어요. 그런데 그는 경제력이 없고 그의 부모님은 또 몹시 고지식하세요. 결혼하면 많은 어려움이 뒤따를 것 같아요. 어떻게 해야 할까요?"
"결혼생활에 대해 다른 사람들로부터 너무 많은 이야기를 들으신 게 아닌가요? 만약 결혼생활에 대해서 아는 정보가 별로 없었다면 그분과의 결혼을 망설일까요?"

"그렇진 않았을 거예요. 정말로 사랑하거든요."

"그럼 남들의 이야기에는 귀를 닫고 결혼을 계획해보는 것은 어떨까요?"

"그러다가 만에 하나 제 인생이 꼬이면 어떡해요?"

"결혼생활은 둘이서 만들어가는 거예요. 부딪혀보기 전엔 누구도 장담할 수 없어요. 또 문제가 생기면 수행자의 마음으로 해결하면 되니까요."

알 것은 제대로 알아야 한다. 부모께서 나를 어떻게 키웠는지 모르고서 어른이 될 수 없으며, 타인의 아픔을 헤아릴 줄 모르고서 인격자가 될 수 없다. '모르는 게 약'이라는 말은 모를 줄 아는 사람에게 적용되는 말이지, 뭐가 뭔지 모른 채 헤매는 상태와는 구분되어야 한다.

남자와 여자는 서로 만나야 마땅하다. 남녀의 상보적인 신체 모습과 그 기능이 이를 증명한다. 결혼은 그 방법 중 하나다. 물론 결혼이 아니더라도 운우지정雲雨之情[26]을 마음껏 누리면서 정서적인 안정을 취할 수 있다.

그러나 결혼에는 '자기수양'이라는 매우 중요한 기능이 있다. 그러므로 가급적 결혼하는 게 좋다. 결혼에 있어서 알아야 할 점은 자기수양 하나로 충분하다. 그 외에 다른 정보들은 모를수록 좋고, 또 모를 줄 알아야 한다.

어느 날 40대 초반의 남성이 참담한 심정으로 찾아왔다. 그러나 그에게는 수양인의 자세가 있었다.

"아내에게 다른 남자가 있다는 것을 알았어요. 만약 제가 말을 꺼내면 아내는 자책감으로 인해 저와 이혼하자고 할 것 같아요. 저는 이혼해도 견딜 수 있지만, 아이들에게는 엄마와 아빠가 함께 사는 모습을 보여주고 싶어요."

"아내께서 선생님을 대하는 평소 태도는 어떤가요?"

"저한테는 무뚝뚝하지만 아이들은 잘 보살펴요. 아무튼 마음이 몹시 혼란스럽네요. 모든 것을 끝내고 싶기도 하지만, 그동안 아내를 적잖이 무시해온 제 잘못도 있는 것 같아 반성도 되고요."

"사회규범이라는 측면에서 바라보면 부인의 외도는 분명 잘못이에요. 하지만 사람의 자연스러운 심성이라는 측면에서는 그럴 수도 있는 일이죠. 아름다운 부부관계로 살기 위해서는 애증으로 맺어진 부부의 틀을 넘어서야 해요. 부정적인 감정을 앞세워 상대를 옹징하려 든다면 가정이 비극적으로 깨지고 더 큰 문제가 발생할 수도 있어요. 선생님께서는 이혼을 원하지 않으신다고 하니, 몰랐던 일로 여기시고 평소보다 더 따듯하게 아내를 존중해주는 편이 좋을 것 같네요."

"이럴 때에 제 마음을 다스릴 방법이 있을까요?"

"봄에 길을 지나가다 예쁜 개나리꽃이 피어 있으면 걸음이 멈춰지고, 여행 중에 멋진 풍경을 보면 절로 감탄이 나오지요. 그렇게 우리 마음이 예쁘고 멋진 풍경에 이끌리는 것은 매우 자연스러운 현상이에요. 만일 부인께서 꽃동산에 놀러 가서 꽃향기를 맡고 왔다고 생각해보세요. 그런 일로 질투하지는 않잖아요. 단지 그 대상이 사람이었을 뿐이에요. 본질적으로는 차이가 없어요. 만약 부인의 외도가 도를 넘어 가정에 직접 피해를 주기 시작한다면 그건 그때 다시 고민하면 될 문제예요. 이 점을 깊이 헤아린다면 평화로운 마음을 지킬 수 있고, 부인과도 더 아름다운 사랑을 나눌 수 있을 거예요."

　누구에게나 침범해서는 안 되는 고유한 영역이 존재한다. 몰라야 할 영역은 모르는 채로 남겨두는 것이 곧 상대에 대한 존중이고 배려다. 배우자라면 더욱 이를 적용할 줄 알아야 한다. 나무의 뿌리는 흙으로 잘 덮어줘야 잘 성장하듯이, 상대만의 고유한 영역과 비밀을 잘 지켜줘야 한다.
　역사상 인생의 철리哲理를 깨친 현자들은 늘 모를 줄 알았다. 소크라테스의 "너 자신을 알라"는 말은 "너 자신이 모르고 있다는 사실을 알라"라는 뜻이다. '무지無知의 지知', 즉 모를 줄 알아야 함을 말한 것이다.
　《벽암록》의 19칙則을 보자.

　옛날에 구지俱胝라는 선승禪僧이 있었다. 그는 너무나 평범해서 오히려 평범하지 않았다. 많은 사람들이 그를 존경했고 가르침을 청했다. 그러나 그는 누가 어떤 질문을 해도 말없이 한 손가락을 치켜들었다. 특별히 경전에 대한 강의를 하지도 않았다. 그를 따르는 사람들은 매우 의아스러웠다. '그가 왜 한 손가락을 쳐들었을까?'라고 말이다.

　(俱胝和尙 凡有所問 只竪一指)

　구지 선사 그 자신도 자기가 손가락 하나를 치켜드는 까닭에 대해 생각하지 않는다. 그런데 과연 누가 그의 뜻을 알겠는가.
　모를 줄 모르면 깜깜한 밤을 만난 것 같아서 뭐가 뭔지 알 수 없다. 그러나 모를 줄 알면 환한 새벽을 만난 것과 같아서 모든 게 분명해지기 시작한다. 그러므로 노자께서는 "모를 줄 아는 사람은 자기만의 확신에 빠져서 단정하지 않고, 안다고 단정하는 사람은 모를 줄을 알지 못한다"라고 말씀하셨다. 공자께서는 "아는 것과 모르는 것을 구분할 줄 아는 사람이 아는 자다"라고 말씀하셨다. 그렇게 모름이란 앎의 바탕이 되고 모를 줄 아는 것은 앎의 출발점이 된다.

사물의 이치를 깊이 궁구할수록 모름의 영역이 분명하게 다가온다. 우리는 내가 누구인지 모른다. 왜 사는지 모른다. 삶이 무엇인지 모른다. 역설적으로 모를 줄 알아야 어떻게 살아야 할지 알게 된다. 그래서 우리의 옛 현인賢人들께서는 그 누구에게도 함부로 말하지도, 그렇게 대하지도 않았다. 항상 겸허했고 예법을 지켰고 자기가 맡은 최소한의 일에 게으르지 않았다. 비폭력적이었고 민주적인 삶을 살았다.

모름의 세계가 있기에 '강바기'가 형성한 생각의 굴레로부터 벗어나 정신적인 휴식을 취할 수 있다. 모를 줄 안다면 앎의 가장 중요한 기초를 확립한 것이다. 모름의 세계와 본연의 자리는 상통한다. 이곳에는 무한한 가능성이 열려 있다. 모름의 영역은 우리 영혼의 허파다. 죽음과 더불어 하늘이 우리에게 내린 가장 신비로운 선물이었다. 아자!

게임의 법칙

마음세제

편안함은 수고로움에서 생기기에 항상 기쁠 수 있고,
즐거움은 근심하는 데서 생기기에 싫증나지 않는다.
편하고 즐겁고자 한다면 어찌
(건전한) 근심과 수고로움을 잊을 수 있겠는가.
(逸生於勞而常休 樂生於憂而無厭 逸樂者 憂勞其可忘乎)

- 《명심보감》

은혜를 받고 있는 그 속에서 재앙이 싹트는 것이니
만족스러울 때에는 주위를 되돌아보라.
실패한 뒤에 오히려 성공이 따르는 수도 있는 것이니
일이 뜻대로 되지 않는다고 해서 무작정 손을 놓지 말라.
(恩裡由來生害 故快意時須早回頭, 敗後或反成功 故拂心處莫便放手)

- 《채근담》

20대의 한 청년이 말했다.

"오토바이나 차를 타고 돌아다니는 것은 위험하잖아요. 그래서 저는 거의 집에만 있어요."
"물론 바깥에서 노닐면 위험요소가 많아요. 그러나 집에만 있다면 그것 역시 심신이 굳고 스트레스가 쌓여 질병에 걸릴 확률이 높아지죠. 오토바이나 차로 전국을 누비며 즐겁게 사는 사람들도 있으니 그렇게 쉽게 단정할 수만은 없어요."

이 우주에서 객관적으로 안전한 장소가 있을까? 우리가 타고 있는 지구라는 '배'마저도 이미 이렇게 위험한 우주공간을 아무런 안전장치 없이 운행하고 있다. 당연히 그 안에서 펼쳐지는 우리네 삶의 안전 역시 보장되지 않는다.

그가 다시 말했다.

"사람 만나는 것조차도 부담스러워요. 관계 맺기가 이렇게 힘드니 먹고 살기 어려울 것 같아요."
"크게 봅시다. ○○씨는 대인관계를 중시하나요? 먹고 사는 것을 중시하나요?"
"둘 다 중시해요"
"그중 먼저 챙겨야 할 일은 무엇인가요?"
"먹고 사는 일이에요."
"그럼 먹고 사는 일에 대인관계의 부담이 장애물이라면 무엇을 버리겠어요?"

"대인관계의 부담을 버려야겠죠."

"그러면 그렇게 하시면 되잖아요."

"생각은 그렇지만 현실이 힘든 것은 어쩔 수 없잖아요."

"만일 내가 지금 배가 아주 고픈데 주머니에 빵 값은 있다고 쳐요. 빵을 사려면 빵집에 가서 주인을 만나야겠죠? 물론 부담스러울 거예요. 하지만 정말 배고프다면 빵집 주인과의 대면이 불편하다고 해서 빵을 안 사고 굶을까요, 아니면 좀 불편하더라도 참고 빵집 주인을 만날까요?"

"그야 힘들어도 빵 가게 주인을 만나겠죠."

"절박한 현실 앞에서는 뭐든지 해야죠. 그 와중에 불편함이 뒤따르는 것은 당연해요. 그건 전혀 문제가 안 돼요."

"하지만 저도 남들처럼 편해지고 싶거든요."

"남들이 편하다고 단정하는 이유는 뭐죠?"

"남들은 대인관계에 별 부담을 안 느끼는 것 같아요."

"부담감 없이 사는 사람은 없어요. 그들도 먹고 살기 위해서 불편함을 참는 거예요. ○○씨는 불편을 감수하려는 마음이 없기 때문에 스스로 힘들어지는 거죠."

문제가 있더라도, 그 문제를 내 삶의 일부로 인정한다면 그것은 더 이상 문제로 작용하지 않는다. 그러나 그 문제를 적대시하면서 그것을 없애야 한다는 의식이 강할수록 점점 더 큰 문제로 번진다.

축구경기를 살펴보자. 축구경기에서 태클은 정상적인 기술이다. 그러나 그 태클이 선수의 발목을 위협하면 치명적인 반칙행위가 된다. 살다 보면 우리의 삶이라는 경기에도 위협적이고 치명적인 태클이 곧잘

들어온다. 어쩔 수 없다. 불편을 감수하겠다는 마음, 이 외에 다른 도리가 없다. 이런 불편을 감수하지 않는다면 아예 삶이라는 경기에 동참할 수 없기 때문이다.

질병과 건강, 요절夭折과 장수長壽, 부귀富貴와 빈천貧賤은 개개인마다 매우 불평등한 요소로 보이지만 결국 생로병사生老病死라는 범위를 넘지 않는다. 모든 게 그렇다. 당장 눈앞만 살피면 큰 차이가 나지만, 크게 바라보면 근소한 차이에 불과하다.

또 설령 그것이 불평등하다고 치더라도 삶이라는 이 게임에서는 불평등보다는 평등이 훨씬 더 엄격하고 평등하게 적용되고 있다. 특히 자기수양이라는 주제는 모두에게 완전히 평등하다. 진정 행복한 사람은 불행을 피한 사람이 아니라 불행을 껴안은 사람이다. 겸손한 만큼 만족할 수 있고, 자기를 비운 만큼 커질 수 있으니 이 얼마나 평등한 일인가.

얼핏 보면 사막과 황무지는 불필요해 보인다. 그러나 지구 과학자들은 그 모든 요소가 어우러져야 지구가 건강할 수 있다고 말한다. 이처럼 문제로 보이는 것들도 실제적으로 우리의 삶을 유지하는 필수요소인 경우가 대부분이다.

심한 자기비하로 좌절감에 빠진 30대 중반의 여성이 있었다.

"저는 왜 이렇게 못났죠? 얼굴이 예쁘지도 않고, 많이 배우지도 못했어요. 게다가 제 남편은 직업도 변변치 못해요. 전 실패한 인생이에요."

"모든 사람에겐 단점이 있어요. 그 단점을 미워하고 없애려고 할 때 그것이 더 크게 의식되면서 문제가 커지죠. 예쁘고, 많이 배우고, 직업이 좋은 게 장점일까요?"

"당연하지 않나요?"

"만약 그런 장점을 뽐내고 드러내길 좋아하는 사람이 있다면, 과연 그가 매력적으로 보일까요?"

"그렇지는 않아요."

"반대로 조금 단점이 있더라도 그것으로 인해 늘 겸손하게 행동하는 사람은 어떻죠?"

"마음이 가요."

"단점은 내가 어떻게 해석하고 받아들이는가에 따라 얼마든지 좋은 재료로 쓰일 수 있어요. 절대적인 장점이나 절대적인 단점은 존재하지 않죠. 상황에 대처하는 방식에 따라 장점이 단점이 될 수 있고, 단점도 장점이 될 수 있어요."

어떤 문제든 크게 보면 둘 중 하나다. 풀 수 있는 문제가 있고, 풀 수 없는 문제가 있다. 현실에 존재하는 많은 문제들은 원인을 분석하고 그 원인을 해소하면 풀린다. 하지만 만일 풀리지 않는 문제가 있다면, 우리는 지금 '문제가 아닌 것'을 문제로 인식하고 있을 가능성이 크다.

예컨대 풀릴 수 없는 수학문제를 만났다고 치자. 이때는 답이 있다고 착각하고 끙끙대며 온 체력을 소진해봤자 풀 수 없다. 해답은 '답 없음'이다. 그러므로 도저히 풀리지 않는 인생의 문제가 발견된다면 그것은 잘못 출제된 문제일 가능성이 높다.

죽음을 피하려는 노력, 마음이 떠난 연인을 붙잡으려는 시도, 엎질러진 물을 담으려는 행위들이 그러하다. 이것은 착오다. 착오임을 아는 순간, 풀리지 않는 게임인 줄 아는 순간 그 문제는 즉시 해결된다.

배고픔 이후에 먹는 즐거움이 있듯이 문제가 해결된 후의 쾌감은 평소에 얻지 못하는 즐거움이다. 문제가 주는 근심이 해결의 즐거움을 선사하는 기반이 된다면, 그것들을 어찌 '문제'로만 정의할 수 있겠는가.

해결할 수 없는 문제라면, 해결하려는 노력을 포기하고 그 문제를 감수하는 것으로 깨끗이 해결된다. 그리고 깨치게 된다. 그것은 결코 문제가 아니었다는 사실을….

이혼과 이별의 경험을 스스로 인정하는 사람은 다시 새롭게 출발할 수 있다. 자신의 실수와 실패를 인정하는 사람은 그것에 발목이 붙잡히지 않는다. 남들로부터 오해받을 수도 있다고 인정하는 사람은 남들의 시선과 오해를 두려워하지 않는다.

《논어》 선진편先進篇에 다음과 같은 구절이 있다.

계로가 귀신을 섬기는 법을 묻자, 공자께서 말씀하시기를 "사람을 섬기는 일도 부족한데 어찌 귀신 섬기는 일을 도모하겠는가?" 하셨다. 다시 죽음에 대해 물으니 말씀하시기를 "삶도 모르는데 어찌 죽음을 알겠는가" 하셨다.

(季路問事鬼神 子曰 未能事人 焉能事鬼 敢問死 曰 未知生 焉知死)

어떤 문제라 할지라도 그것을 하나의 삶의 게임으로 이해할 수 있다. 공자께서 그러셨다. 공자께서는 죽음을 받아들였고, 죽음을 감수했으며, 죽음과 다투지 않았다. 큰 시각으로 보았기에 죽음을 문제로 삼지 않았다. 그러기에 삶의 가치에 더욱 집중할 수 있었고, 인류의 큰 스승이 되었다.

근심과 고생스러운 삶이 있어야 편안함과 즐거움을 맛볼 수 있다. 실패한 뒤에 그것으로부터 크게 깨닫고 다시 성공할 수 있는 것처럼, 문제를 삶의 한 방편으로 인정하는 순간, 그 문제는 삶의 활력소로 작용한다. 수많은 문제를 풀기 위해서 우리의 삶이 영위되는 법. 문제가 주는 고통이 없다면 성장 또한 없다.

지금 나는 어떤가?

달동네의 아픔이 곧 해동네의 기쁨이 된다는 게임의 법칙을 모른 채, 문제는 그저 문제가 아님을 모른 채, 스스로 문제를 만들어내고 그 문제를 적대시하면서 내 인생을 허비하고 있는 것은 아닐까?

이별의 계절

마음세제

사물이 순리대로 오면 물리치지 말고
사물이 이미 가버렸으면 다시 생각하지 말라.
몸이 좋은 때를 만나지 못했으면 바라지 말고
일이 이미 지나갔으면 다시 생각하지 말라.
(物順來而勿拒 物旣去而勿追 身未遇而勿望 事已過而勿思)
- 《명심보감明心寶鑑》 정기편正己篇

냉정함으로 분주하던 때를 살펴본 연후에
정열에 이끌려 분주했던 시간이 무익함을 알게 되고,
여유를 찾아서 한가롭게 생활해본 연후에
한가로움이 주는 풍부한 맛이 최고임을 알게 된다.
(從冷視熱 然後知熱處之奔走無益 從冗入閑 然後覺閑中之滋味最長)
- 《채근담菜根譚》

30대 중반의 한 여성이 연인과의 이별 후 삶의 의욕을 잃고 깊은 우울감에 빠져들었다.

"제가 왜 그런지 모르겠어요. 그리움과 배신감, 사랑과 분노가 쉬지 않고 올라와요. 마치 한없이 가라앉는 기분이에요."
"얼마 동안 사귀었죠?"
"약 2년쯤이요."
"만날 때는 어땠나요?"
"만날 때도 좀 힘들었어요. 그런데 헤어지고 나니까 더욱 힘들어요."
"상대방은 헤어질 때 뭐라고 했나요?"
"그 사람도 내게 맞춰주는 것이 더 이상은 힘들다고 했어요. 그래서 헤어지겠대요. 그 말을 듣고 제가 더 많이 양보하고 맞춰주겠다고 했는데, 그 사람은 더 이상 절 믿지 않았어요. 만날수록 자기를 더 구속할 것이기 때문에 더는 의미가 없다고 하더라고요. 하지만 저는 아직도 그 사람이 좋아요."
"함께 있으면 힘들고 헤어지면 함께 있고 싶은 그 마음을 따라가면 늘 일희일비하는 삶일 뿐이죠. 만남에 집착하기보다 헤어짐도 생각해보세요. 헤어짐은 대나무의 마디와 같아요. 마디를 맺어야 새롭게 성장할 수 있죠. 또 다른 기회가 생길 수도 있고요."

헤어짐이 고통스러운 것은 욕심을 채우려 하기 때문이다. 진실로 사랑하지 않았기에 만남이 부담스럽고 이별이 아프다. 그 사람이 순리대로 찾아오면 물리칠 필요가 없고, 그 사람이 이미 가버렸으면 쫓아갈 필요도 없다.

내 고향은 1985년에 충주댐이 완공되면서 물에 잠겼다. 그 후 10여 년이 지나자 수몰민이 된 내게 우울증과 같은 향수병이 다가왔다. 소중한 내 공간을 빼앗겨버렸다는 생각이 가슴을 짓눌렀고 국가시책에 대한 원망이 끊임없이 올라왔다.

그러던 어느 날, 나는 현실을 인정하지 않는 내 모습을 보게 되었다. 고향이 항상 나를 지켜주길 바랐던 것은 나만의 욕심이었다. 그러면 정작 그런 나는 내 고향을 끝까지 지켜주었던가? 반성이 되었고 현실을 인정하자, 곧 향수병에서 벗어났다. 또 나는 나를 포함한 우리 고향친구들의 가슴속에서 살아 숨 쉬는 고향을 새롭게 찾을 수 있었다.

만남과 이별은 삶의 자연스러운 흐름이다. 일을 위해 출퇴근을 하는 것도 일종의 만남과 이별이다. 하나의 만남에는 수많은 이별이 전제되어 있다. 이별을 모르는 삶은 섭취할 줄만 알고 배설할 줄은 모르는 삶이다.

연인과 헤어진 30대 초반의 한 남성이 있었다.

"전 그녀를 정말 사랑했어요. 그런데 어떻게 그렇게 갑자기 떠날 수 있는 거죠? 지난 세월 모든 걸 희생했던 저 자신이 싫고 그녀가 몹시 원망스러워요."

"당신의 연인도 최선을 다해 사랑했고 당신도 그랬다면, 그것으로 충분히 아름답지 않나요?"

어떤 관계라도 포근하고 따듯한 정감보다 구속의 답답함과 욕심으로 인한 위험성이 증대된다면 이별이 적격이다. 그럼에도 이대로 그냥 지내다면, 점점 원망과 불만이 쌓이고 이것이 심하면 사회적으로 문제가 되는 참사가 생길 수 있기 때문이다.

그렇게 이별의 아픔으로 분주했던 그때를 냉철하게 살펴보자. 그러면 그때 그 시간이 얼마나 무익한지 확실히 깨닫게 된다. 그렇게 서로의 마음이 비워지고 성장한 후에는 또 다른 모습으로 새롭게 만날 수도 있다.

한 성자聖者가 있었다. 그의 아름다운 아내가 다른 사랑을 찾아 떠나갔다. 그러나 그는 아내를 추궁하지도 않았고 붙잡지도 않았다. 그의 아들이 아버지에게 따져 물었다.

"아버지는 어찌해서 어머니를 붙잡지 않으세요?"
"너의 엄마가 따라간 사람은 '또 다른 나'다. 내가 어찌 반대를 하겠느냐?"

잘못된 집착은 서로에게 상처를 준다. 그건 사랑과 아무런 상관이 없다. 위 성자의 마음은 애증을 초월한 사랑이었다. 그의 사랑 안에서는 이별도 죽음도 문제가 될 수 없었다.

고려 말의 승려였던 나옹懶翁 화상和尙의 한시漢詩는 유행가 가사로도 쓰이며 지금까지 널리 전해진다.

> 청산은 나에게 말없이 살라 하고
> 창공은 나에게 티 없이 살라 하네.
> 사랑도 벗어버리고 미련도 벗어버리고
> 물같이 바람같이 살다가 가라 하네.
>
> (青山兮要我而無語 蒼空兮要我而無垢 聊無愛而無惜兮 如水如風而終我)

단지 상대를 눈으로 볼 수 없게 되는 것은 이별이 아니다. 상대방을 평생 보지 않겠다고 다짐하고 그것을 실천할지라도, 그에 대한 미움과 원망을 지니고 있다면 사실은 더욱 가깝게 지내는 것과 다름없다. 마음속에서 모든 원망을 깨끗이 씻어내는 것이 진정한 이별이다.

20대 초반의 한 여성이 말했다.

"제 옆에는 아무도 없어요. 이 외로움을 견딜 수 없어요."
"가족도 없나요?"
"가족은 있지만, 마음이 맞지 않아요."
"바라는 게 많지 않나요?"
"저는 별로 바라는 게 없어요."
"다시 한 번 자신을 잘 성찰해보세요. 바라는 게 없다면 결코 외로울 수 없거든요."

오직 내 욕심만 챙기고 이해받으려고만 하는 마음이 더욱 나를 외롭게 한다. 이때는 이별의 계절이 필요하다. 그래야 내가 홀로 되었을 때 비로소 '내가 홀로가 아니었음'과 '내가 결코 혼자일 수도 없음'을 알 수 있을 터.

비록 몸은 홀로 산속에서 움막을 짓고 살지라도 그곳에는 산과 새들과 산짐승들이 친구가 되어준다. 해와 달과 별과 하늘, 바람과 물과 공기, 수많은 사람들이 이미 함께한다. 온 우주가 내 존재를 받쳐주고 있다. 어찌 내가 홀로일 수 있겠는가.

이별은 만남의 피로를 씻어내는 청량제다. 이와 동시에 나를 크게 성장시킨다. 의존에 길들여진 내 마음을 끊고 크고 아름다운 본성을 찾을 수 있는 아주 좋은 기회다.

    내 마음속 좋지 않은 감정과 이별해야 나는 다시금 새로운 누군가를 만나 새롭게 사랑할 수 있다. 어찌 만남에만 집착하고 헤어짐을 두려워하겠는가.

그럴 수 있다

21
일차

마음세제

하늘에는 예측할 수 없는 비와 바람이 있고,
사람에게는 아침저녁으로 화와 복이 있다.
(天有不測風雨 人有朝夕禍福)

총명한 사람도 어리석을 때가 있고
철저히 준비해도 편의를 잃을 수 있다.
(聰明多暗昧 算計失便宜)

- 《명심보감》 정기편正己篇

춥고 흐린 날보다 따뜻하고 맑은 날이 좋다. 그러나 모든 날씨의 변화는 우리가 좋아하고 싫어하는 것과 상관없이 자연스럽게 흐른다. 그것이 정상이다. 내가 싫다고 해서 춥고 흐린 날씨를 없앨 수도 없으며, 없애서도 안 된다. 그러기에 우리는 내 맘에 들지 않아도 이런 날씨의 변화를 인정한다. 비가 오면 우산을 쓰고, 추우면 외투를 입는다.

마찬가지로 우리 삶에도 아침저녁으로 불행과 행복이 오고 간다. 이때 우리 안에 일어나는 다양한 생각이나 감정도, 그 자체를 좋아하고 싫어하는 것과는 별개로, 냉철하게 인정함으로써 적절히 대처할 수 있다. 기쁘면 노래하고, 우울해지면 음악을 듣고, 스트레스가 쌓이면 취미활동이나 운동을 하면 된다. 내게 일어나는 모든 감정은 그 자체로 문제가 될 수 없다. 얼마든지 '그럴 수 있는' 일이다. 다만 적절한 대처가 필요할 뿐이다.

우울과 불안, 두려움, 혼란 역시 문제가 아니다. 그것들은 모두 정상적인 감정이다. 옛사람들은 이를 일러 칠정七情이라고 하였다.

그러나 다음과 같은 감정들은 어떨까?

누군가를 죽이고 싶을 만큼 밉다.
순간적인 쾌락에 중독되어 내 할 일조차 못한다.
지나치게 우울하고 가라앉아 사회생활이 어렵다.
두려움이 엄습하여 집밖에 나가지 못한다.
화를 못 참고 물건을 부순다.
실없이 웃어서 주변의 빈축을 산다.
특정한 행위에 심하게 집착한다.
시기와 질투로 잠을 못 이룬다.

이런 감정들은 병적인 수준에 해당한다. 마치 거대한 태풍, 우박, 해일, 지진과 같아서 바짝 경계하지 않으면 큰 화를 입게 된다. 그럼에도 이 역시 더 크게 보면 '그럴 수 있는' 일이다. 총명한 사람도 어리석게 대처할 때가 있고, 철저히 준비해도 성과가 없을 수 있다. 이 역시 그럴 수 있다.

그러나 '그럴 수 있다'고 해서 악을 조장하는 이야기로 들어서는 곤란하다. 실제로 '그럴 수 있다'는 생각으로 만사를 대한다면 비폭력적이고 선한 사람이 된다. 오히려 모든 악은 '그래서는 안 된다'와 '그래야만 한다'는 생각으로부터 발생한다. 예컨대 '남이 나보다 행복해서는 안 된다'는 생각, '남이 나를 이해해야만 한다'는 생각 등이 그러하다.

물론 어떤 특정한 조건이 설정된다면 '그래서는 안 된다' 혹은 '그래야만 한다'는 명제가 허용된다. 예컨대 마음의 평화를 위한다면 '반드시 자기수양을 해야 하고 반인륜적 범죄를 행해서는 안 된다'는 명제가 그렇다.

그러나 그러한 조건의 설정이 없다면 세상만사가 모두 그럴 수 있는 일들이다. 이러한 견해는 선善하기에 철저히 존중받아야 한다.

그러나 이와 달리 '그래서는 안 된다'는 생각은 악惡하기에 다스려져야 한다. 물론 이러한 생각을 다스리는 작업은 쉽지 않다. 그러나 선의 유익함과 그 중요성을 깊이 헤아리면 악한 생각을 다스릴 수 있다. 악을 다스릴 수 있는 마음이 곧 이성理性이다.

이성적으로 통찰하면 사물의 본질이 공허하다는 사실에 도달된다. 그러기에 해동네가 오든지, 달동네가 오든지 그 모두가 그럴 수 있다고 받아들인다. 이러한 견해를 가지면 좋지 않은 감정이 일어날 일이 없고, 설령 일어난다고 할지라도 크게 증폭되지 않는다.

30대 중반의 여성이 말했다.

"선생님으로부터 '그럴 수 있다'는 존재인정을 배운 후 마음이 지극히 편안해졌어요. 그런데 요즈음 다시 전처럼 자꾸만 고집하고 부정하려 듭니다. 어떻게 하죠?"
"그 또한 그럴 수 있지요."
"부담감, 귀찮음, 중압감이 올 때는 어떻게 하죠?"
"그 역시 그럴 수 있지 않은가요? 그런 감정들을 기꺼이 감수하면 그뿐이에요. 거부하지 않는다면 다툴 일도 없지요. 다투지 않으면 그 감정이 증폭되거나 내가 그것에 매몰되는 일이 생기지 않아요."

자연은 늘 유연하기에 어떤 고집도 부리지 않는다. 스스로 그러하다. 우리의 마음도 이처럼 '그럴 수 있다'라고 여긴다면 다툴 일이 무엇이겠는가.

수십 억대의 부자였다가 크게 실패한 후 화병과 불면증에 시달리던 50대 초반의 남성이 있었다.

"부동산에서 사기를 당했어요. 쫄딱 망했어요. 재기불능이에요. 자꾸 그 생각이 떠올라 잠을 이룰 수 없어요. 이제는 잠이 안 오는 게 더 큰 문제가 돼버렸어요. 돈이고 뭐고 잠이라도 실컷 자고 싶어요."
"그래도 푸른 하늘 아래 우리는 아직 살아 숨 쉬고 있잖아요. 재물을 잃음으로써 인생의 다양한 시나리오 중의 하나를 경험했던 것이 아닐까요? 성공만 경험한 인생은 가난해요. 실패와 성공을 고루 경험한 인생이야말로 풍요롭지요."

"그렇지만 제겐 매우 아프고 괴로운 기억인 걸요."

"네. 당연히 그렇겠죠. 가슴이 시리고 속이 쓰리고 잠이 오지 않겠지요. 그러나 지금이 아니면 또 어느 때에 '냉철함'을 연습할 기회가 있을까요? 그 모든 것이 내 인생이라는 퍼즐 속의 한 조각이라고 생각해보세요. 이 또한 그럴 수 있는 일이 아닐까요?"

이미 일어난 사실에 대해서 '그러면 안 된다'고 고집하는 것은 엄연히 존재하는 세상과 전투를 벌이겠다고 선언하는 것과 같다. 어떻게 이 세상과 싸워서 이길 수 있겠는가.

혹자가 물었다.

"사회에서는 부조리한 악습이 아직도 계속 일어나고 있어요. 이런 일을 보면 저는 울분이 생겨요. 제가 잘못 생각하는 걸까요?"

"좋지 못한 일들은 개선되어야 마땅하지만, 그런 일은 예전부터 지금까지 끊이지 않았어요. 그런 일이 늘 일어난다는 사실, 그럴 수 있다는 사실, 그 자체를 부인할 순 없어요. 경찰과 검찰, 군대, 법원과 각종 병원이 존재하는 이유는 우리 사회에서 범죄와 질병이 언제든 일어날 수 있다는 점을 인정하기 때문이죠. '그럴 수 있다'고 인정하고 철저한 준비태세를 갖췄기에 사건이 일어나면 즉시 대처할 수 있는 거죠."

역사 이래로 의리를 내세우고 바른말을 하다가 형장의 이슬이 되거나 왕과 국가를 위해 자결하는 사람들이 적지 않았다. 그러나 당시에 그토록 중요시되었던 가치관들이 오늘날에 갖는 위상은 어떠한가.

내 목숨을 바쳐서 바꿀 만큼 가치 있는 이론과 사상이 있다면 그것은 오히려 쓰레기에 불과하다. 그것은 악惡이다. 성현의 말씀에는 결코 그런 가르침이 없다. 다음《맹자孟子》고자告子에 등장하는 '사생취의捨生取義'를 살펴보자.

나는 삶도 원하고 의로움도 원하지만,
그 둘을 다 취할 수 없다면 삶을 버리고 의로움을 취할 것이다.
(生亦我所欲也 義亦我所欲也 二者 不可得兼 舍生而取義者也)

만일 누군가 이 구절을 들어 실제 목숨을 버리라고 가르치는 자가 있다면 그가 곧 악인惡人이다. 마땅히 멀리해야 할 사람이다.

과연 목숨을 버려서 의로움을 취할 일이 어디 있겠는가. 자기의 목숨을 지키는 일, 내 삶에 충실한 것이 하늘에 대한 바른 자세요, 그것이 곧 의로움이다. 맹자께서는 목숨에 집착하지도 않으셨지만, 그렇다고 목숨을 경시하지도 않으셨다.

세상사를 '그럴 수 있다'고 인정하게 되면, 진정 '그래서는 안 되는 일'이 무엇인지 자연스럽게 알게 된다. 비방과 원망, 화풀이가 그러하다. 목숨을 함부로 버리는 일이 그러하다. 절도와 사기, 강도와 강간, 폭력과 살인, 전쟁이 그러하다.

'그럴 수 있다'고 인정하면 고집과 욕심이 끊어지면서 비폭력적인 사람이 된다. 그는 결코 '사람으로서 해서는 안 될 일'을 범하지 않는다. '그럴 수 있다'라는 견해는 평화를 부르는 크고 유연한 생각이다. 사덕四德의 핵심이요, 본성의 향기다.

어쩔 수 없다

22
일차

마음세제

과거의 마음도 종잡을 수 없고,
현재의 마음도 종잡을 수 없고,
미래의 마음도 종잡을 수 없다.
(過去心不可得 現在心不可得 未來心不可得)
- 《금강경金剛經》

이루어진 일에 대해서는 말하지 않고 간섭하지 않는다.
이미 지난 일은 근심하지 않는다.
(成事不說 遂事不諫 旣往不咎)
- 《논어》 팔일八佾

양고기 국이 비록 맛은 좋으나
여러 사람의 입을 맞추기는 어렵다.
(羊羹雖美 衆口難調)
- 《명심보감》 성심편省心篇

30대 초반의 여성이 말했다.

"사람들이 저를 함부로 대하고 무시해서 화가 나요."
"혹시 ○○ 씨가 다른 사람들을 무시하는 건 아닐까요?"
"무슨 말씀인가요? 저는 다른 사람들을 무시하지 않아요."
"만일 내 역할을 다 했는데도 누군가가 날 무시한다면 그게 내 잘못인가요, 그 사람 잘못인가요?"
"그 사람 잘못이죠."
"그럼 '그 사람이 무시하는 나'와 '현재 내 역할을 잘하고 있는 나'는 같은 사람일까요?"
"다른 사람이요."
"그렇다면 나와 상관없는 일인데 화낼 필요가 있을까요? 만약 그가 나 아닌 다른 사람을 무시했다고 해도 지금처럼 화가 날까요?"
"화나지 않아요."
"그럼 왜 ○○ 씨는 화를 내시죠?"
"아, 그렇다면 남들이 무시한 것은 내가 아닌데, 나를 무시한 걸로 받아들이고 있으니 화가 난다는 말씀인가요?"
"그래요. 사람들은 충분히 오해할 수 있어요. 오해할 수도 있는 다른 사람들의 권리를 오히려 지금 ○○ 씨가 무시하고 있는 거예요."
"아, 네. 제가 정말 그랬군요."

내 인성이 부족하듯이 다른 사람들의 인성도 부족할 수 있다. 내가 남을 오해할 수 있듯이 남도 나를 오해할 수 있다. '다른 사람들이 나를 오해해서는 안 된다'는 생각이 나로 하여금 무시당하는 느낌에 빠지게 할 뿐이다.

참된 나는 측량할 수 없을 정도로 크다. '진짜 나'는 나 없음, 곧 '무아無我'다. 그럼에도 우리들은 곧잘 '현상의 나', '형체의 나'를 진짜 나로 착각한다. 누군가가 좋지 않은 말을 하면 발끈한다.

만일 누군가가 내게 폭력을 쓰려고 하면 정당방위가 필요하다. 필요에 따라 경찰의 도움도 받아야 한다. 만일 누군가 악의적으로 흑색비방을 한다면 이 역시 사법기관을 통해 법적으로 대처해야 한다.

그러나 살다 보면 나를 영 달갑게 여기지 않는 사람들도 만날 수 있는 법. 그러므로 우발적으로 빚어지는 오해는 내버려두는 것이 이롭다. 오해를 풀려고 변명과 설득, 주장을 하다 보면 오히려 상대의 새로운 오해를 불러 일으키기 쉽다.

어차피 우리의 삶은 착각과 오해가 난무한다. 제일 높기로는 착각이라는 산이요, 가장 깊기로는 오해라는 바다다. 우리 삶의 착각과 오해는 과거에도 종잡을 수 없었던 마음이요, 현재도 종잡을 수 없는 마음이요, 미래에도 그럴 것이다. 어찌 오해의 근원을 모두 다 캘 것이며, 또 어떻게 일일이 대처할 수 있단 말인가. 어쩔 수 없다. 내버려 두는 게 현명하다. 더 이상 대응치 말고 무심하게 내 일을 충실히 하는 편이 현명하다.

20대 중반의 청년이 말했다.

"선생님! 저는 여자친구와 길을 가다가 불량배를 만나면 용기가 없어 도망칠 것 같아요. 하지만 그건 여자친구에 대한 배신이잖아요. 몸이 망가지는 한이 있더라도 맞서 싸워야 하는데 그러지 못할 것 같아서 너무 괴로워요."

"만일 별안간 운석이 떨어져서 그 아래 깔려 사망하게 되었다면 어떨까요?"

"그건 우리가 어떻게 할 수 없는 일이죠."

"그래요. 살다 보면 어쩔 수 없는 상황이 일어날 수 있어요. 이것이 우리의 한계죠. 본질적으로 우리는 아무것도 통제할 수 없어요. 이미 일어난 일, 지금 일어나고 있는 일, 또 앞으로 일어날 수 있는 일들에 대해서 '안 돼'라고만 주장한다면 그게 현실적인 생각일까요?"

"비현실적인 생각이죠."

"방금 가정한 상황도 마찬가지예요. 미리 준비를 했어도 막상 그 상황에서 내가 어떻게 대처할지는 전혀 알 수 없는 거예요. 그러니 닥치지도 않은 일에 고민을 할 필요가 있을까요?"

그가 다른 날에 또 말했다.

"제가 지금 복학을 해야 할지, 편입을 해야 할지 도저히 모르겠어요."

"지금 원하는 게 복학인가요, 아니면 편입인가요?"

"복학을 하려니 적성에 잘 맞지 않는 것 같고, 편입을 하려니 그것도 쉽지 않을 것 같아요. 그래서 혼란스러워요."

"잘못 선택한다 해도 그것 또한 삶의 일부예요. 그런 일은 얼마든지 일어날 수 있는 일이죠. 그로 인한 손실, 그리고 그로 인한 불편함은 어쩔 수 없는 일이에요. 감수할 수밖에 없죠. 그게 삶이죠."

어쩔 수 없는 상황들을 통제하려 들 때 우리는 현실세계와 충돌한다. 이때 그 상황을 감수하면 그저 작은 불편과 고통만 따른다. 그러나 이를 거부하면 그 고통이 무한히 커진다. 마치 천 개의 바늘이 내 몸을 찌르는 것과 같은 고통이 뒤따른다.
혹자가 물었다.

"선생님은 '달동네'를 수용하라고 하시는데요, 정말 나 자신이 싫어하고 못마땅해하는 부분을 어떻게 기꺼이 수용할 수 있죠?"
"내 인생의 달동네는 누구 것이죠?"
"제 것이죠."
"그래요, 그 이유만으로 충분해요. 내 마음에 들지 않더라도 용서하고 포용하는 거예요. 어쩔 수 없잖아요. 싫든 좋든 그것이 내 인생이니까요."

우리 삶은 생로병사生老病死처럼 본질적으로는 선택하기보다 선택되어지는 일들, 어쩔 수 있는 일들보다 어쩔 수 없는 일들이 대부분이다. 우리는 그러한 존재의 권능에 대해 감히 평가하거나 대적할 수 없다. 예상치 못한 결과가 나와도 어쩔 수 없다.

어쩔 수 없는 것들과 싸우지 않는 것은 아름다운 포기다. 이미 이루어진 일과 지난 일에 대해서 말하고 근심하지 않는다면 에너지를 불필요한 데 쓰지 않게 되고 집중력이 향상된다. 내 삶을 영위하기 위한 생활 에너지 저장소는 '방전형'에서 '충전형'으로 바뀐다. 그 결과 평소에는 도저히 어쩔 수 없었던 문제들이 해볼 만한 것으로 변모할 수도 있다.

그래도 항상 어쩔 수 없는 문제들은 발생한다. 쇠고기 맛이 좋아도 모든 사람의 입에 맞출 수는 없는 법. 그땐 어쩔 수 없다.

상황을 인정하고 감수할 수밖에.

별 차이 없다

마음세제

힘들 때 오히려 마음을 기쁘게 하는 뜻을 얻고,
일을 이룬 때에 문득 실의의 슬픔이 생겨난다.
(苦心中 常得悅心之趣 得意時 便生失意之悲)
- 《채근담》

배부르고 따듯하면 삿된 욕심이 생각나고,
주리고 추울 때는 도의 마음이 발한다.
(飽煖思淫慾 飢寒發道心)
- 《명심보감》 성심편省心篇

장점과 단점은 집집마다 존재하고,
따듯하고 서늘하기로는 곳곳마다 같다.
(長短家家有 炎凉處處同)
- 《명심보감》 계성편戒性篇

세상에는 음陰과 양陽이 함께 존재한다. 자연과 생명체는 양지와 음지, 불과 물, 하늘과 땅, 위와 아래, 더위와 추위, 수컷과 암컷이라는 두 가지 축을 가지고 있다. 심리의 영역에서도 마찬가지다. 내 뜻대로 되고, 내가 알고, 내가 좋아하는 성공, 행복, 기쁨이 모인 '해동네'가 있는 반면에 이와 상반되는 실패, 불행, 슬픔이 모인 '달동네'도 있다.

하지만 음과 양은 절대적인 속성이 아니다. 음陰 중에 양陽이 있고, 양陽 중에 음陰이 있다. 휘발유는 물처럼 흐르지만 불의 속성을 갖고 있고, 용암은 불타고 있지만 물의 속성을 갖고 있다. 남성들 중에도 여성스러운 사람이 있고, 여성들 중에도 남성다운 사람이 있는 것과 마찬가지다.

또한 음과 양은 서로 분리되지 않는다. 밤이 깊으면 새벽이 오고, 태양이 작열한 지 수 시간이 지나면 다시 밤이 찾아온다. 여름에서 겨울로, 겨울에서 여름으로, 건기乾期에서 우기雨期로, 우기에서 건기로… 음과 양은 부단하게 상호의존하고 견제하며 발전한다.

음양은 독특한 개성이 있어 모양이 각기 다르다. 그래서 둘이다. 그러나 가치로 본다면 그 둘은 하나다. 대립과 모순이 아닌 화해와 조화의 관계이기 때문이다. 둘 다 필요하다. 해동네와 달동네는 내 인생의 오른

발과 왼발이다. 만일 그중 하나만을 택하겠다면 깨금발로 걷겠다는 것과 다르지 않다.

모든 것이 음양에 의해 작동한다. 기쁨과 슬픔, 성공과 실패, 만남과 이별, 삶과 죽음, 장점과 단점, 밤과 낮, 겨울과 여름, 우기와 건기처럼 해동네와 달동네는 서로 의지하고 대립하며 만물의 형성과 발전을 주도한다. 해동네에는 짜릿한 기쁨과 심각한 허무함이, 달동네에는 처절한 아픔과 따뜻한 격려가 있다.

힘들 때는 다시금 출발하는 마음을 일으켜 희망을 가질 수 있고 성공한 때에는 문득 성취의 허무감이 생겨난다. 배부르고 따듯하면 삿된 욕심에 힘들어질 수 있고, 배고프고 추울 때는 도심을 얻을 수도 있다. 그렇게 둘 다 나름대로 의미가 있다.

어릴 적부터 영화를 무척 좋아했던 친구가 말했다.

"나는 어릴 때부터 소원이 극장주였어. 소원을 끝내 이뤘지. 근데 왜 이렇게 우울하지?"

"해동네가 무성하면 달동네가 펼쳐지듯이 성공 뒤에 공허감과 우울감이 찾아오는 것은 당연한 현상이 아닐까? 이를 문제로 삼지 않는다면 내면의 영혼을 성장시킬 수 있는 새로운 기회가 될 것이라고 나는 생각한다네."

우울할 때는 그것을 더욱 온전히 받아들여보자. 그러면 절로 해결된다. 자신의 우울함을 인정한 이후로 친구의 감성은 더욱 풍부해졌고 더 큰 삶의 활력을 찾았다.

혹자가 물었다.

"우리는 왜 단점과 실패라는 달동네는 버리려고 하고, 장점과 성공이라는 해동네만 추구하는 걸까요?"

"해동네에 머물면 좋은 일만 생길 것 같은 막연한 기대감이 있기 때문이죠. 달동네의 순기능에 대해 깊이 헤아리지 않기 때문이에요."

"그래도 해동네가 좋지 않은가요?"

"물론 그렇지요. 그러나 달동네를 딛지 않고 해동네로 갈 수는 없어요. 달동네에 처해서 겸손을 배우고 나를 성장시켜야만 찬란한 해동네로 갈 수 있어요. 귀찮음이라는 달동네를 거쳐야지만 재미있는 해동네가 펼쳐지게 되죠."

40대 후반의 여성이 말했다.

"아이들은 자꾸 커가는데 모아둔 돈이 없어요. 점점 나이만 먹고, 더 좋은 직업을 가질 자신이 없네요. 다른 사람들은 잘만 살아가는데 제 미래는 너무 불안하고 걱정스러워요. 저는 경제적인 안정만 이뤄지면 더 이상 바랄 게 없겠어요. 그런데 하루하루 빠듯하고 또 앞으로도 그럴 것이란 생각에 답답해요."

오직 내 고민만이 크게 다가오고 다른 사람들의 고민은 사소하거나 사치스럽게 느껴진다.

"저는 부인께서 목표로 하는 경제적 안정을 이룬 사람들을 많이 만나보았어요. 그런데 그분들에게는 또 다른 고민이 있었어요. 그건 대인관계와 애정의 문제이지요. 그다음으로는 생로병사生老病死에 대한 고민도 있고요."

"그것 보세요. 그렇게 사치스럽다니까요."

"물론 그렇죠. 그러나 심리적 부담감의 크기는 똑같아요. 다른 사람들과 내 상황이 별 차이가 없죠. 그러므로 괜한 박탈감에 빠져 걱정할 필요가 없어요. 이점을 분명히 깨치면 심리가 안정되면서 경제적인 어려움마저도 해결할 길이 열리게 될 거예요."

대개 부유하고 명예로운 사람은 해동네, 가난하고 명예롭지 않은 사람은 달동네에 해당하는 듯 보인다. 그러나 해동네라는 좋은 조건 속에 있으면 게으르거나 교만해지기 쉽다. 달동네라는 좋지 않은 환경에 처하면 부지런해지고 겸손해진다. 곧은 나무는 목수의 눈에 쉽게 띄어 금방 베어지고 구부정한 나무는 오히려 천수를 누리는 것처럼, 장점 속에 단점이 내재되어 있고 단점 속에 장점이 내재되어 있다.

집집마다 장점과 단점이 있고 곳곳마다 따듯함과 서늘함이 교차한다. 나 홀로 달동네의 처참함 속에 처해 있고 남들은 다 해동네의 찬란함을 누린다는 견해는 사물을 한쪽으로만 보는 생각이 만들어낸 허상일 뿐이다.

30대 중반의 직장 여성이 말했다.

"제 직업은 간호조무사예요. 그런데 제가 일하는 병원은 병원균에 대한 감염도 두렵고요, 편하지가 않아요. 차라리 좀 천해 보일지라도 마트의 계산원으로 가고 싶은데 그래도 될까요?"

"모든 직업은 신성해요. 직장마다 장·단점이 있죠. 어느 곳에 있든지 별 차이가 없어요. 지금의 마음이라면 옮기더라도 똑같은 상황을 만날 거예요. 마음을 잡고 긍정적으로 바라보는 게 중요해요. 그래야 만족과 감사함이 올라오고 성취감을 얻을 수 있어요. 직장을 옮기는 것은 근본적인 해결책이 아녜요."

나는 중고교 시절에 마음병을 앓으면서 최악의 심리적 암흑기를 보냈다. 달동네였다. 그러나 그 시절은 또한 청춘이라는 황금기로서의 해동네이기도 했다. 당시 공황증에 걸려 하루하루가 버거웠던 그 시절에도 틈틈이 만졌던 기타의 맑은 화음은 내 마음을 밝게 열어주곤 했다. 세월은 흘러 지금 나는 어른이 되었고 가정도 꾸렸으며 전문직에 종사하고 있다. 외적으로는 해동네다. 그러나 이미 내 몸은 주름살이 생겨나는 달동네가 시작되었다.

해동네는 화려한 만큼 공허히고, 달동네는 텅 빈만큼 옹골차다. 별 차이가 없을뿐더러, 설령 차이가 난다고 할지라도 오십보백보五十步百步다.

진보와 보수, 동양과 서양, 스승과 제자, 성현과 일반인, 청빈함과 부유함, 무지와 깨달음, 삶과 죽음도 모두 그러하다. 두 축이 서로 떠받들고 의지하며 존재한다면 그 어떤 차별도 무의미하다.

우리가 좀더 노력해서 앞선들, 또는 조금 뒤처져 퇴보한들 본질적으로는 항상 제자리를 맴돌고 있다. 달동네의 기반 위에 해동네가 존재하고, 해동네의 이면에 달동네가 자리 잡고 있다. 한쪽 면으로 보면 해동네이지만 또 다른 면으로 보면 달동네다.

그렇게 별 차이가 없다. 그러므로 해동네가 오든지, 달동네가 오든지 상관치 말고 오직 내가 처한 자리에서 그 순기능을 찾아서 내 삶을 즐기는 자가 현명할 뿐이다. 별 차이가 없는 세상살이, 기왕지사 즐겁게 사는 게 좋기 때문에.

근본과 말단

마음세제

사물에는 근본과 말단이 있고, 일에는 끝과 시작이 있으니,
먼저 할 바와 나중에 할 바를 알면 곧 도에 가깝다.

(物有本末 事有終始 知所先後 則近道矣)

- 《대학大學》

그 근본이 어지러우면서 말단이 다스려지는 자는 없다.
(其本亂而末治者否矣)

- 《대학大學》

군자는 근본을 세우기에 힘쓴다.
근본이 서면 나아갈 길이 생긴다.

(君子務本 本立而道生)

- 《논어》학이學而

50대 중반의 한 남성이 실의에 빠졌다.

"저는 교통사고로 다 큰 외동아들을 잃었어요. 그것도 제가 졸음운전을 하다가 일어난 일이에요. 아들은 제 삶의 전부였어요. 저는 지금 죽을 날만 기다리고 있어요."

"참으로 어려운 발걸음을 하셨네요. 부모로서의 마음이 오죽하겠어요. 자식을 잃었다는 마음보다, 자식의 삶이 안타까워서 괴로운 것이잖아요."

"하루하루 사는 게 죄짓는 것 같아요. 자식에게 너무 미안해요. 제가 다시 웃고 살아도 되는 걸까요?"

"네, 물론 그래야지요. 그 어떤 일이 있을지라도 우리는 웃고 살아야 할 삶의 가치를 저버릴 수는 없는 거예요."

진짜 중요한 것은 근본이며, 그보다 덜 중요한 것이 말단이다. '내 인생이 행복해야 한다'는 명제는 근본根本이다. '내 인생에 어떤 일이 일어났는가'의 문제는 말단末端이다. 먼저 할 바는 근본이요, 나중할 바는 말단이다. 그래야 다시 살아갈 수 있다.

혹자가 물었다.

"많은 사람들은 나를 먼저 사랑해야 남도 사랑할 수가 있다고 말해요. 이 의견에 대해 어떻게 생각하세요?"

"나를 사랑해서 남을 사랑할 수도 있고, 남을 사랑해서 나를 사랑할 수도 있어요. 그 둘은 서로 분리되지 않아요. 내 모습이 어떻든 나를 사랑한다면 내 마음이 안정되기에 남을 사랑할 수 있어요. 또한 남을 사랑하면 그런 내 모습이 아름답기에 나 자신도 사랑하게 되죠."

나를 먼저 사랑할 것인가, 남을 먼저 사랑할 것인가는 덜 중요하기에 말단이다. 사랑이 중요하다. 나를 먼저 사랑해도 되고 남을 먼저 사랑해도 된다. 사랑하는 그 마음이 근본이다. 사랑받고자 하는 마음은 말단이다. 그 근본이 어지러우면서 말단이 다스려지는 일이란 없다. 반드시 근본에 힘을 쓸 줄 알아야 말단이 다스려진다.

《논어》학이편學而篇에는 다음과 같은 구절이 있다.

남이 나를 알아주지 못함을 걱정하지 말고, 내가 남을 알아주지 못함을 걱정하라.
(不患人之不己知 患不知人也)

내가 남들에게 인정받기를 기대하듯 그들도 내게 그렇게 기대하고 있다. 남에게 이해받고 싶은 마음에만 얽매이면 종속적인 삶에 처하게 된다. 이것은 말단이다. 내가 곧 이해의 주체가 되는 것, 그래서 내가 먼저 중심을 잡는 삶, 이것이 근본이다.

모교에 강연을 나갔을 때 한 선생님이 왕따 문제를 언급했다.

"요즈음 학교폭력, 집단따돌림 문제가 심각해요. 늘 학생들에게 훈화하고 주의를 주어도 이런 일들이 자꾸 일어나고 있어요. 선생님의 견해는 어떤가요?"

"자기존중의 철학을 심어주는 것이 필요해요."

"자기존중의 철학이 무엇이죠?"

"저는 내 안의 더 큰 나, 즉 본성을 회복시키는 일이 중요하다고 생각해요. 가해학생들이 자기가 얼마나 귀한 존재인지 안다면 다른 학생들에게 폭력을 써가면서까지 자신을 그릇되게 드높이려고 하지 않을 거예요. 또한 피해학생들도 '고유한 나'는 남이 해칠 수 없는 존재임을 인식한다면 언어폭력이나 따돌림을 당해도 자신의 가치를 지킬 수 있지 않을까요?"

'학교폭력'이라는 단어는 모순이다. 학교에서의 폭력은 부재不在해야 하며, 폭력이 없어야 학교라고 불릴 수 있기 때문이다. 학교폭력은 우리 시대의 큰 아픔을 대변하는 매우 우울하고도 가혹한 단어다.

지혜智慧가 근본이고 지식知識은 말단이거늘 이것이 도치되었기 때문에 우리 시대의 가장 가슴 아픈 사연이 학교에서 발생하고 있는 것이다. 학교는 마땅히 단순한 지식을 넘어 나와 타인이 본래 가지고 있는 가치를 알려주고, 아름다운 본성이 발현될 수 있도록 지혜를 가르치는 곳이어야 한다. 학교마저도 지식교육에만 치우쳐 본래의 기능을 하지 못한 채 오히려 왕따와 폭력의 온상이 되었다니 근본이 크게 틀어진 셈이다.

40대 초반의 부인이 말했다.

"남들은 모두 잘 사는데 저만 외롭고 못났어요."
"왜 그렇게 생각하시죠?"
"생활이 쪼들리고 제 남편도 변변치 못하니까요."
"그림자 없는 물체가 없듯이, 음지가 없는 양지는 없어요. 또 양지가 없는 음지 역시 존재하지 않죠. 부인에게도 양지가 분명히 있지 않을까요?"

"제 인생에도 양지가 있다고요?"

"아무렴요. 이렇게 상담받을 수 있다는 것은 이미 환경이 좋다는 뜻이에요. 만일 어떤 사람이 부인을 부러워하면서 자신의 처지를 비하한다면 부인은 어떤 생각이 들 것 같으세요?"

"그건 제 겉모습만 바라본 어리석은 판단이죠."

"지금 부인께서 부러워하는 그분들도 똑같은 이치로 부인을 어리석다고 생각할 수 있어요. 겉모습에는 귀함과 천함, 높고 낮음이 있지만 모든 사람은 그것을 초월해서 존귀하지요. 이 점을 놓치고 있기에 자기비하에 빠지는 거예요."

남과 비교하면서 겉모습만 살피다 보면 자신이 가진 절대적인 가치를 잃어버리기 쉽다. 근본이 틀어진 것이다. 다음《맹자孟子》고자편告子篇에서는 사람에게는 누구라도 귀한 가치가 있다고 알려주고 있다.

귀하고자 함은 사람의 똑같은 마음이다. 모든 사람은 자기에게 귀함이 있지만 생각하지 않아서 모를 뿐이다.

(欲貴者 人之同心也 人人有貴於己者 弗思耳)

사람이라면 누구에게나 있다는 그 귀한 가치는 무엇일까?
《맹자》의 첫머리 양혜왕편梁惠王篇에서 이를 밝혀 놓았다.

맹자께서 양혜왕을 만났을 때 왕이 말하기를 "선생께서 천 리를 멀다 하지 않고 오셨으니 장차 내 나라에 어떤 이로움이 있겠습니까?"라고 했다. 맹자께서 대답하시기를, "왕께서는 하필 이로움을 말하십니까? 다만 인의仁義가 중요할 따름입니다"라고 했다.

(孟子見梁惠王 王曰 叟不遠千里以來 亦將有以利吾國乎 孟子對曰 王 何必曰利 亦有仁義而已矣)

정답은 곧 인의仁義다. 내 욕심만을 따라 당장의 이익과 실리만 추구하는 게 말단이며, 인의仁義라는 본성을 따라 명분과 의리를 중시하는 것이 근본이다. 그래서 군자는 늘 근본을 굳세게 세우기를 힘쓴다. 그러면 인의仁義가 주는 더 큰 이익을 챙길 수 있다.

성공하느냐 실패하느냐, 사느냐 죽느냐 따위로 인생의 의미를 따지는 것도 말단이다. 어떻게 수양하며 살아갈 것이고 어떻게 제대로 선을 행할 것이냐가 근본이다. 인의仁義에 준거한 내 마음의 평화가 삶의 근본이며, 기타 세상의 일들은 말단이다.

근본이 서면 말단은 저절로 다스려진다.

시비와 선악

마음세제

시비가 종일토록 있을지라도 듣지 않으면 저절로 없어진다.
(是非終日有 不聽自然無)

-《명심보감》성심편省心篇

지극한 도는 어렵지 않다.
오직 (제멋대로 가려서) 선택함을 거리낄 뿐이다.
단지 (내 감정만 좇아서) 미워하고 사랑하지만 않는다면,
(시비선악이) 탁 트여 명백하리라.
(至道無難 唯嫌揀擇 但莫憎愛 洞然明白)

-《신심명信心銘》

우리들은 우뚝 선 남산과 흐르는 한강물을 보면서 이런저런 시비를 걸지 않는다. 있는 그대로 인정하고 내버려둘 줄 알기에 내 마음이 평온하다. 어쩌면 사람들과 대부분의 세상일들에 대해서도 그렇게 대할 수 있지 않을까?

혹자가 물었다.

"싸움과 전쟁도 필요악으로서 그 존재를 인정해야 하는 건가요?"

"존재하는 모든 것을 인정해야죠. 존재인정에는 예외가 없으니 전쟁 역시 그러하지요."

"그렇다면 선생님은 전쟁을 정당화하는 건가요?"

"전쟁을 인정하는 것은 전쟁을 일으키자는 얘기가 아니에요. 전쟁은 참혹해요. 상대의 존재를 부정하고 거부하기에 일어나는 것이 전쟁이죠. 전쟁을 인정한다는 것은 전쟁의 속성을 인정한다는 뜻이에요. 즉 전쟁의 참혹함을 직시하는 것이 곧 전쟁을 제대로 인정하는 것이죠."

"전쟁에도 우리가 모르는 가치가 숨어 있는 것은 아니고요?"

"전쟁에 다른 의미나 가치는 없어요. 그게 의미이고 그게 가치에요. '전쟁은 너무 참혹하니 결코 일어나서는 안 된다'는 교훈을 주는 것, 결코 이 이상의 의미는 없어요."

어떤 방식으로 존재하든, 이미 존재하는 것은 그 자체로 그럴만한 이유가 있다. 존재의 이유가 없는 것이 어떻게 존재할 수 있단 말인가. 지금의 현실은 이럴 수밖에 없어서 이렇게 존재하는 것이다. 우리는 그 당위성과 위대함을 인정할 수밖에 없다. 이를 인정하고 수용하는 마음이 곧 선善이다.

다음은 《명심보감》 계선편繼善篇의 첫 구절이다.

선善을 행하는 사람에게는 하늘이 복을 주시고, 불선不善을 행하는 사람에게는 하늘이 재앙을 주신다.

(爲善者 天報之以福 爲不善者 天報之以禍)

이 책의 편저자 추적秋適(1246~1317)[27] 선비는 책의 첫머리에 가장 먼저 선악善惡에 대한 논제를 인용했다. 그럴 수밖에 없었다. 선善이란 존재의 권위요, 하늘의 명령이요, 우리 내면의 울림이다. 선하게 살아야 우리가 추구하는 행복한 삶이 전개될 수 있다는 내용 이외에 또 어떤 구절을 앞세울 수 있었겠는가.

우리가 이토록 선에 집착하는 이유 중의 하나는 '사람은 약육강식弱肉强食이 통하는 동물과 다른 존재여야 한다'는 생각이 강하기 때문일 것이다. 그럼에도 우리들은 폭력과 전쟁을 통해 동물보다 더 잔학한 일들을 서슴지 않았다. 따라서 모든 선각자들은 악惡을 멀리하고 선의 정체성을 확립하고 유지하는 데 총력을 기울일 수밖에 없었다.

또한 선각자들의 그런 노력과 상관없이 우리들은 차마 눈 뜨고 못 볼 악행을 보면 크게 분개한다. 이것은 우리의 본래 성품이 선하냐, 악하냐의 논의를 떠나 선을 지향하는 마음만큼은 확실하다는 증거다.

선현先賢들은 선善을 지향하는 우리의 마음이 곧 하늘의 명령, 즉 천명天命이라고 정의했다. 선善은 곧 거역할 수 없는 하늘의 명령인바, 그대로 살지 않으면 마음이 괴로워질 수밖에 없게끔 설계되었다.

선악善惡이 바로잡히면 시비是非는 절로 명확해진다. 선이 옳고 악은 그르다. 인정이 옳고 부정은 그르다.

나와 심의心醫들은 여러 성현의 말씀을 취합한 결과, 선善이란 곧 존재의 양면인 음양陰陽과 현상과 본질인 표리表裏를 두루 인정하는 마음이라는 결론을 얻을 수 있었다. 이런 마음은 곧 인의예지신仁義禮智信이라는 본성과 일맥상통한다.28)

혹자가 물었다.

"유가儒家에서 중시하는 지智라는 덕목 중에 '시비지심是非之心'이란 시비是非를 가리라는 뜻이잖아요. 그런데 불가佛家에서는 시비是非를 따지지 말라고 하니 모순이 아닌가요?"

"내 판단을 내려놓으면 참된 시와 비가 보여요. 이것이 유가儒家의 뜻이지요. 불가佛家에서는 내 생각을 앞세우지 말라는 뜻으로서 시비를 따지지 말라고 한 것이니 그 근본은 일치하는 거예요."

선과 현실은 가끔 도치되기도 한다. 20대 중반의 한 여대생이 말했다.

"엄마와 아빠가 이혼을 하게 되었어요. 낯선 곳으로 이사도 가야 하고 생활이 말이 아니에요. 왜 두 분의 잘못에 제가 희생을 해야 하죠?"

"그럼 ○○씨가 옳다고 여기는 일은 무엇인가요?"

"저를 낳았다면 끝까지 책임져야죠."

"옳고 그름이 중요한 게 아니에요. ○○씨의 견해가 옳다고 해서 부모님에서 지금 그 의견을 들어주실 수 있을까요? 진정 옳은 것은 바로 현실이에요. 부모님의 이혼이라는 현실을 인정하는 게 진정 옳은 것이죠. 부모님이 틀렸다고 원망해봤자 일은 해결되지 않아요. 현실을 빨리 인정해야 바른 대처법을 구할 수 있어요."

내 생각은 틀릴 수 있다. 아니, 자주 틀린다. 아니, 거의 틀린다. 아니다. 모두 틀리다. 현실이야말로 옳다. 현실이 곧 시是요, 이를 인정하는 것이 순행順行29)이다. 반면 현실이라는 존재를 부정하는 것이 곧 비非이고 역행逆行이다.

그러나 여기에도 문제가 있다. 현실과 비현실의 경계점이 매우 모호하기 때문이다. 본래 현실과 비현실을 구분하기 힘들뿐더러, 구분했다고 치더라도 착각일 수 있다. 그러므로 어떤 기준점과 단서가 필요하다. 그것이 곧 마음의 평화다. 마음의 평화를 가져오면 그것은 현실이요, 이를 저해하면 그건 곧 비현실이다.

만일 내가 현실이라고 믿고 따랐는데 내 마음의 평화가 깨진다면 그 현실을 버려도 좋다. 그건 비현실이기 때문이다. 마음이 평화롭도록 조성된 환경이 현실일 뿐이다. 이것이 선이요, 옳은 일이요, 지극한 도道다.

그러므로 시비가 종일토록 있을지라도 내 마음의 평화에 저해가 된다면 듣지 않는 게 바람직하다. 만일 제멋대로 가려서 선택하거나 단지 내 감정만 좇아서 미워하고 좋아한다면 옳은 일이 아니며 현실과도 거리가 멀다. 이 기준을 분명히 지키면 시비선악이 탁 트여 명백해진다.

우리가 지구의 자연환경을 거부하고 살 수 없듯이, 우리의 마음도 하늘이 정한 선善의 테두리 속에서 살아갈 수밖에 없도록 설계되었다. 그러므로 우리는 궁극적으로 선善을 벗어나는 길을 선택할 수 없다.

그럼에도 계속 고집을 피우면 하늘은 우리가 스스로 깨달을 때까지 무너지도록 내버려둔다. 이 방법은 우리가 선하게 살아야 스스로 행복하고 자유로울 수 있다는 이치를 깨쳐서 마음이 평화로울 때까지 지속된다.

이러한 하늘의 이치를 모르는 사람들은 자기가 옳다고 생각하는 일이라면 폭언과 폭력마저도 서슴지 않는다. 비록 선한 주장이라고 할지라도 그 방법이 틀리면 통용될 수 없다는 사실을 모른다. 그러기에 입으로는 선을 주장하면서도 손으로는 결국 악행을 범하기도 한다.

이와 달리 하늘의 이치를 터득한 성현께서는 사람을 선하게 교화시키는 방법에 있어서 결코 악적인 요소를 허용치 않았다. 일을 도모함에 있어 선에 부합되도록 수단과 방법을 가렸다.

우리는 하늘의 명령에 의해 근본적으로 역행하거나 악을 선택할 수 없다. 수시로 마음의 때를 씻어내면서 선(善)하게 살아가지 않을 수 없게끔 설계했다. 해동네와 달동네를 인정하지 않을 수 없다. 우리가 어찌 이토록 아름다운 하늘의 독재에 순응하지 않을 수 있겠는가.

악이 행해지고 힘을 얻는 것처럼 보일 뿐, 악은 본질적으로 존재세계에서 결코 그 힘을 행세할 수 없다. 결국 모든 일은 반드시 지극한 선(至善)으로 귀결된다.

일은 반드시 바르게 돌아간다.

사필귀정事必歸正!

제3장 묵고 찌든 때 세탁

무릇 공부하는 사람의 병폐는 뜻을 세움이 없는 것일 뿐이다.
참으로 뜻이 돈독하다면 어찌 학문이 지극하지 못하여
도를 듣기 어려움을 걱정하겠는가!

(夫士之所病 無立志耳 苟志之誠篤 何患於學之不至而道之難聞耶)

— 퇴계의 《자성록自省錄》 중 답정자중유일答鄭子中惟一

뇌병과 마음병

　강박심리가 고착된 것이 곧 묵고 찌든 마음때다. 이 순간부터 마음병이 발생한다. 이때부터 일상생활을 영위하기 어려울 만큼 감정이 불안정해지고 혼란스러워지며 인성 역시 심하게 결핍된다.

　그러면 어쩌다 내가 이 지경에 처한 것일까?

　그것은 내가 '강바기'에 의해 포로가 된 줄 모르기 때문이다. '강바기'를 곧 나로 착각하기 때문이다. 퇴계 선생의 가르침처럼 먼저 내 뜻이 돈독해야 이런 병폐를 뜯어고칠 수 있다. 그러기 위해서는 내 마음의 때가 무엇인지 분명히 파악하는 것부터 시작해야 한다.

　그러나 '강바기'란 녀석은 결코 만만한 존재가 아니다. 녀석은 알게 모르게 교묘하게 내 의식을 파고들어 내 마음의 전부를 점령한다. 그 결과 우리들은 내가 곧 '강바기'인 줄로 착각에 빠진다.

　'강바기'란 녀석이 내 마음을 점거하면 '부정과 다툼'이라는 악적 요소가 늘어난다. 원망과 비방, 불평과 불만이 많아진다. 우울이 깊어지고, 불안이 심해지고, 두려움이 증폭되고 정신이 분열되기도 한다. 마음병이 발생한다.

　대개 이런 상태를 서양의학에서는 정신질환으로 분류한다. 정신질환은 서양의 해부병리학적 시각과 뇌기능설을 전제로 하고 있기 때문에

'뇌병'에 해당한다고 볼 수 있다. 이에 비해 '마음병'이란 동양의 인문학과 한의학적 음양원리를 조합한 시각에서 바라본 심리적 이상징후들을 명명한 말이다.

심리질환을 바라보는 한의학과 서양의학은 서로 관점이 다른데 각자의 특성을 도표화하면 다음과 같다.

	서양의학	한의학
명명	정신질환(뇌병)	마음병
정의	뇌기능의 이상으로 인한 인지능력의 훼손과 감정적 장애를 일으키는 질환	존재부정의 심리로 인한 인성의 결핍과 생활의 부조화를 초래하는 병
원인	뇌신경 전달물질의 이상 유전적 소인 (물질위주)	강박심리에 의한 존재부정 정기허약正氣虛弱 (마음위주)
증상	우울, 불안, 공황, 정신분열 등 감정적 장애에 중점을 둠	자신감과 자립심 상실, 예절의 결여 등 인성적 문제에 중심을 둠
치료방법	약물치료와 인지행동치료법	심성계발치료법, 한약과 침구치료
치료특징	증상 완화 위주	원인 해소 위주
견해	정신기능에 이상이 생긴 상태	정신적 성장을 위한 기회의 획득

서양의학은 물질이 위주이며, 한의학은 정신이 위주다. 그러나 어떻게 물질과 정신이 따로 분리될 수 있겠는가. 뇌의 물질적 변화와 심리의 변화가 서로 영향을 주고받는다는 점은 이미 뇌신경학자들에 의해 충분히 증명되었다. 각종 신경전달물질들의 변화가 감정의 변화를 일으킨다

는 사실은 이미 상식이 되었고, 반대로 감정적 변화가 물질적 변화를 일으킨다는 사실도 증명된 지 오래다.

예컨대 스트레스에 장기간 노출되면 인체에 해로운 '노르아드레날린'[30]이 분비되고, 기쁜 일이 생기면 '베타엔도르핀'[31]이라는 호르몬 물질이 분비되는 것이 그러하다. 그러므로 물질과 정신 모두 존중되어야 한다.

세상에 태어나서 감기에 걸리지 않는 것이 불가능한 것처럼 정신질환이나 마음병에 걸리지 않을 수 없다. 감기는 치료하지 않아도 대부분 낫는다. 마음병도 이와 같아서 경증은 자연스럽게 회복되는 경우가 대부분이다. 그러나 감기를 소홀히 여기다가는 폐렴이나 패혈증으로 진행되는 것처럼, 마음병 역시 경계심을 잃으면 인성이 황폐화되거나 자해自害의 위험에 처할 수도 있음은 물론이다.

현재 서양의학의 약물치료는 증상을 완화시키는 데 일정한 효과가 있는 것으로 알려져 있다. 예컨대 정신질환 중에서도 가장 심한 병증인 정신분열병은 항정신병 약물치료를 통해 증세가 50~70퍼센트 정도 호전될 수 있다고 한다. 하지만 여기서 50~70퍼센트는 우울함이나 불안감 등의 증상이 개선되는 정도를 수치화한 것이므로 완치라는 측면에서 보면 그 비율은 현저히 낮을 수밖에 없다.

또한 약물치료를 통해 환각이나 망상 증상은 상당히 완화될지라도 식욕의 이상증진이나 감퇴와 같은 신체적인 부작용과 이해력, 판단력, 감수성 저하 등의 심리적인 부작용이 따르는 경우도 적지 않다. 그렇기 때문에 완치를 위해서는 반드시 원인해소를 위한 심리치료의 보완이 필요한 실정이다.

그럼에도 현재 심리치료가 약물치료에 비해 상대적으로 덜 활성화된 이유는 약물치료가 단기간에 뚜렷한 증상 완화를 이룰 수 있는 반면 심리치료는 상대적으로 오랜 시간이 필요하기 때문이다.

게다가 기존의 서양식 심리치료는 그 세계관이 다르고, 그로 인해서 동양이나 한국 정서에 완전히 부합되기 어려운 태생적인 한계를 가지고 있는 것도 사실이다. 그러므로 우리 실정에 맞는 제대로 된 심리치료법이 필요하다. 우리 선조들의 전통적인 자기수양법을 계승하여 현대적 언어로 살려낸 심리치유법인 심성계발이 필요한 이유다.

심성계발에서 가장 중요한 것은 '마음 관찰하기'다. 관심법觀心法으로도 불리는 '마음 관찰하기'는 마음공부에서 가장 핵심적인 요소이며 자기성찰의 기초다. 관심법은 성현의 가르침이라는 거울에 내 생각과 감정을 비춰보는 작업이다.

이때의 관찰자는 '깨치미'가 관장하는 진짜 나로서의 본성本性이며, 관찰대상은 '강바기'가 점령한 가짜 나로서의 칠정七情이다. 이 과정을 통해서 내 생각이 어떻게 일어나고 내 감정이 어떻게 증폭되는가를 섬세하게 파악할 수 있다.

관심법은 반드시 마음을 비운 상태로 '성현의 말씀(마음세제)'을 듣고, 읽고, 쓰고, 외울 때 좋은 효과가 나타난다. 특히 외우지 않으면 효과가 반감된다. 반드시 구절을 외워야 성현의 글귀가 머리에 자리를 잡으면서 잡생각이 씻어진다.

공부가 깊어지면 가슴이 탁 트이고 머리가 뻥 뚫리는 체험을 하게 된다. 이 순간이 곧 완치의 순간이다. 꾸준한 자기수양을 한다면 어느새 '강바기'의 꼭두각시였던 나는 크고 아름다운 본성을 회복하고 마음병에서 벗어난다.

다만 이 관심법이 효율적으로 이뤄지기 위해서는 실천이 동반되어야 한다. 대표적인 실천 사항은 '내가 맡은 최소한의 일을 수행하기'와 '비방하지 않기'다.

물론 그렇게 완치하더라도 자기수양을 멈추면 언제든지 마음병이 재발한다. 그러나 제대로 깨친 사람이 자기수양을 멈출 이유가 있을까?

세상을 보는 시각은 다양하며, 또 다양해야 한다. 마음을 관찰하는 데도 다양한 시각이 필요하다. 이 세상과 우주와 나와 사람의 마음을 딱 하나의 잣대로만 재겠다는 생각 자체가 마음병적 생각이다.

그러므로 사물을 보는 다양한 시각들, 즉 과학적 시각, 철학적 시각, 동양적 시각, 서양적 시각, 종교적 시각, 수행인의 시각은 모두 존중받아야 한다.

마음을 바라보는 서양과 동양의 학문은 그 특성이 다를 뿐 모두 유효하다. 정신질환이든 마음병이든, 효율적인 치료를 위해서는 약물치료에 의한 증상완화 요법과 심성계발에 의한 원인해소 치료를 두루 활용하는 것이 바람직하다.

그러기에 양방洋方과 한방韓方의 임상臨床에 임하는 의료인들이라면 서로 마음을 활짝 열고 상대의 영역에 대한 이해와 소통을 넓혀가야 할 것이다. 또 심리정신세계를 다루는 학계 종사자나 관련된 직업을 가진 사람이라면 새로운 패러다임을 유연하게 받아들일 줄 알아야 한다. 그래서 마음병 환우들이 받을 혜택이 많아지면 이보다 좋은 일이 어디 있겠는가.

이제 '강바기'가 어떻게 우리를 마음병에 빠지게 하며, 그 범주와 진행과정 및 치유법은 어떠한지 살펴보기로 한다.

칠정七情과 본성本性

27일차

우리의 옛 성리학자들은 사람의 마음을 칠정七情과 본성本性으로 구분했다. 칠정이란 자연의 흐름과 상관없이 비뚤어진 나만의 생각으로부터 탄생하는 감정들을 일곱 가지 유형으로 구분한 것이다. 이에 비해 본성이란 나를 넘어선 이성과 대자연의 이치를 따르는 확고한 신념의 결합체다. 마음에 대한 이런 통찰은 임상에서 매우 유용한 잣대가 된다.

이를 도표화하면 다음과 같다.

마음(心)	
생각+감정 인욕칠정(人慾七情)	이성+믿음 천리본성(天理本性)
현상	본질
표(表)	리(裏)
나만의 생각, 인심(人心)	자연법, 도심(道心)
희노우사비공경(喜怒憂思悲恐驚) 희노애구애오욕(喜怒哀懼愛惡慾)	인의예지(仁義禮智)+신(信)
재물, 실속	사랑, 의리
존재부정의 마음(One card)	존재인정의 마음(Two way)
이름과 성별을 가진 드러난 나, 극중 주인공	신성(神性)을 지닌 감춰진 나, 실제 배우

위에서 보는 것과 같이 【마음＝생각＋감정】 또는 【마음＝이성＋믿음】이라는 등식이 성립한다. 이는 곧 《근사록近思錄》에서 "마음은 이성과 감정을 통섭한다(心統性情者也)"라고 정의한 바와 같다. 즉 성性은 이성과 믿음의 영역으로서의 본성本性이며, 정情은 생각과 감정으로서의 칠정七情을 말한다.

본래는 둘 중에 본성이 주인이고 칠정이 하인이건만, 실생활에서 수양하지 않으면 '강바기'의 지배를 받는다. 이때부터 위치가 전도되어 이성보다는 감정적인 사람으로 살아가기 쉽다.

30대 후반의 한 주부가 말했다.

"토정비결을 봤는데 저의 새해 운수가 굉장히 안 좋게 나왔어요. 그 소리를 들으니 정초부터 가라앉네요. 평소 우울증이 있었는데 더 우울해져요."

"토정비결은 결코 안 좋은 이야기만 적혀진 책이 아니에요. 일방적으로 좋은 이야기도, 일방적으로 나쁜 이야기도 없지요. 나쁜 쪽만 지나치게 생각하고 있을 뿐, 사실은 그렇지 않을 거예요. 그리고 사주는 내가 태어난 시간일 뿐이에요. 그게 무슨 상관이 있죠?"

"그래도 사주에 따라 운명이 정해졌다고들 하지 않나요?"

"그건 지엽적인 사건을 좇는 칠정의 마음에 사로잡힌 사람들의 이야기일 뿐이에요. 만일 사주에 대해서 최대한 긍정적으로 해석한다면, 안 좋은 일이 생길 것을 경계해서 마음을 잘 다스리고, 좋은 일이 온다는 희망으로 오늘을 이겨내라는 이야기죠. 그 외에 다른 것은 없어요."

"그럼 미래의 일을 알 수 없는 건가요?"

"일기예보처럼 수일 후의 기후변화를 예측할 수 있듯이, 현재 심리

상태를 보면 그 사람의 미래를 어느 정도 예측할 수는 있어요. 그냥 그 정도일 뿐이에요. 만일 미래를 안다면 그것이 미래의 정의와 본질에 어긋나는 거예요. 그것은 미래가 아니라 망상이에요. 성현의 말씀에는 미래에 대한 그 어떤 단정도 없어요. 본성대로 살면 행복이 오고, 그렇지 않으면 불행이 온다고만 말하고 있거든요."

어디 사주 이야기뿐이겠는가. 본성에서 이탈하여 내 마음의 중심을 잃으면 사소한 이야기만 들어도 칠정의 풍랑이 요동친다.

한의학에서의 칠정과 성리학에서의 칠정은 다소 차이가 있다. 성리학에서는 희노애구애오욕喜怒哀懼愛惡慾이라고 정의한 데 비해 한의학에서는 희노우사비공경喜怒憂思悲恐驚이라고 하여 칠정의 영역에 생각(思)을 포함시켰다. 이것은 칠정의 영역에 생각(思)을 덧붙여 임상의 효율성을 높이기 위함이다.

여기서 '생각'의 의미는 매우 중요하다. 《황제내경》에서는 "생각하면 기가 맺힌다(思卽氣結)"고 하였다. 이것은 존재를 부정하고 거부하는 것, 즉 막힌 생각을 가리킨다. 생각이 막히면 기氣의 순환이 원활하지 못하고 맺히게 됨으로써 각종 심리적, 신체적 장애가 발생한다는 사실을 분명하게 밝히고 있다.

그렇다면 존재를 인정하는 바른 생각은 무엇일까?

바로 존재의 양축인 해동네와 달동네를 인정하는 마음이다. 이것은 존재부정이라는 생각(思)과는 다른 이성理性의 사고방식이다. 인의예지仁義禮智이며 본성의 영역이다. 이런 이성적 사고에서 삶에 대한 굳건한 믿음이 생겨난다. 이를 합치면 인의예지신仁義禮智信, 즉 오상五常이다.[32]

혹자가 물었다.

"사람이 기쁠 때 기쁘고, 두려울 때 두렵고, 그렇게 이런저런 걱정과 근심을 가지면서 살아가는 것이 정상인데 왜 성리학에선 이런 감정들을 부정하죠?"

"칠정에 속하는 감정들을 부정하는 것이 아니에요. 칠정은 선과 악이 공존하지요. 다만 강박심리에 의해 그것이 증폭되고 왜곡되어 실생활을 파괴하는 것을 경계할 뿐이에요."

기쁨, 분노, 슬픔, 걱정, 두려움, 집착, 애정, 미움이라는 감정 자체가 악惡이 될 수는 없다. 예를 들어보자. 의義라는 본성의 단서端緒는 수오지심羞惡之心이다. 이는 마땅히 해야 할 도리에 어긋나는 행동을 볼 때 부끄러움과 미움을 느끼는 선善한 감정이다. 그런 미움은 내 마음과 몸에 건강한 에너지로 작용한다. 이것은 자기 뜻대로 되지 않자 상대를 부정하며 불평과 불만을 토로하는 병적인 미움(惡)과 구별된다.

선가에서 언급하는 대분심大憤心도 마찬가지다. 이는 분노憤怒의 일종이지만, 본성의 통제를 받고 있기에 몸에 건강한 에너지로 작용한다. 이 역시 칠정의 분노가 증폭되어 건강을 해치는 것과는 구별된다.

사람이 가진 자연스러운 감정으로서의 칠정은 오직 '본성의 통제를 받느냐, 그렇지 않느냐'에 따라 '정상이냐, 비정상이냐'가 정해질 뿐이다.

본성은 하늘로부터 부여받은 본래의 마음인바, 이는 경험만으로 만들어지지 않는다. 본성을 요즈음 언어로 해석한다면 인仁은 존중과 포용, 의義는 반성과 경계, 예禮는 양보와 겸손, 지智는 만족과 감사, 신信은 믿음과 배짱으로 볼 수 있다.

무엇이 본성의 마음이고 무엇이 칠정의 마음인지, 그 행위만 봐서는 알 수 없다. 그러나 자기의 마음을 살피면 칠정에 가까운지 본성에 가까운지를 능히 구분할 수 있다.

어떤 부모님이 큰아들에게는 2억을, 작은아들에게는 1억을 증여했다고 치자. 이후의 상황을 칠정과 본성으로 나누어 상상해보면 다음과 같다.

부모가 큰아들을 더 예뻐하는 마음으로 주었다면 이는 칠정 중 애愛의 감정이다. 그리고 형이 당연시하면서 우쭐대고 기뻐한다면 이는 칠정 중 희喜라는 감정이 일어난 것과 같다. 동생 역시 적게 받았다며 속상해하고 화를 낸다면 이는 칠정 중의 노怒라는 감정이 일어난 것이다. 서로 욕심을 내고(慾), 미워하고(惡), 두려워할(懼) 수도 있다. 이런 모습을 보는 부모는 당연히 슬프다(哀). 이것이 칠정이다. 칠정이 다스려지지 않으면 가족관계는 갈수록 악화될 것이다.

이와 반대로 형이 재산을 적게 받은 동생을 배려하고 책임지려 한다면 이는 본성 중 인仁의 단서端緒인 측은지심惻隱之心을 보인 것이다. 또한 동생도 형의 권리를 인정하고 자신이 부모님께 받은 재산 그 자체에 대해 감사할 줄 안다면 이는 본성 중 지智의 단서인 시비지심是非之心을 보인 것이다. 차등을 두어 재산을 증여한 부모의 뜻이 형과 아우 사이에 건전한 위계질서를 확립하기 위함이었다면, 이 역시 본성 중에 의義의 단서인 수오지심羞惡之心을 보인 것이다. 이런 부모의 마음에 자신의 의견을 내세우지 않고 겸손하게 순응한다면, 이는 예禮의 단서인 사양지심辭讓之心을 보인 것이다. 이렇게 서로 존중하는 마음으로 사는 것이 결국 자신에게도 이롭다는 믿음(信)을 가진다면, 이 가족의 관계는 늘 평화롭고 원만할 것이다.

칠정과 본성은 둘 다 내 마음의 모습이다. '강바기'도 '깨치미'도 모두 옳다. 다만 균형과 조화라는 중용中庸의 도道가 필요할 뿐이다. 칭찬과 질책의 조화, 지혜와 지식의 조화, 지나침과 부족함의 조화를 부르는 게 곧 칠정과 본성의 중용이다. 본성이 중심을 잡으면서 중용의 조화로움을 얻는다면 집착과 미움, 성냄마저도 아름답다.

마음병의 대체

마음병을 앓고 있는 30대 초반의 남성이 말했다.

"저는 용기가 없어서 자살도 못해요."
"용기 있는 사람에게는 자살욕구가 일어나지 않아요. 용기가 없으니 자살욕구에 시달리는 거죠. 용기란 자신을 낮추고 마음을 비워 겸허하게 살고자 하는 마음이에요. 자살로 다 끝내겠다는 마음은 비겁한 거예요."

옛사람들은 효孝를 배워서 '내 몸이 곧 내 꺼'라는 착각에 빠지지 않았다. 자기 몸을 부모의 소유로, 더 크게 나아가 하늘의 소유로 인식하였다. 자기의 정체성을 내 한 몸으로만 국한시키지 않았기에 자살에 대해서는 엄두도 내지 않았다.

죽어야 할 것은 '나'가 아니라 '나의 오만한 생각'이다. 자살해야 할 것은 '내 몸'이 아니라 내가 가진 편협하고 그릇된 '강박심리'다.

《장자莊子》내편內篇 소요유逍遙遊에는 이런 말이 있다.

지인(지극히 참된 사람)은 자기에 대한 의식이 없다. (至人無己)

자기에 대한 의식이 곧 '칠정의 나'다. '강바기'란 녀석이다. 그런 나는 없다. 본래 내가 없거늘, 내가 있다는 착각이 오만가지 잡념에 얽매이게 한다. 내가 없다면 나를 관리할 필요도 없고, 눈치를 볼 이유도 없고, 속상할 일도 없고, 상처받을 이유도 없다. 당연히 죽을 이유도 없다.

건강한 사람에게는 '자존심'과 같은 '자기에 대한 의식'이 없다. 그는 자신이 가지고 있는 강박심리를 자살시킨 사람이다. 그는 곧 지인至人이며 성현이고 깨달은 사람이다. 그는 평소 삶 속에서 죽음을 체험하게 되므로 오히려 삶의 욕구로 충만하다.

내가 없는 그 자리에 오직 참된 나로서의 '본성의 나'가 실존한다. 이처럼 '칠정의 나'를 참된 나라고 착각하는 마음이 강박심리를 만들어낸다. 무지와 착각으로 시작해서 욕심과 고집으로 완성되는 것이 곧 강박심리다.

그러므로 무지와 착각은 마음병의 씨앗이며, 욕심과 고집은 마음병의 양식이라 할 수 있다. 이를 씻어내지 않으면 사물의 존재를 부정하고 다투게 된다. 바로 이 순간부터 마음병의 증상이 겉으로 나타나기 시작된다. 따라서 모든 마음병의 실질적인 원인은 '존재부정'인 셈이다.

생명: 빛과 온기 (해동네=神)
해소: 점화와 연소 (각성=氣)
욕구: 촛농과 심지 (달동네=精)

잠시 한의학적 세계관인 정기신精氣神[33)]을 통해 마음의 생리生理를 살펴보기로 하자. 정기신精氣神을 초에 비유하면 정精은 촛농과 심지에 해당하며, 기氣는 불꽃에 해당하며, 신神은 빛과 온기에 해당한다. 심리적으로 보면 정精은 건전한 욕구와 삶이다. 기氣는 해소와 죽음이다. 신神은 생명과 사랑이다.

정精에서 신神으로 기화氣化하기 위해서는 각성이 필요하다. 각성이 되면 존재를 인정하게 되고 욕구를 충족시킬 수 있다. 그러나 '나만의 생각'에 걸리면 각성이 되지 않고 기氣가 결結하면서 정精이 신神으로 발현되지 못한다. 강박심리라는 마음의 때가 끼어서 기氣가 순행되지 않고 막히면서 마음병이 시작된다. 한의학에서는 이를 "생각에 빠지면 기가 맺힌다思則氣結"라고 분석하였다.

물론 태어날 때부터 뇌기능이 좋지 않은 발달장애와 정신지체, 뇌가 실제로 위축되는 치매질환, 약물과용으로 인한 뇌손상에서 비롯된 인지력이나 감각의 이상증세 등은 뇌의 물질적 변화와 관련이 깊다. 그러나 그 외의 모든 정신질환은 '강박기'에 의한 '존재부정'이라는 요소가 반드시 개입되어 있다.

《황제내경》의 음양응상대론陰陽應象大論은 말한다.

음양이라는 것은 우주의 도다. 만물의 벼리와 기틀이며, 변화의 부모며, 살고 죽는 것을 결정하며, 신묘한 작용의 원천이다. 병을 치료함에는 반드시 그 근본을 구해야 한다. 음은 안에 있으면서 양의 지킴을 받고, 양은 밖에 있으면서 음의 지시를 받는다.

(陰陽者 天地之道也 萬物之綱紀 變化之父母 生殺之本始 神明之府也 治病必求於本 陰在內 陽之守也 陽在外 陰之使也)

어떤 존재든 음陰과 양陽의 상호작용에 의존하고 있음을 말한 대목이다. 음과 양이라는 존재의 두 축을 인정할 수밖에 없다. 이것이 곧 존재인정이며 각성심리요, 도道다. 그러기에 《황제내경》 상고천진론上古天眞論은 이렇게 말한다.

> 그 도道를 아는 자는 음과 양, 모두에 법을 삼고, (세상의 모든) 술수에 화합한다.
>
> (其知道者 法於陰陽 和於術數)

세상은 음과 양, 해동네와 달동네밖에 없다. 음양 외의 다른 생각들은 모두가 망상이다. 존재부정에서 마음병이 시작되고 존재인정에서 마음병이 종결된다. 《근사록近思錄》 도체편道體篇에서는 이를 깨달은 기쁨을 다음처럼 노래했다.

> 천지만물의 이치는 홀로 존재할 수 없고, 반드시 상대적으로 존재한다.
> 이 모든 것은 자연스럽게 그러한 것이요, (인위적으로) 안배한 것이 아니다.
> 매일 밤중에 이를 생각하면,
> (너무나 기쁜 나머지) 나도 모르는 사이에 손이 올라가 춤을 추고 발이 덩실거렸다.
>
> (天地萬物之理 無獨必有對 皆自然而然 非有安排也 每中夜以思 不知手之舞 足之蹈之也)

'강바기'가 떠나고 '깨치미'가 왔다. 이토록 명쾌한 존재세계의 법칙을 깨쳤는데 내가 어찌 더덩실 춤추지 않을 수 있겠는가. 삶과 죽음마저도 이 법칙에서 예외가 아님을《장자莊子》내편內篇 덕충부德充符는 밝혀주고 있다.

> 삶과 죽음을 한 줄거리로 여기고, 옳고 그름을 일관된 것으로 여긴다.
> (以死生爲一條 以可不可爲一貫)

존재인정의 법칙은 건강과 질병이라는 상관관계에서도 통용된다. 노자의《도덕경》은 이를 직시했다.

> 알지 못함을 아는 것이 으뜸이며, 아는 것을 알지 못함이 병이다. 병을 병으로 인정하면 병이 들지 않는다. 성인聖人이 병들지 않는 것은 그 병을 병으로 인정하는지라, 이로써 병들지 않는다.
> (知不知上 不知知病 夫唯病病 是以不病 聖人不病 以其病病 是以不病)

마음병을 적대시하지 않고 내 삶의 일부로서 인정하는 게 '병을 병으로 인정하기'이다. 물론 병이 있으면 불편하다. 때로는 고통스럽다. 그러나 어쩌겠는가. 그런 삶 역시 내 인생이라면 포용하고 감수할 수밖에….

그러기에 구암 허준 선생께서는《동의보감》내경편內景篇에서 다음과 같이 말씀하셨다.

> 수양함(道)으로써 병을 치료한다.(以道療病)
> 빈 마음이 도에 합한다.(虛心合道)

정신세계사 도서 안내

명상, 수행, 영성, 치유, 깨달음의 길에 드는 정신세계사가 있습니다

mindbook.co.kr

정신세계사 BEST 20

**1. 웃찾 **
김상운 지음
베댓러 MBC 기자가 추자재, 체험한
중이한 우주원리 관찰자 효과의 비밀

2. 리얼리티 트랜서핑
바딤 젤란드 지음 | 박인수 옮김
출간 직후 3년간 러시아에서만
200만 부 이상 판매된 러시아판 시크릿

3. 될 일은 된다
마이클 싱어 지음 | 김정은 옮김
에이전 베스트셀러, 내맡기기 실험이
불러온 엄청난 성공과 깨달음

4. 트랜서핑 현실의 지배자
바딤 젤란드 지음 | 정승혜 옮김
성공의 문 앞에서 헤매는 이들을 위한
트랜서핑 실전 가이드

5. 리얼리티 트랜서핑2
바딤 젤란드 지음 | 박인수 옮김
옛 옷없는 미래가 점점 더 멀어지기만
하는 지에 대한 가장 훌륭한 대답

6. 티벳 死者의 서
파드마삼바바 지음 | 류시화 옮김
죽음의 순간에 듣는 것만으로
영원한 해탈에 이른다는 티벳 최고의 경전

7. 웃찾2
김상운 지음
시야를 넓힐수록 마법처럼 이루어지는
'웃참' 확장판

8. 가슴명상
김상운 지음
즉각적인 치유와 현실창조를 일으키는
가장 쉽고 강력한 명상법

정신세계사 도서 목록

● 수행의 시대 ●

초인생활 탐사록
초인생활 강의록
드높은 하늘처럼, 무한한 공간처럼
연금술이란 무엇인가
깨달음 그리고 지혜 (1, 2)
세상은 어디에서 왔는가
당신의 목소리를 해방하라
빅 마인드
1분 명상법
툴상 랍파의 가르침
지중해의 성자 다스칼로스 (1, 2, 3)
깨어남에서 깨달음까지
차유명상
보면 사라진다
붓다의 호흡과 명상 (1, 2)

● 디베 시리즈 ●

홀로그램 우주
신과학이 세상을 바꾼다
현대물리학이 발견한 창조주
우주심과 정신물리학

● 자연과 생명 ●

줄아매리카기
자연농법
자연농 교실
자별적 진화
식물의 정신세계

● 점성 · 주역 · 풍수 ●

명당의 원리와 현장풍수
인간의 점성학 (1, 2)
알기 쉬운 역의 원리
주역의 과학과 도
정성학 처려음

mindbook.co.kr

결국 내 마음때를 씻어내기 위한 자기수양이 필요하다. 자기수양과 도道는 같은 말이다. 자기수양을 통해서 마음이 비워지며 마음이 비워지는 것이 곧 도다. 그러면 음과 양, 해동네와 달동네라는 존재세계가 자연스럽게 인정된다.

《황제내경》육원정기대론六元正紀大論은 말한다.

> 그 요점을 아는 사람은 한마디 말로써 끝낸다.
> 그 요점을 모른다면 헷갈림이 끝이 없다.
> (知其要者 一言而終 不知其要 流散無窮)

'강바기'를 극복하고 '깨치미'로 살아가는 것, 그래서 존재를 인정할 줄 아는 것, 이것이 마음병 치유의 요점이요, 전부다. 이것 이상으로 신묘한 법은 없다. 이를 정확히 안다면 그 어떤 마음병이라도 극복할 수 있다.

마음병의 범주

'강바기'가 활동하면 마음병이 생겨난다. '강바기'는 오직 한 장의 카드만 가지고 있다. 두 길이 있는 줄 모른다.[34] 이때부터 마음의 때가 끼면서 인성이 결핍되고 생활의 조화를 잃어버린다. '강바기'의 무기인 존재부정의 심리에서 일어나는 마음병의 범주를 살펴보면 다음과 같다.

1) 원망과 비방, 화풀이, 핑계 대기, 무례함

원망怨望이란 자기 생각대로 되지 않으면 상대를 못마땅하게 여기는 것으로서 존재부정의 마음이다. 화풀이와 비방誹謗은 원망을 바깥으로 끄집어내어 타인에게 뿜어내는 행위이다. 핑계 대기는 자신의 과오를 부정하는 마음이다. 이와 같은 요소들은 곧 무례함으로 이어진다. 타인들과 함께 있는 공간에서 자기의 주장만 내세우고 자기 편의대로만 행동하는 것이 무례無禮다. 무례는 더불어 살아야 할 공간을 부정하고 타인의 권리를 부정하는 마음이므로 마음병이다.

2) 칠정병七情病

칠정은 한쪽으로 치우친 생각의 꼭두각시이자, 그림자요, 결과물이다. 이것은 그 반대쪽을 거부하게 만들고, 내 감정을 심하게 일그러뜨리고 증폭시킨다. 마음의 중심을 잃고 내 감정의 노예가 되는 것이 칠정병이다.

충동조절 장애로부터 우울증, 조울증, 정신분열, 공황장애, 망상에 이르기까지 사회적으로 널리 알려진 정신질환이 모두 칠정병에 해당한다.[35] 칠정 그 자체가 병리적 감정은 아니다. 존재부정의 심리로 인해 칠정의 감정이 증폭되어 정상적인 생활이 불가능해지는 것이 곧 칠정병이다. 칠정병은 뇌기능의 문제와 얽이며 악순환의 고리를 만들어 만성화하는 경향이 있다.

3) 시기와 질투, 폭언과 폭력, 이기심

시기猜忌는 나와 직접적으로 관련이 없는 사람의 행복을 부정하는 심리이며, 질투嫉妬는 나와 관련이 있는 사람이 내가 아닌 타인에 의해 행복을 누리는 것을 부정하는 심리다. 폭언暴言은 자기만의 생각을 상대에게 강요하다가 뜻대로 되지 않자 상대를 부정하며 무시하는 말이고, 더 나아가 물리적인 힘을 사용하는 것이 폭력暴力이다.

이 모두는 자기의 주장과 행동, 자기를 위하는 마음만이 옳다고 여기고 남의 주장과 행동을 묵살하고 부정하는 심리로서 이기심利己心에 해당하며 명확한 마음병이다.

4) 게으름과 망상, 과욕과 조급증

게으름은 과정에 충실하지 않고 요행만을 바라는 망상이 만들어낸 마음병이다. 자기의 책임과 역할을 부정하고 남에게만 의존하려는 심리로서 '과정'에 대한 존재부정이다. 하나씩 일 처리를 하지 않고 한꺼번에 와락 얻으려는 심리가 반복되는 게 조급증이다. 조급증의 이면에는 반드시 과욕이 있다. 과욕過慾은 자기 자신의 분수를 모르고 더 가지려는 마음이다. 과욕은 곧 욕심이다.

5) 근심과 걱정, 스트레스, 좌절과 자기비하

근심은 지난 일의 좋지 않은 기억을 붙잡고 있는 마음이다. 지난 일은 이미 완료된 상황이므로 흘려보내야 마땅한데, 이것을 붙잡고 있기에 존재부정에 속한다. 걱정이란 앞으로 다가올 일을 미리 엉뚱하게 예측하여 애태우는 심리다. 미지의 영역인 미래의 희망과 가능성을 성급히 부정하는 생각이기에 마음병이다. 걱정과 근심이 가중되면 스트레스가 생긴다. 좌절과 자기비하는 자기가 특별하다는 그릇된 우월의식에서 비롯된다. 스스로 정한 우월감의 기준에 현실의 내가 따라오지 못할 때 스스로를 공격하는 심리가 곧 좌절과 자기비하다. 이 모두는 현상의 나와 본질의 나를 제대로 파악하지 못하고 이를 부정하는 마음에서 생겨난다.

6) 화병

화병火病은 매우 한국적인 정서를 바탕으로 발생하는 마음병이다. 화병의 조건은 다음과 같다.

① 가슴이 답답하거나 숨이 참
② 속에서 무엇인가가 치밀어오를 때가 있음
③ 가슴속에 화가 쌓이고 열감을 느낌
④ 목과 가슴에 덩어리 같은 것이 느껴짐
⑤ 억울한 감정이 잦음

위 증상은 치열한 경쟁과 가부장적 권위를 중시하는 한국문화의 특수성과 관련이 많다. 그러나 그런 환경적인 인자 이전에 나 자신이 타인의 고유한 권리를 인정치 않음으로써 생기는 심리적 압박이 더 큰 원인이다. 크게 보면 칠정七情 중 분노忿怒가 증폭된 병에 해당한다.

7) 착각과 오해, 무지와 무능, 고집과 집착

착각錯覺은 잘못 아는 것이며, 무지無知는 아예 모르는 것이다. 사물의 실체를 부정하게 되는 근본적인 요소들이다. 착각은 오해를 낳고 무지는 무능無能을 낳는다. 무지無知란 옳고 그름이 뭔지 분간하지 못하는 마음이다. 무지하면 일을 합리적으로 처리하지 못하고 실수가 많아져서 자기 몸 하나 건사하지 못하는 사람이 되기 쉽다. 무능無能이란 자기의 위치에서 마땅히 해야 할 능력을 발휘하지 못하는 상태다. 고집固執이란 바른길을 알려줘도 듣지 않는 마음이며, 집착執着이란 사물의 한 면만 인정하고 다른 면은 전혀 살피지 않는 마음이다.

이 모두는 강박심리의 구성원소요, 마음병의 원인이다. 이것이 심화되면 존재부정과 다툼으로 인해 마음병이 생겨난다. 다만 보다 넓은 시각으로 본다면 마음병의 원인 역시 마음병에 포함된다.

8) 불만과 불평

불만不滿은 자기만의 기준에 맞춰주지 않으면 짜증을 내거나 만족할 줄 모르는 마음이다. 불평不平이란 자기 마음대로 되지 않자 이를 못마땅하게 여기고 부정하면서 좋지 않은 언행을 퍼붓는 행위다. 불만이 겉으로 드러난 행위가 불평이다. 이 모두는 자기의 생각만 앞세우고, 타인의 의견이나 현실을 부정하는 마음병이다. 불만과 불평에 사로잡혔다면 기대치만 잔뜩 높여서 사치스럽게 살아간다는 증거다.

9) 마음의 상처와 피해의식

주어진 것에 대한 감사는 팽개치고 더 얻지 못한 것에 대한 미련만 앞세우다가 마음의 상처가 늘어난다. 받은 것에 대한 은혜는 모두 망각하고 일부 손해 본 것에 대한 억울함만을 기억해서 따지는 마음이 피해의식을 쌓는다. 받은 것은 부정하고 못 받은 것만을 따지는 마음이다.

10) 본성의 실종

존재를 부정하면 인의예지신의 덕목이 발현되지 않는다. 있는 그대로의 현실을 인정할 줄 모르고 존중과 포용이 없어진다. 반성과 경각심, 양보와 겸손이 없다. 만족함이 없고 감사할 줄 모른다. 나 자신과 삶에 대한 믿음이 없다. 이 역시 존재를 부정하는 심리에 의해 사람이 가진 아름다운 본성이 발현되지 않는 것으로서 마음병이다.

11) 의욕상실과 각종 불감증

존재부정이라는 생각의 때가 끼면 각종 불감증이 생겨난다. 생리적인 칠정의 감정을 느끼지 못하는 것도 불감증이다. 식욕과 성욕, 수면욕 등의 기초적인 욕구를 느끼지 못하는 것뿐만 아니라 본성을 회복하려는 의지가 없는 것 역시 불감증이다. 삶의 재미를 잃고 의욕을 상실하고 지루함에 빠지는 것도 그러하다. 바람의 애무와 별의 속삭임과 햇볕의 따스함에 감동할 수 없는 것 역시 불감증이다. 자기의 잘못을 보지 못하고 환경과 남을 탓하는 것도 중내한 불감증이다. 인간애와 예술적 감성을 잃고 무미건조하게 사는 것도 불감증이다.

정의롭지 못한 행동을 봐도 화가 나지 않는 것부터, 더 나아가 인의예지신仁義禮智信이라는 본성을 느끼지 못하는 것까지, 그 모두가 사람이

제 인성人性을 부정하는 것이므로 마음병에 속한다.

　위에서 언급한 마음병 외에, 만성적인 신체질환에도 대부분 존재부정과 관련된 심리적 인자가 포함되어 있다. 존재부정은 심리적인 대립과 갈등을 가져와 기혈순환을 저해하기 때문이다.

　또한 본인이 마땅히 노력해야 할 자기수양을 회피하기 위해 병을 방패로 삼는 사람이 있다. 그는 가장 난치에 속하는 마음병 환자다. 크게 각성해야 비로소 병의 굴레로부터 벗어날 수 있다.

　엄밀히 말한다면 완전한 정상인은 없다. 자신의 상태가 안 좋을 수도 있다는 사실, 언제든지 자신도 환자가 될 수 있다는 사실을 인정하면 정상인이고, 그 사실을 부정하면 마음병 환자일 뿐이다. 황당한 말을 하더라도 예절을 지키면 정상인이며, 바른말을 하더라도 예절이 결여되면 마음병 환자다.

강박심리

 어느 날 진료를 받고 나온 환우 한 분이 엘리베이터가 작동하지 않자 계단으로 내려갔다. 그리고 잠시 후 다시 올라와서는 1층으로 내려가는 방화문防火門이 잠겨서 밖으로 나갈 수가 없다고 말했다.
 그러나 그 문은 닫혀 있었을 뿐이었다. 닫힌 것을 잠겼다고 잘못 이해하면 열어보려는 시도조차 안 하게 된다. 실제로는 내 마음의 문이 잠기었으나 바깥의 문이 잠긴 것과 똑같은 효과가 나타나는 것, 이것이 곧 강박심리다.36)
 강박심리에는 이처럼 착각이라는 요소가 깊이 개입되어 있다. 강박심리에 빠지면 마치 내 마음이 보이지 않는 밧줄에 묶인 것과 같은 현상이 나타난다.
 그럼에도 자신의 생각이나 그 생각을 따라오는 감정만을 믿고 더 이상의 가능성을 열지 않는다면 세상으로 나가는 문이 잠기게 되는 것과 같은 비극적 상황이 연출된다. 이것은 마치 물 공포증이 있는 사람이 얕은 물에 빠진 것과 같다. 물은 싶지 않지만, 물속에서 허우적댈 수 있다. 그가 물에 빠진 게 아니라 생각에 빠졌을 뿐인데도 말이다.
 대개 나를 성찰하지 않거나, 자기수양에 임하지 않으면 '강바기'는 착각이라는 요소를 활용해서 매우 신속하고 교묘하게 내 심리의 심층까지 파고들어 자기의 자리를 굳건히 확보하고야 만다. 자기도 모르는 사이 묵고 찌든 마음의 때가 덕지덕지 낀다.

녀석의 특성은 원카드(one card)다. 우격다짐일 뿐이다. '해야 한다', '알아야 한다', '나아져야 한다', '내가 주인공이어야 한다' 등의 생각 외에는 아무것도 받아들이려고 하지 않는다. 아무런 근거가 없다.

'강바기'에게 시달리는 20대 후반의 청년이 말했다.

"저는 낯선 사람이 말을 걸면 다음날 꼭 그 사람을 찾아가야 해요. 그래서 그 사람이 제게 전날 했던 말을 똑같이 한 번 더 말해줘야 응어리가 풀려요. 꼭 머릿속에서 누군가가 저를 조종하는 것 같아요. 무척 고통스러워요. 말을 걸었던 사람을 야구방망이로 때리고도 싶어요."

"오래된 피해의식으로 인한 강박심리가 형성된 거예요. 누가 말을 거는 것을 ○○씨를 위협하는 것으로 느끼는 거죠. 다음날 그를 찾아가서 같은 이야기를 또 듣고자 함은 자기에게 적대감이 없는지를 확인하기 위함이고요. 그러나 그런 해결법은 근본적인 것이 아니에요."

"이런 강박심리에서 벗어날 수 있나요?"

"강박심리의 명령에 논리적 타당성이 있는지, 근거가 뭔지를 지금 즉시 내 안의 '강바기'에게 물어보세요. '강바기'가 뭐라고 대답하나요?"

"(자신에게 물어본 후) 대답을 못하네요."

"그럼 논리적 근거가 없는 명령을 계속 따라야 할까요?"

"아니요."

"좋아요. '강바기'가 대답을 못할수록 머리는 점점 개운해질 거예요. 반복적으로 이 질문을 계속 던져보세요."

나는 위 환우와 상담한 후 예전에 타인에게 익명을 가장하여 전화나 인터넷을 통해 언어폭력을 행사했음을 알 수 있었다. 그러한 자기의 악행에 대해 그 누군가 보복할 것이라는 생각이 피해의식을 만들었고, 그것이 강박심리로 굳어지면서 낯선 사람이 말만 걸어도 극도로 위축되고 공격적인 반응을 나타낸 것이다. 그는 심성계발을 통해 악을 멀리하고 선을 가까이 하려는 마음이 확고해지면서 '강바기'로부터 차츰 벗어날 수 있었다.

이렇듯 강박심리와 선악시비는 매우 관련이 깊다. 선하게 사는 사람은 강박심리에 걸릴 수 없다. 실제로 '강바기'는 남이나 나 자신을 배려할 줄 모른다. 녀석은 결코 새로운 의견과 가능성을 인정하지 않는다. 단지 부분만을 바라본다. 멀리 볼 줄 모르고, 크게 볼 줄 모른다. 강박심리는 한 번 더 헤아리는 법이 없다.

30대 후반의 남성이 말했다.

"이전 직장에서 마음고생이 심해서 이직을 했는데 오히려 저번 직장이 더 행복했음을 알게 됐어요. 도저히 새로운 직장에서 일을 못하겠어요. 그렇다고 창피해서 옛 직장으로 돌아갈 수도 없고요. 후회막급이에요. 어떻게 해야 좋을까요?"

"지금 경험하고 계시듯 어딜 가나 만족스러운 부분이 있고 그렇지 못한 부분이 있지요. 다른 직장으로 또 옮긴다 해도 오히려 그땐 지금 직장의 좋은 점이 생각날 거예요. 문제는 직장이 아니라 마음 자세예요. 이런 이치를 알게 되었으니 이직으로 인해 꼭 잃기만 한 것은 아니겠죠?"

편리함과 행복이 주어지는 만큼 불편함과 불행도 따라온다. 어려움을 겪어내야 새로운 삶이 열린다. 자연의 이치가 그러하다. 그러나 '강바기'는 내 삶에 불편과 불행이 있어서는 안 된다고 주장한다. 오직 자기만의 생각, 자기만의 감정을 고집한다. 자기만 옳고 세상이 틀렸다면서 제 생각대로만 이끌려 한다. 세상이 어찌 녀석의 심사에 부응해줄 수 있겠는가.

'강바기'는 매우 근시안적 시각을 가지고 있다. 녀석은 견물생심見物生心이라는 특성을 가지고 있다. 감각기관을 통해 보고 듣는 것을 이성적으로 헤아려 걸러내지 못한다. 이성적으로 헤아리지 않기 때문에 겉의 현상만을 너무나 당연하고 마땅한 사실로 여긴다.

그렇지만 녀석은 워낙 자기 확신이 강하기에 우리는 녀석에게 반문도 못하고 당하기 일쑤다. 반드시 바짝 깨어 이를 관찰해야 내가 '강바기'의 지배를 받는지 그렇지 않은지를 알 수 있다. 이제 내 머릿속에 다음과 같은 생각들이 있는지 살펴보자.

· 모든 일에 꼭 의미가 있어야 해.
· 우리 삶이 공허해서는 결코 안 돼.
· 남에게 피해를 입혀서는 절대 안 돼.
· 남들에게 확실한 인정을 받아야만 해.
· 모든 것을 반드시 알아야 해.
· 꼭 내가 나서야만 해.
· 결코 불편하거나 아파서는 안 돼.
· 실패해서는 절대로 안 돼.
· 내 이미지가 구겨져서는 결코 안 돼.

"그 근거가 뭐지?"

그리고 만일 그렇다면 반드시 용기를 내어 다음과 같이 "그렇게 주장하는 근거가 뭐냐?"고 물어보자.

어떠한가?

근거를 물으면 "그냥 안 된다", 혹은 "그냥 그래야만 해"라고만 말하는 녀석을 만나게 될 것이다. 그렇게 강박심리는 엉터리다.

사는 동안 녀석은 늘 나를 따라다닌다. 어쩌면 우리의 생각 전부가 강박심리에 해당한다고도 볼 수 있다. '내 생각', '내 자존심', '내 체통'을 중시하면서 타인과 대립하고 있다면 녀석이 찾아왔음이 틀림없다.

좀더 나아가면 '나'라는 존재 자체가 강박심리다. 그러므로 내가 존재하는 한 강박심리로부터 완전히 벗어나는 것은 불가능하다. 다만 순간순간 깨어서 이 마음의 때를 씻어내는 길만이 유일한 해결책이다. 그렇게 꾸준히 씻어내면 서두에서 밝힌 것처럼 《동의보감》 허심합도虛心合道에 인용된 다음의 문장이 가슴에 깊이 새겨진다.

온갖 생각이 어지럽게 떠올라도 의식이 있는 데만 작용하고 의식이 없는 데는 작용하지 못한다.

(百念紛起 能役有識 不能役無識)

그렇다. 내가 없어져야, 내 의식을 초월해야 '강바기'로부터 자유로울 수 있다. '내가 존재한다'는 생각이 곧 '강바기'를 부르는 초청장이다. '자존감'이라는 이름으로 포장된 헛된 사아自我도 '강바기'의 훌륭한 먹잇감이다. 제아무리 '칠정의 나'를 위장할지라도 녀석은 반드시 찾아내어 기생寄生하고야 만다.

그러나 제아무리 고집과 욕심, 그리고 집착이라는 증상을 지닌 '강바기'라 할지라도 '우리는 모두 평화로워야 한다'는 보편타당한 명제와 '어떤 삶이 내게 참된 유익을 주는가?'라는 합리적인 의문 앞에서는 즉시 무력해진다. 이곳에는 녀석을 먹여 살리는 편견과 무지, 그리고 착각이라는 필수 영양소가 없기 때문이다.

혹자가 물었다.

"마음을 비우면 모든 마음병으로부터 자유로워진다고 하셨는데 왜 그렇게 되는 거죠?"

"마음을 비운다는 뜻은 더 이상 '나'라고 불리는 '강바기'를 들고 다니지 않는 것과 같아요. 남의 비방을 당할 일이 없고, 쓸데없는 자존심을 지킬 필요가 없어지죠. 소멸의 공포에 휩싸이지도 않죠. 한 번 상상해 보세요. '나'라는 존재감 없이 산다는 모습을 말이에요. 상상만으로도 벌써 신나지 않나요?"

사실 녀석도 본래는 나를 위하는 마음으로 내게 조언을 하고 명령을 내린다. 다만 지나치게 예민하고 조급하고 근시안적이기 때문에 다른 문제를 발생시킬 뿐이다. 그러기에 녀석을 적대시할 필요는 없으며, 민주적인 절차를 통해 잘 달래서 보내는 것이 현명하며, 그것이 곧 합리적으로 물어보기다.

녀석을 이기고 참된 나로 돌아오는 것, 이것이 극기복례克己復禮요, 본성회복本性回復이다. 본성은 무아無我요, 무아에서의 '내가 없음'이란 녀석이 없음을 말한다. 녀석의 고집이 사라지면 우리들은 각성심리가 작동되고 선해진다. 원카드(one card)라는 생각의 한계에서 벗어나 투웨이(two way)를 통한 무한한 자유가 시작된다.

다만 녀석의 고집을 정확히 보기 위해서는 고도의 통찰력이 필요하다. 어떻게 통찰력을 길러야 할까?

성현의 말씀 암송하기.

그것을 그대로 실천하기.

이것이 곧 비결이다.

불안불감증

불안장애[37]는 칠정병七情病에 속한다. 불안증不安症[38]은 불안이 증폭되어 생활이 힘든 병적 단계의 감정이다. 불안증은 불안이라는 요소에 존재를 부정하는 생각이 합해져서 생겨난다. 이를 등식화하면 불안장애는 【불안＋생각(존재부정)】에 해당한다. 또한 모든 일을 자기방식대로만 처리하려는 마음이 부른 감정적 장애이기도 하다.

심한 불안증을 앓고 있는 20대 중반의 직장여성이 말했다.

"제 방식대로 되지 않으면 너무너무 불안해요."
"자기 방식이 옳다면 일이 잘 풀리고 평화롭죠. 자기 방식이 옳지 않기 때문에 현실과 부딪치며 불안감이 만들어지는 거예요."

더 바랄 수 있다. 그렇게 바라는 심리가 잘못일 수는 없다. 그러나 그런 마음이 지나치면 욕심이다. 욕심은 본래 이뤄지지 않는다. 이때 불안감이 증폭된다. 현실을 인정치 않고 내 마음대로만 이끌고 가려는 존재부정의 심리가 개입되어 현실과 부딪치기 때문이다. 그럼에도 만일 계속 존재를 부정한다면 불안은 우울증과 공황장애, 정신분열증으로까지 전변轉變되고 확산된다.[39]

20대 후반의 여성이 말했다.

"남자친구가 저에 대한 집착이 심하고 의심도 심해요. 근데 제 어머니도 자기관리를 못하고 자꾸 비만해져서 저한테 심적 부담을 주고 있어요. 삶에서 자꾸 불안한 일들만 다가오는 것 같아 힘들어요."

"남자친구를 만나고 있다면 그의 좋은 점도 보았을 거예요. 좋은 것만 취하고 그렇지 않은 것을 버리려고 하기에 불안한 것 아닐까요? 어머님의 문제도 같아요. 이제까지 나를 키워주신 부모님의 은혜를 생각해보세요. 한순간이라도 부모님의 손길이 없었다면 내 생존은 불가능했겠죠. 도움받은 일들은 모두 잊어버린 채 상대의 단점을 캐내다가 불안에 빠진 거예요."

50대 중반의 한 여성이 말했다.

"불안해서 잠을 못 자겠어요. 이제는 수면제를 복용해도 잠이 오지 않으니 미치겠어요. 잠 좀 편히 자는 게 평생소원이에요."

"불안하다는 것은 증세이자 결과예요. 불면도 마찬가지죠. 둘 다 증세예요. 거기엔 반드시 원인이 있어요."

"원인이 뭘까요?"

"잠이란, 밤이 오면 '잠 귀신'이 자연스럽게 나를 데려가는 거예요. 그런데 내가 버티는 힘이 세거나 '문지기'들이 많다면 잠 귀신이 나를 데려가지 못해요."

"문지기요?"

"잡념들 말이에요."

"그럼 어떻게 하면 될까요?"

"화초 키우기나 등산과 같은 다른 취미에 잡념을 묶어보세요. 그와 동시에 낮에는 열심히 움직여서 힘을 다 쓰세요. 그러면 힘이 빠진 내 마음을 잠 귀신이 쉽게 잡아서 평화로운 수면 속으로 데려갈 거예요"

"그래도 잠을 못 자면 어떡하죠? 다음날 더욱 피곤하잖아요."

"다음날에 피곤할까 봐 잠을 자둬야 한다는 그 생각이 더 잠을 못 이루게 하죠. 낮잠을 피하고 피곤을 양껏 쌓아둬 보세요. 오늘 잠을 못 자면 내일은 피곤이 더 쌓여서 잠이 올 거예요. 내일도 잠이 오지 않으면 하루 더 쌓아두세요. ○○님이 외계인이 아닌 한, 결국 잠들 수밖에 없죠."

30대 초반의 한 남성이 말했다.

"그나마 일하던 직장을 잃었어요. 이러다 영원히 일을 못 구하면 어쩌죠?"

"일을 못하면 최악의 경우엔 어떻게 될까요?"

"폐인이 되잖아요."

"우리나라의 경우에는 노숙자가 되죠. 저는 지금 노숙자 관리시설에서 심성계발을 통한 심리재활교육을 담당하고 있어요. 제가 만나본 노숙자들은 ○○씨가 생각하는 것처럼 그렇게 불안해하지 않아요. 오히려 재활의 의지를 갖고서 현재의 생활에 감사하고 즐거워하거든요. ○○씨의 불안감은 노숙자가 될까 봐 생겨난 두려움이죠. 부정적인 생각이 지나쳐서 나타나는 감정일 뿐이에요."

언제 어떻게 무슨 일이 일어날지 알 수 없으니 불안한 것은 당연하다. 또 그런 불안함이 있어야 미리 움직이고 준비할 수 있다. 다만 현실을 무시하고 내 방식대로만 이끌어가려는 생각이 강할수록 불안감이 증폭된다. 결국 내 방식대로 되기 어렵다는 것을 스스로 잘 알기 때문이다.

본래 한 치의 위험요소도 없는 안전지대란 없다. 아무리 조심해도 갑자기 예기치 못한 사고를 당할 수 있다. 드물긴 하지만 지진이나 해일로 세상을 하직할 수도 있다. 누구나 당할 수 있는 위험상황까지 모두 없애려는 마음은 강박심리다. 이를 앞세울수록 불안이 커질 수밖에 없다.

물론 이 세상이 가끔은 내 생각대로 돌아가기도 한다. 그것은 내 생각이 합리적이기 때문이다. 이 세상은 결코 나의 불합리한 생각을 받아주지 않는다.

어쩌면 이 세상은 내 생각과 내 바람보다 훨씬 더 완전한 계획하에 움직이는지도 모른다. 세상이 정말 불완전해서 내가 불안한 것이 아니라, 뭐든 완벽히 대비해야 한다는 강박적 생각이 날 불안하게 만든다. 타인을 존중치 않고, 이 사회를 적대시하기 때문에 안전에 대한 스스로의 믿음이 실종되었을 뿐이다.

20대 초반의 청년이 말했다.

"저는 소심하고 겁이 많아요. 그런데 언제부터인가는 제가 꼭 악행을 저지를 것만 같아요. 그런 생각 때문에 늘 불안해요."

"악인이 따로 있는 게 아니에요. 악행을 하면 누구나 악인이 되는 거예요. '나도 악행을 저지를 수 있다'는 가능성을 인정하는 것이 오히려 건강한 정신이죠. 지금 그런 불안감이 있다는 것은 악행을 예방하는 마음속 장치가 제대로 작동하고 있다는 뜻이에요. 그렇게 ○○씨가 악행을 경계하고 있는 한 잘못을 범할 일은 없을 거예요."

30대의 주부가 말했다.

"저는 친척이 운영하는 생고기 식당에서 일해요. 그런데 어느 날, 제가 가축들의 생명을 희생시킨 대가로 돈을 벌고 있다는 사실을 알았어요. 너무 괴롭고 죄책감이 올라와서 일을 할 수 없어요. 그리고 친척들이 혐오스러워 같이 있을 수가 없어요. 마음이 너무 불안해요. 제가 뭘 잘못 생각하는 걸까요?"

"사람이 가축을 길러서 잡아먹는 것은 자연이 허용한 일이에요. 물론 먹기 위해서 잡는 것 이외의 불필요한 살상은 그리 바람직하다고 볼 수 없어요. 실제로 고대의 인류는 최소한의 살생만 했다는 사실을 잘 아실 거예요. 결코 경건한 마음을 잃지 않았어요.

어쨌든 우리는 생존을 위해서 동물이든 식물이든 다른 생명을 먹어야 해요. 어떤 사람들은 곡물만 먹으면서 고기 먹는 사람들을 비난하는데, 그 모두가 신성한 생명을 섭취한다는 관점에서는 다르지 않아요. 어쩔 수 없어요. 물 한 잔 마시는 것도 따지고 보면 수많은 미생물을 죽이는 일이에요.

그러니 앞으로는 더욱 정성을 다해 자신의 일에 임해보세요. 식당에서 손님을 맞는 행위 자체를 경건하고 감사하게 해나간다면 불필요한 죄책감이 주는 불안과 고통으로부터 벗어날 수 있을 거예요."

오히려 불안을 못 느끼는 것이 더 큰 문제다. 개인이든 국가든, 일명 '불안불감증'에 걸려서 위험요소를 예방하지 못한다면 한순간에 참담하고 혹독한 비극을 맞이할 수도 있다. 이것은 불안장애보다 더욱 심각한 정신질환이다.

정상적인 불안감은 건강한 경계심으로서 반드시 필요하다. 예법을 잃고 정성스럽게 살지 않을 때, 내가 해야 할 최소한의 일을 하지 않을 때, 남에게 바라는 마음이 클 때, 뭐든 대충 살려고 할 때는 절로 불안감이 생겨난다. 이렇게 살면 삶의 기본인 의식주가 위협받을 수 있음을 스스로 알기 때문이다. 이것은 정상적인 감정이다. 오히려 내게 유익하다.

혹자가 물었다.

"인간을 사회적 동물이라고 하는데, 이것도 불안과 관련이 있나요?"
"물론이죠. 사회성이란 '확장된 나'를 인식하는 개념이에요. 내 본질과 남의 본질은 서로 연결되어 '우리'가 되죠. 우리라는 용어 자체가 곧 사회성에 대한 인식이죠. '나'는 '너'가 되고 '너'는 '나'가 되는 경지니까요. 이런 느낌이 상실될 때는 불안해져요. 반면 '우리'라는 저변을 인식하면 자연스레 마음이 안정되죠."

불안과 더불어 살고자 하는 마음이 필요하다. 정상적인 불안감마저 없애려는 마음은 불안을 더욱 증폭시켜서 불안장애를 불러온다. 현실을 인정할 줄 아는 마음, 내 역량과 분수에 맞게 살려는 겸허한 자세, 삶과 사람에 대한 건전한 믿음을 가진다면 정상적인 불안감이 작용할 뿐, 병적인 불안장애가 찾아오지는 않는다.

우울불감증

우울증 역시 칠정병이다. 우울증은 불안감이 지속되거나, 불안장애가 전변하여 발생한다. 우울증도 여지없이 【우울감＋존재부정】이라는 등식이 성립한다. 여기서의 존재부정은 근심과 걱정이다. 근심은 사전적 의미로 '해결되지 않은 일 때문에 속을 태우거나 우울해함'이며, 걱정은 '안심이 되지 않아 속을 태움'이다.

근심은 과거의 일에, 걱정은 미래의 일에 마음이 얽매인 상태다. 하지만 과거는 이미 지나갔고 미래는 아직 오지 않았다. 그러니 과거나 미래에 마음이 묶여 있다면 과거와 미래의 속성 자체를 부정하는 것이다. 그 부정의 강도가 셀수록 우울이라는 감정은 증폭된다. 되지도 않는 싸움을 걸었기 때문이다.

30대 초반의 남성이 말했다.

"자꾸 우울해지네요. 답답하고 불안하고 두려워요. 이런 느낌이 앞으로 더 잦아질까 봐 덜컥 겁이 나요. 이 우울증에서 벗어날 수 있을까요?"

"우울할 수도 있는 거죠. 그 감정을 없애거나 벗어나려고 애쓸 이유는 없어요. 하지만 우울한 느낌이 갈수록 증폭된다면 그건 내 생각 어딘가에 오류가 있다는 뜻이에요."

우울증 환우는 겉으로는 순박하고 착해 보인다. 그러나 그 내면은 매우 완고하다. 두말할 것 없는 존재부정 심리다. 이런 심리는 필연적으로 다툼을 일으키고 사물이나 상대를 없애려고 공격한다. 그 공격이 외부를 향하면 폭력이 되고, 내면을 향하면 우울증이 된다. 존재를 부정하려는 마음은 결국 패배할 수밖에 없기 때문에 그 좌절감이 우울증을 부른다.

우울증 역시 '강바기'라는 녀석이 존재부정을 외치면서 생겨나는 마음병이다. 우울감이 극대화되면 끝없이 우울하기만 할 뿐, 그 우울감을 끌고 들어온 장본인이 바로 자신의 편협한 생각, 즉 '강바기'가 부른 감정이라는 것을 알기 어렵다. 그러나 감정은 생각의 그림자다. 우울감이 증폭되었다면 거기에는 반드시 존재를 부정하는 심리가 있다.

10대 후반의 한 여고생이 말했다.

"성적이 자꾸 떨어져서 우울한데 부모님은 '왜 성적이 오르지 않느냐'고 잔소리만 하세요. 아예 죽고 싶은 마음뿐이에요."

"꼭 입학하고 싶은 학과나 대학이 있나요?"

"네. 근데 자꾸 성적이 떨어져요."

"성적은 떨어질 수 있죠. 혹시 성적이 떨어진다고 나 자신을 비하하고 공격하고 있는 건 아닌가요? 내가 나를 공격하면, 나에 대한 주변의 관심마저도 나를 공격하는 소리로 들리고 이것이 스스로를 더욱 힘들게 하죠."

"맞아요. 저는 저 자신이 제 맘에 들지 않아요."

"미워하는 것도 '나'이고, 미움받는 것도 '나'인 거죠?"

"네……."
"그럼 더 이상 공격하지 말아요. 계속 그러면 어디에도 마음을 둘 수가 없잖아요."

50대 초반의 여성이 말했다.

"사람들과 자주 만나며 등산도 다니고 좋았는데 최근엔 모든 의욕이 떨어지고 축 처지기만 하네요. 음악도 슬픈 것만 듣고 싶어요. 모든 걸 내려놓고 시골에 가서 조용히 살고 싶은데 이게 갱년기인지 우울증인지 모르겠어요."
"지극히 정상이세요. 나이로는 갱년기에 접어든 것이 맞아요. 갱년기는 병리현상이 아닌 생리현상이에요. 계절로 비유하면 여름에서 가을로 접어드는 것일 뿐, 결코 병이 아니에요."
"그렇지만 병원에서는 우울증 진단을 내리고 약을 처방했어요. 제가 그 정도로 심각한가요?"
"증상만 보면 우울증 진단이 나올 수 있어요. 혹시 특정인에 대한 원망과 미움이 있나요? 또는 자신이 해야 할 일에 손을 놓고 계신가요?"
"그렇지 않아요. 주부로서 해야 할 일은 다 하고 있어요. 특별히 미워하거나 원망하는 사람도 없고요."
"그렇다면 정신질환으로 볼 수 없죠. 지금의 우울감은 그냥 자연스러운 감정의 흐름일 뿐이에요."
"그럼 어떻게 해야 하나요?"
"약을 복용하면 우울감이 다소 없어지긴 하지만 근본적인 해결책은 아니죠. 부인은 오십 평생 참 열심히 사셨지만 뭔가 마음껏 하지 못했던 일들에 대한 아쉬움이 있어 보여요. 그래서 우울한 감정이 생겨난 거예요. 사람들에게 인정받는 것과 내 마음이 진정 원하는 것과는 차이가 있지요."

"내가 진정 원하는 삶은 무엇일까요?"

"누구에게나 그것은 자유와 행복, 그리고 마음의 평화지요. 지금까지 누구의 엄마, 누구의 아내로만 살았던 삶에서 벗어나 내 인생을 살아보세요. 하고 싶은 것이 있으면 다 해보세요. 만나고 싶은 사람도 만나고, 노래도 부르고, 사랑도 나누세요. 동서양의 고전을 읽으며 시야도 넓혀보시고요."

정상적인 우울감과 병적인 우울증은 구별되어야 한다. 누구나 우울할 때가 있다. 외로움이 밀려오고, 불안하고, 숨이 막히고, 두렵고, 어지럽다. 증상만 따지면 정신질환자와 별 차이가 없어 보인다. 그러나 정상적인 우울감은 오히려 창의력의 원료가 되곤 한다. 실제로 천재적 예술가들은 대부분 우울한 시기를 보냈다. 그러나 그들은 결코 우울이라는 감정을 피하지 않았고, 오히려 그것을 원료로 삼아 아름다운 음악과 그림, 조각을 완성했다.

대부분의 우울감은 정당한 욕구가 해소되지 않아서 나타난다. 배고픔이 병이 아니듯, 우울감은 정상적인 감정이다. 사랑과 일에 대한 뜨거운 열정을 발산하지 못한 청춘은 우울해진다. 정신없이 바쁘게만 살아온 부모도 자녀를 출가시킨 후에는 우울해진다. 정상적인 욕구가 충족되지 않았기 때문이다.

이런 우울감은 그저 정신적인 배고픔이다. 삶을 좀더 사랑하고 좀더 즐기라는 내면의 권고다. 이런 정상적인 우울감은 존중되어야 한다. 건전한 욕구를 충족시키면 즉시 해결된다.

30대 후반에 첫 출산을 한 여성이 말했다.

"아이를 낳고 나니 감정이 가라앉고 힘들어요. 제가 산후우울증인가요?"

"아이의 미래를 엄마 혼자서 전부 해결하려는 생각에 짓눌리고 있는 거예요. 아이가 진정 필요로 하는 것은 기본적인 의식주의 해결과 비상시 보호자로서의 역할뿐이에요. 나머지는 아이를 믿어보세요. 그럼 그 우울감이 증폭돼서 우울증으로 번지는 일은 생기지 않을 거예요."

이런 경우는 정상적인 우울감과 병적 우울증의 과도기에 해당한다. 이때는 적극적인 생각의 전환이 필요하다. 우울증의 문턱까지 온 사람은 자기수양을 통해 삶에 대한 굳건한 믿음을 갖는 것이 필요하다. 그래야 불안한 감정이든 우울한 감정이든 잘 극복할 수 있다.

만일 '우울증'과 '우울감'을 구분하지 못하고 약물을 통해 정상적인 우울감을 없애려고만 한다면 도리어 그는 병을 만드는 의료인이다. 세조 때 편찬된《의약론醫藥論》에서는 이 같은 의료인을 제대로 된 치료 원칙과 그 기술을 가지지 못했다는 뜻으로 '혼의昏醫'라고 규정했다. 의료인이라면 누구라도 마땅히 경계할 점이다.

우울할 때, 울고 싶을 때는 뺨을 맞아서라도 울어야 마음이 촉촉해지고 다시 건강해진다. 만일 이러한 심리기전을 제대로 살피지 않고 용렬한 누군가가 '정상적인 우울감'을 우울증이라고 진단해버리면, 그 진단을 받은 사람은 자연스러운 감정인 우울감과 싸우면서 '진짜 우울증' 환자로 변해갈 수 있다. 또한 정상적인 우울감을 약물로써 없애려고만 한다면, '우울불감증'에 걸릴 수도 있다.

'우울불감증'은 마땅히 느낄 수 있는 정상적인 감정으로서의 우울을 느끼지 못하는 증세로서 우울증만큼이나 심각하다. 나는 임상에서 '정상적인 우울감'이 우울증으로 둔갑된 후 '우울불감증'으로 전변되는 일을 적지 않게 보았다. 옳지 않은 치료로 인해서 우울한 감정이 천대받고 '우울불감증'이 점점 늘어나는 현실은 참으로 우울한 소식이 아닐 수 없다.

세상의 이치는 흔들리는 진동자와 같다. 따라서 우울증의 반작용으로 조증躁症이 발현되기도 한다. 마치 풍선의 일부가 눌리면 다른 일부가 튀어나오는 것과 같다. 울증과 조증이 번갈아 나타나는 조울증은 일희일비一喜一悲하는 감정 기복 때문에 주변 사람들과 어울리기 어렵게 한다.40) 이것은 칠정 중의 '희喜'가 증폭된 마음병이다.

우울증이든 조울증이든 그 치료과정은 모두 동일하다. 반드시 내 안의 '강바기'를 극복하고 '깨치미'를 찾아야 한다. '강바기'의 주장이 내게 아무런 도움이 되지 않는 잡념임을 확실히 깨우치면 비로소 고집이 꺾인다. 그러면 외부 환경과 대립하거나 자기 자신을 공격하는 일이 없어지면서 우울증과 조울증에서 벗어날 수 있다.

고교 시절, 마음병에 시달리던 나는 지독히도 소심했고 세상이 두려웠다. 그 시절 내 친구도 그러했다. 그는 정말 고독하고 우울해서 거의 우울증 환자에 가까웠다. 비슷한 아픔을 지닌 그 친구와 나는 밤새 이야기를 나누곤 했다. 하지만 다행스럽게도, 그 친구에게는 놀라운 이해력과 포용력이 있었다. 그 친구는 결코 그 우울감과 싸우지 않았다. 아직도 그때 들었던 그 친구의 말 한마디가 귓가에 선하다.

"난 지금 너무 고독해. 근데 말이야, 한편으론 결코 고독하지 않아. 왜냐면 내겐 고독이라는 친구가 있으니까."

비록 우울증에 걸렸더라도 우울을 적대시하지 않고 우울을 나누고 소통할 수 있는 대상을 찾았다면 더 이상 우울이 증폭되지 않는다. 그 대상은 사람이 될 수도 있고, 철학이 될 수도 있고, 예술이 될 수도 있다. 동병상련同病相憐이라는 표현처럼 서로 이해하고 소통할 수 있는 대상이 있다면 우울증에 빠져도 얼마든지 다시 회복될 수 있다. 이때 성현의 말씀이 매우 좋은 대상이 됨은 물론이다.

그러므로 우울증에 걸렸다고 근심할 까닭이 없다. 또 조울증에 걸릴까 봐 미리 걱정할 이유도 없다. 바로 내 영혼을 한 단계 더 성장시킬 수 있는 좋은 기회니까….

게으름과 망상증

《논어》 공야장公冶長의 한 대목, 재여宰予라는 제자가 낮에 흐트러진 자세로 누워 있자 공자께서는 다음처럼 호통을 치셨다.

썩은 나무로는 조각할 수 없고, 썩은 흙으로는 담장을 바를 수 없다.
(宰予畫寢 子曰 朽木不可雕也 糞土之墻不可圬也)

마땅히 해야 할 자기의 책무를 하지 않는 것이 곧 게으름이다. 우리가 게으름에 빠지는 이유는 망상妄想[41]에 사로잡혀 있기 때문이다. 게으른 사람들은 자기가 게으를 수밖에 없는 여러 가지 이유를 나열한다. 그러나 그 이유는 전부 비현실적이고 부정적인 생각들, 즉 망상이다.

망상에 사로잡히면 엉뚱한 데 힘을 쓰느라 에너지가 소진되고 현실감각도 흐트러져 정작 중요한 일을 해내지 못한다. 망상이란 몸은 현실에 있건만, 마음은 저 멀리 어디론가 가버린 상태다. 이를 《대학大學》에서는 다음과 같이 표현했다.

마음이 제자리에 있지 않으면 보아도 보이지 않으며,
들어도 들리지 않으며, 먹어도 그 맛을 알지 못한다.

(心不在焉 視而不見 聽而不聞 食而不知其味)

만일 타인을 원망하지 않고 자기가 맡은 일을 잘해낸다면 좀 엉뚱한 생각을 하더라도 망상이 아니다. 그것은 사고의 다양성, 창조적인 상상력이다. 오히려 삶을 진취적으로 살아가게 만드는 희망 에너지다.

희망은 혹독한 겨울철 눈밭에서 피는 매화를 보는 것과 같다. 삶에 활력이 샘솟는다. 그러나 망상은 현실적인 근거가 없다. 너무나 막연하여 그 어떤 통로로도 현실과 연결되지 않는다.

희망에는 반드시 실천이 뒤따른다. 만일 누군가 "나는 커서 저 달에 가고야 말 거야"라고 말하면서 전혀 실천하는 바가 없다면 그것은 망상이다. 그러나 만일 그 일을 이루기 위해 뭐가 됐든 하나씩 실천해 나간다면 그것은 희망이다.

희망을 가지면 비록 목표한 바를 이루지는 못하더라도 그에 상응하는 부산물이 생긴다. 그러나 망상에는 실천이 뒤따르지 않기에 아무것도 이뤄지지 않는다. 아무것도 하지 않고 기대치만 높다. 게으름이 동반되며 불평과 불만, 원망과 증오가 따라다니고 비방과 화풀이가 잦아지기 일쑤다.

망상 역시 '강바기'가 만들어낸 걸작이다. '강바기'가 제멋대로 휘젓는 게 곧 망상이다. 이것은 존재부정의 심리가 의식의 물길을 막음으로 인해서 그 물줄기가 사방팔방으로 흐트러지는 것과 같다. 반드시 마음의 때를 씻음으로써 생각의 물꼬를 터야 망상에서 벗어날 수 있다.

40대 초반의 한 여성이 말했다.

"마음이 불안해서 2년 전부터 종교를 갖게 되었어요. 그래서 안정은 찾았는데, 언젠가부터 예배시간에 빠지면 꼭 안 좋은 일이 생기는 거예요. 지금은 무슨 일이 있어도 예배에 참석해야 해요. 예배시간에 늦을까 봐 불안하고 두려워서 주말엔 아무 데도 못 가요. 괜히 그 종교가 원망스럽기까지 해요. 뭐가 문제일까요?"

"집이든, 산이든, 들이든, 시골이든, 도시든, 거룩한 마음을 지니면 그곳이 곧 성전이죠. 성전과 성전 아닌 곳을 구분하려다 보니 불안해지는 거예요."

본래 종교란 삶의 시녀여야 한다. 삶 속에 깃들어 있는 종교야말로 진정 아름답다. 종교의 본뜻은 자기의 마음을 평화롭게 가꿔서 타인의 아픔까지 구제함에 있다.

누가 진정한 종교인인가? 경건하게 사는 사람이다.

누가 진정한 불자인가? 자비로운 사람이다.

누가 진정한 크리스천인가? 원수마저도 사랑하는 사람이다.

참된 종교는 개인의 정신적 안녕을 꾀하고 이웃과 국가 간에 화해와 평화를 부른다. 개인과 개인, 국가와 국가의 벽을 허물고 우리 삶의 윤활제로 작용한다. 이와 같은 기능이 없다면 그 종교는 망상에 불과할 뿐이다.

종교적 망상에 빠지면 다툼과 갈등, 전쟁을 서슴지 않으면서도 전혀 죄책감을 느끼지 않는다. 서로가 합하여 조직을 이루고 정기적인 모임을 통해 서로의 증세를 부추기기 때문이다. 그러므로 종교적 망상은 참으로 위험하다. 마땅히 경계할 바다.

게으른 성년의 아들을 둔 50대 초반의 부부가 내원했다.

"제 아들이 참 게을러졌습니다. 술과 담배가 잦아지고 밤과 낮을 바꿔서 삽니다. 방법이 없을까요?"

"먹는 것, 입는 것, 자는 공간을 더 이상 제공하지 마세요."

"내쫓으라는 말씀인가요?"

"그래요. 자제분이 게을러진 것은 자기가 맡은 최소한의 책임을 완수하지 않았음에도 불구하고 누군가 입혀주고, 먹여주고, 재워주었기 때문이에요. 그것은 사랑이 아니라 오히려 스스로 성장할 기회를 박탈하는 행위죠. 이런 환경 속에서는 계속 현실을 외면하면서 자기만의 망상 속에 더 깊이 빠지게 되죠. 한없이 게을러지고, 그 게으름은 다시금 망상을 증폭시킬 거예요. 환경을 바꿔줘야 해요."

자녀가 망상에 빠져 허송세월하는 것은 굳이 성실하지 않더라도 부모 덕분에 먹고 사는 데 지장이 없기 때문이다. 자식을 상전上典으로 모시고 살아가는 한, 그 자식이 게으름이라는 마음병에서 벗어날 가능성은 전무全無하다.

게으름에 빠진 성년의 자식이 있다면 스스로 몸을 움직이지 않는 한 살아갈 수 없는 환경으로 보내야 한다. 그러한 환경이 좋은 환경이다. 좋은 환경이 좋은 사람을 만들어낸다. 맹자의 어머니가 맹자를 위해 좋은 환경을 만들어준 것처럼 말이다.

대개 망상에 빠진 사람들은 "마음병 때문에 게으를 수밖에 없다"고, "아파서 부지런할 수가 없다"고 변명한다. 그 자체가 망상이다. 게으르니 망상에 빠지며, 성실하지 않으니 몸이 아프다. 망상에 빠지면 핑곗거리만 늘어난다.

다음의 《서경書經》 상서商書 태갑하太甲下에서는 무엇이 진실인지 정확히 말해주고 있다.

생각하지 않으면 어찌 얻겠는가.
하지 않으면 어찌 이루겠는가.

(弗廬胡獲, 不爲胡成)

망상에 빠지면 잔뜩 욕심을 지닌 채 대인관계가 원만하기를 바란다. 게으름에 빠진 채 부와 명예를 원한다. 그러면서도 그것이 옳다고 생각한다. 그러나 마음을 비우지 않고, 몸을 움직이지 않는다면 과연 무엇을 얻을 수 있단 말인가.

그럼에도 내 안의 '강바기'는 오로지 고집만 피워댄다. 요지부동이다. 마음 문을 꼭 닫아걸고 그 누구와도 소통하지 않는다. 텅 비워야 할 마음을 자기만의 똥 덩어리 생각으로 가득 채운 것이 망상이요, 그 무게감으로 몸을 움직이지 못하는 것이 게으름이다.

망상에 빠지면 현실감각을 모두 잃어버린다. 이것은 율곡 선생께서 말씀하신 성실과는 거리가 멀다. 퇴계 선생께서 말씀하신 경건함과도 상관이 없다. 구암 선생께서 말씀하신 허심虛心과도 상반된다. 과연 언제까지 그렇게 살 것인가.

잠깐 정도는 망상에 젖을 수도 있다. 일정 부분 청춘시절의 방황도 필요하다. 그런데 그 기간은 한정적이어야 하지 않을까?

이 아까운 청춘을 허구한 날 담배 연기 속에 매몰시킬 수는 없지 않은가. 이 찬란한 젊음을 날마다 술기운에 마취시킬 수는 없지 않은가. 이 멋진 인생을 잡담과 수다와 허풍에 날려버릴 수는 없지 않은가. 이 소중한 내 삶을 집중력을 흐트러뜨리는 오락 프로그램에 처넣을 수는 없지 않은가. 이 말끔한 정신을 비방이 난무하는 채팅과 무익한 컴퓨터 게임으로 어지럽힐 수는 없지 않은가.

잠깐 사이에 세월은 흘러 흰머리가 생기고 얼굴에는 주름이 잡힐 것이다. 그때가 되어서야 정신을 차릴 것인가. 아니면 아직 내 얼굴에 윤기가 흐르고, 내 피부가 탱탱할 때에 망상을 떨쳐버리고 변화할 것인가.

모든 것이 편안하게 제공되는 환경에 처해 있다면 이러한 망상과 게으름의 굴레에서 나올 길이 없다. 반드시 건강한 자연의 법칙이 그대로 적용되는 곳으로 찾아가야 한다. 바르게 생각하지 않거나 일하지 않으면 다소 춥고 다소 배고파지는 환경이 필요하다. 물론 이러한 환경은 성현의 말씀이 단비처럼 내리는 곳이어야 한다.

내 주변에, 내 가족 중 누군가가, 혹은 내가 망상과 게으름에 빠져 있는가. 그렇다면 이 좋은 삶이 잠깐 사이에 모두 썩어 문드러지기 전에 오늘 이 순간 바로 결심하자. 그를 보내자. 내가 떠나자. 망상과 게으름이라는 악순환을 끊기 위해서는 먼저 환경이 바뀌어야 한다. 그래야 마음공부가 시작된다.

그래야 변화한다.

공황장애

두려움이 극도로 치달아 생활이 불가능해지는 것이 공황장애다. 만약 밤길에 호랑이를 만난다면 누구나 혼비백산魂飛魄散[42]할 것이다. 하지만 별일도 없는 평소에 이런 증세가 나타나는 게 공황장애다. 공황장애는 칠정병의 하나로서 심리적 과민반응이다.

그런데 공황장애 환자들은 정말 위험요소가 없는데도 그렇게 반응하는 걸까? 그렇지 않다. 언제 어디서든 위험요소는 잠재하고 있다. 다만 그것을 좀더 실체에 가깝게 느낀다는 점이 다를 뿐이다.

공기업에 종사하는 30대 후반의 한 남성도 그러했다.

"사실 저에게는 안정된 직장과 가정이 있어요. 그런 저에게 공황장애가 왔어요. 왜 그런 걸까요?"

"사회적, 경제적 안정을 이루셨음에도 뭔가가 두렵다면 근원적인 문제가 해결되지 않은 거예요. 외부적 안정으로는 극복할 수 없는 현실의 불안정성을 체감하고 계신 거죠."

"제가 대체 뭘 불안해하고 두려워하는 걸까요?"

"그건 아마도 생로병사에 대한 부분일 거예요."

삶의 위험요소들은 지금 당장이든 차후든 항상 존재한다. 당장 내 눈앞에 닥칠 수 있는 사고도 그렇지만, 길어봤자 몇십 년 후에는 꼭 찾아오고야 말 죽음은 더욱 확실한 위험요소다. 이를 해결하고자 할 때 한계 상황과 부딪치면서 과민한 신체반응이 일어난다. 이것은 애초에 극복할 수 없는 문제이기 때문이다.

대비할 것이 있으면 대비해야겠지만, 그 이외의 어쩔 수 없는 상황에 대해서는 마음을 내려놓고 받아들일 줄 알아야 하지 않을까?

맨주먹으로 바위를 치지 않는 것은 그것이 불가항력이기 때문이다. 어쩔 수 없는 죽음을 어떻게 하려는 노력이 그와 같다.

그런 불가항력적 요소에 대한 두려움이 증폭되어 몸과 마음을 얼어붙게 하는 것이 공황장애다. '해결하겠다'는 또는 '대적하겠다'는 그 생각은 오해다. 그러므로 공황장애는 【사물＋오해(존재부정)】의 등식이 적용된다.

20대 초반 여성이 찾아왔다.

"저는 잠자는 게 두려워요. 그래서 거의 한숨도 못 자요. 잠을 자면 꼭 내가 죽는 것 같아요. 저는 그게 싫거든요. 제가 영영 못 깨어날 것 같아서 너무 두려워요."

"잠을 거부하고 두려워하는 증상은 죽음 그 자체보다는 죽음을 거부하는 내 마음에서 비롯되죠. 그 두려움이 증폭되면 공황장애로까지 번지는 거고요."

"죽음을 두려워하는 게 잘못된 일인가요?"

"죽음에 대한 이해가 부족한 거예요. 사실 죽음으로써 소멸될 '나'는 존재하지 않아요. 존재한다면 허상의 나일 뿐이지요. 이미 존재하지 않거늘 소멸할 것을 걱정하는 것은 '소멸되는 내가 존재한다'는 착각의 산물일 뿐이에요. 그러나 '나'라는 것은 그렇게 한정된 존재가 아니에요. 그런 인식이 없기 때문에 과도한 두려움을 느끼는 거죠."

"아무튼 제 생각과 감정과 몸이 없어지는 것은 확실하잖아요."

"물론 그렇지요. 그런데 왜 그게 문제가 되죠?"

"저는 소멸되기 싫으니까요."

"바로 그 점입니다. 왜 소멸되기 싫을까요?"

"모르겠어요. 그냥 이대로 천 년 만 년 살고 싶어요."

"천 년이나 만 년 정도면 족할까요?"

"아니요. 그 정도도 부족해요."

"좋아요. 그럼 한 100억 년쯤 산다면 만족스러울까요?"

"그것도 아니에요. 저는 영원히 살고 싶어요."

"그렇죠? 우리는 모두 영원히 살고 싶어요. 하지만 우리의 몸은 100년도 채 안 되어 죽어야 해요. 구체적으로 빚어진 형체는 본래 영원성이 없는 법이거든요. 그러니 영원히 살기 위해서는 생성과 소멸을 거듭하며 계속 변화해가야 해요.

○○씨의 느낌은 틀리지 않았어요. 잠을 자는 것은 죽는 것이죠. 그러나 아침에 깨는 것은 태어나는 것이에요. 그 둘 사이를 부지런히 오가야만 우리는 영원히 살 수 있어요. 그렇다면 잠도, 죽음도 ○○씨에게 꼭 필요한 것인데 왜 그걸 두려워하죠?"

죽음과 삶은 서로 뗄 수 없는 존재로서 우주변화의 근본적인 원리다. 우주는 삶과 죽음, 생성과 소멸을 통해 영원성을 확보했다. 어제가 죽었기에 오늘이 살아 있으며, 오늘 하루가 죽어야 내일이 다시 시작될 수 있다. 삶과 죽음을 대립적 관계로 볼 때에 죽음에 대한 두려움이 증폭될 뿐이다.

30대 후반의 이 여성은 한 가정을 이루고 온갖 종교에도 귀의해봤지만 내면의 두려움을 떨쳐내지 못하고 있었다.

"교회를 다니며 영생과 구원을 얻었다고 확신을 했는데도 두려움이 그치지 않아요. 전에 불교를 접할 때도 윤회라는 게 있다고 하여 조금 맘이 편해졌지만 결국은 그대로였고요. 그러다가 약물치료를 받았는데 오히려 불면증만 심해지고 있어요."

"두려움이란 '내가 존재한다'는 생각이 만들어낸 허구의 감정이죠. 아주 어린 시절의 나는 요즈음의 나와 다른 사람이에요. 오늘의 나는 이미 어제의 나와 달라요. 아침의 나 또한 오후의 내가 아니에요. 하물며 전생에 살았던 나, 구원받았다는 나는 누굴까요? 그렇게 다양한 내가 존재한다면 정말 내가 존재하는 걸까요?"

"그 전부가 지금의 나와는 관계없다고요?"

"모든 것은 끊임없이 변화해요. 나는 고정되어 있지 않아요. 불완전한 상태로 존재하죠. 불완전하다는 것은 '지켜내야 할' 나의 실체가 애초부터 존재하지 않는다는 뜻이에요. 본래 내가 존재하지 않는다면 영생과 구원을 얻으려는 시도도 의미가 없지요."

"제 두려움이 무의미하다는 말씀인가요?"

"네, 그래요. 그 두려움은 있지도 않은 문제를 해결하려다가 생겨난 허무한 감정이에요. 변화무쌍한 나는 없는 나와 같아요. 그런 나를 어떤 고정된 상태로 잡아두겠다는 것은 매우 허망한 시도지요. 되지도 않는 일에 대한 노력은 불가항력이죠. 안 되는 일을 달성하려는 노력이 두려움을 만들어내고 있을 뿐이에요."

지금 내게 있는 생명, 이름, 가족, 친구, 경제적 자산… 그 모든 것은 소멸한다. 태양도 소멸하고, 우주도 소멸한다. 우리는 그 법칙과 동떨어져 존재할 수 없다. 그럼에도 우주의 법칙에 어긋나는 내 방식만 고집한다면 당연히 거부와 다툼이 일어나고 두려움이 증폭될 수밖에 없다.

세계 최고의 실전무술 달인이었던 최배달崔倍達[43] 선생은 결투를 앞두고 늘 두려워했다고 전해진다. 그러나 단지 그뿐이었다. 그는 결코 그 두려움 자체를 문제 삼지 않았다. 두려움을 내 마음의 자연스러운 감정으로 인정했기에 더 이상 두려움이 증폭되지 않았고, 오히려 큰 부상이나 기타 위험요소를 예방하는 데 도움을 얻을 수 있었다.

일상생활에까지 장애물이 되는 두려움은 예외 없이 존재에 대한 거부로부터 발생한다. '반드시 이래야만 한다, 저래서는 안 된다'는 생각이 그 시작점이다. 남보다 뛰어나야만 한다는 생각, 남에게 나쁜 소리를 들으면 안 된다는 생각, 꼭 성공해야만 한다는 생각, 절대 헤어져서는 안 된다는 생각 따위가 존재와의 싸움을 일으켜 공황장애를 부른다.

고소공포증, 사회공포증, 폐소공포증, 대인공포증 등도 모두 '강바기'가 내세우는 존재부정의 심리에서 비롯된다. 죽음뿐만이 아니다. 사소한 뭔가를 거부하는 것으로부터 공황장애는 촉발될 수 있다. 심지어 먼지와 같은 티끌도 그 대상이 될 수 있다.

물론 죽음에 대한 부정이야말로 가장 근원적인 두려움의 온상이다. 시기와 질투심도 결국 내 생활의 안정성을 해친다는 생각이 죽음을 연상시키고, 그로 인한 두려움이 일으킨 감정이다. 그러므로 죽음에 대한 허상을 깨친다면 불건전한 두려움이나 시기와 질투심으로부터 자유로워진다.

생각이 참 많은 30대 초반의 청년이 말했다.

"저는 사람 만나는 게 참 부담스럽고 두려워요."
"혹시 남에게 보여주기 싫은 점이 있나요?"
"제가 무능력하다는 것을 보이고 싶지 않아요."
"누구에게나 단점이 있죠. 남들은 단점이 없고 나만 단점을 가졌다고 오해하거나 나의 무능을 스스로 용납하지 못하니까 대인관계가 어려워지는 거예요. 나 자신을 있는 그대로 인정해보세요. 잘난 점에는 감사하고 못난 점에는 겸허해진다면 한결 마음이 편해질 거예요."

우리에게 건전한 두려움은 반드시 필요하다. 그래야 내 생활이 절제되고 교만에 빠지지 않는다. 건전한 두려움이 없다면 '두려움 불감증' 환자가 된다. 그는 통제불능의 망나니다. 누가 그와 교류할 수 있겠는가. 옛 선비들은 이를 경계하여 하늘을 경외敬畏하면서 자기의 마음을 다스렸다.

악한 내 생각과 악한 내 행동을 경계하면 두렵지 않다. 이를 경계치 않으면 오히려 사람들을 경계하게 되고 두려움이 증폭된다.

인정할 줄 아는 게 곧 선한 마음이다. 선하게 살수록, 예법을 지킬수록, 내 마음에는 불필요한 긴장감이 해소되고 두려움은 멀어진다. 그러므로 맹자께서는 '어진 자는 적이 없다'고 하지 않았던가.

내 마음의 때를 씻어내고 사물을 적대시하지 않는다면 공황장애 따위에 시달일 일이 없다.

정신분열병

    정신질환과 마음병은 그 증상이 극한으로 치달으면 정신분열병精神分裂病으로 귀착된다.
    정신분열병은 본래 영단어 'schizophrenia'의 어원을 따서 일본에서 번역해낸 이름이다. 그러나 일본에서는 2002년부터 정신분열병이라는 용어를 사용하지 않고 통합실조증統合失調症이라고 부르고 있다. 정신이 분열되었다는 표현은 증상을 잘 대변해주긴 하지만 파괴적인 느낌이 강해 선입견을 조장할 수 있기 때문일 것이다. 같은 이유로 우리나라에서도 최근 조현병調絃病44)으로 이름을 바꿔 부르고 있는 실정이다.
    정신분열병은 내면에서 마음의 전쟁이 일어나는 것이다. 내 안에서 나를 비방하는 자와 그 비방에 대꾸하는 자, 그 둘이 서로 양보 없이 자기주장만 내세우고 치열하게 싸운다. 결국 그 싸움으로 부서지고 분열되는 것은 내 정신이다. 이때 환청幻聽, 환시幻視, 환각幻覺이라는 증상이 생겨난다.
    환청, 환시, 환각은 마치 생각의 메아리와 같다. 그 메아리를 일으킨 원인제공자는 바로 나 자신이지만 스스로는 이를 알지 못한다. 도리어 누군가가 나를 공격하는 것으로 여기기에 내면의 전쟁은 쉬이 끝나지 않는다.

정신이 분열되면 말과 행동이 현실감을 잃고 나만의 세계에 빠져서 원망과 조롱, 비방과 욕설을 일삼는다. 심하면 갑자기 감정이 폭발하면서 폭언과 폭력, 자해自害로 치닫기도 한다. 가히 위중한 마음병이 아닐 수 없다.

어느 날 경찰서로부터 연락이 왔다. 내게 맡겨진 30대 초반의 남성 환우가 치료는 제대로 받지 않고 방황하다가 폭력을 썼기 때문이다.

"대학 후배 녀석이 자꾸 나를 업신여기잖아요. 그래서 흠씬 패주었어요."

이미 정신이 분열돼서 자해自害나 폭력의 위험성에 노출되었다면 무엇보다도 안전이 우선이다. 나는 곧장 협력병원에 그를 입원시켰다. 입원 후 여러 달에 걸쳐 그의 정신은 서서히 안정되었다. 문제가 자기 자신에게 있을 수도 있다는 병식病識이 생기자 퇴원 후에 본격적으로 심성계발을 시작할 수 있었고 현실감각을 찾게 되었다.

30대 후반의 또 다른 환우는 늘 외부에서 자기를 감시한다며 불필요한 경계심을 가지고 있었다. 신문과 방송에서 자기의 생각을 훔쳐본다고 생각했으며, 자기의 정보를 빼내간다고 주장했다. 자기가 매우 중요한 인물이어서 국가로부터 늘 감시당한다는 것이다. 그가 말했다.

"회사에서 내게 막대한 피해를 끼쳤어요. 나를 해고하고 병들게 했어요. 나는 그 회사와 소송을 해서라도 피해보상을 받아야겠어요."
"다 좋아요. 그런데 소송을 해서 입증된 것이 있나요?"
"판사가 모두 다 기각했어요. 그들은 모두 한 패예요."

"그들이 어떤데요?"

"나를 감시하고 핍박해요. 어떻게 해볼 수가 없어요. 선생님도 절 이해하지 못하는 것 같네요. 도대체 왜 다들 그러는 겁니까?"

이것은 정신분열병의 가장 전형적인 증세 중 하나이다. 정신분열병은 인격의 황폐화를 가져오지만 또 다른 측면으로 보면 인격적이지 않기에 정신이 분열된다고 볼 수 있다. 자만과 교만에 사로잡힌 비인격적인 사람들은 정신분열병에 걸릴 확률이 높다. 그들은 '특출난' 자기에게 '특별한' 대접을 해주지 않는 이 세상의 모든 사람에게 문제가 있다고 확신한다.

그러기에 툭하면 다툰다. 비록 사람들을 향해 비난의 화살을 쏘지만, 그 화살에 맞는 것은 결국 자기 자신이다. 비난하는 그 사람들은 결국 자기 머릿속에 있기 때문이다. 그 화살을 많이 맞을수록 정신은 더욱 황폐화된다.

어떤 사람들은 정신분열병을 빙의현상憑依現象으로 보고 '귀신들림'이라고도 말한다. 실제로 환우들을 직접 보면 '귀신들림'이라는 표현이 영 틀렸다고는 할 수 없다. 평소와 전혀 다른 사람이 되어서 알 수 없는 이야기를 떠들기 때문이다. 물론 공포영화 속에 나오는 귀신들이 실재한다는 말은 아니다. 귀신鬼神의 실체는 한자의 뜻 그대로 다만 '교활하고 기이한 정신'[45], 즉 '존재부정'의 심리다. 귀신은 다름 아닌 '강바기'인 셈이다.

때로는 정신이 분열되면서 행복감을 느끼기도 한다. 그러나 그것은 과대망상이 구축한 허망한 꿈일 뿐이다. 그런 행복감은 현실과 동떨어지기에 곧바로 원망과 불행을 잉태한다. 현실과 상관없는 자기만의 세계에 있으니 오랜 친구마저도 떠나고 외톨이로 남기 일쑤다.

20대 후반의 여성 환우는 때때로 환청과 현실을 구분하지 못했다.

"윗집 남자가 자꾸 저를 욕하고 조롱해요."
"뭐라고 하던가요?"
"저보고 닭대가리라고도 말하고, 거지라고도 해요. 근데 그 말이 환청인지 사실인지도 구분이 안 되네요."
"환청인지 아닌지를 굳이 따질 필요가 없어요. 욕설이 들리면 흘려버리세요. 비방과 원망이 들려도 흘려버리세요. 욕설처럼 예법에 맞지 않는 말은 하지도 말고 들었다면 못 들은 체하세요. 그러면 정신이 혼란스럽지 않을 거예요."

정신분열병을 치료하기 위해서는 망상의 경우처럼 환경의 변화가 필수적이다. 그러나 이것은 근본적인 치료인 자기수양으로 나아가기 위한 과정이다. 격리치료 및 약물 투여로 증상을 완화시킨 후에 심성계발로써 원인을 해소하는 협진체제는 특히 정신분열병에 있어 매우 유효有效한 치료법이라 할 수 있다.

정신분열병 환자가 자기수양을 할 수 있겠냐고 묻는 사람들이 많지만 자기수양은 거창한 것이 아니다. 집안의 아주 작은 일부터 실천하게끔 하면 된다. 설거지와 빨래, 청소와 같은 기초적인 생활과제와 예의범절을 실천하는 것이 자기수양의 시작이다.

이러한 실천형 심성계발과 함께 이해형 심성계발을 병행하면 흐트러졌던 생각들이 서서히 제자리를 찾는다. 겸허해지고, 감사할 줄 알고, 만족할 줄 알게 된다. 자신의 병을 경계하고 타인을 존중하는 여유가 생긴다.

심의心醫들은 정신분열병의 증상인 환청과 환시, 환각에 대해 그리 심각하게 접근하지 않는다. 현실과 망상을 구분하는 방법을 알려주는 것이 아니라, 현실 속이든 망상 속이든 무례한 원망과 비방은 궁극적으로 내 정신을 철저히 파괴할 뿐이라는 이치에 눈을 뜨게 해준다.

또한 겸허한 마음으로 살아갈 때 비로소 내 마음이 평화로울 수 있다는 믿음을 심어준다. 내가 맡은 일을 완수하고 남을 비방하지 않는 것만이 최선임을 깨닫도록 반복해서 가르친다.

이런 가르침은 처음에는 별 효용이 없는 것처럼 보인다. 실제로 대부분의 정신분열병 환우는 한 귀로 듣고 한 귀로 흘린다. 깨진 독에 물 붓기다. 열 번을 해도 끄떡없고, 백 번을 가르쳐도 소용이 없다. 그러나 천 번을 가르치면 마침내 달라진다.

나는 어린 시절 천 번의 학습을 통해 목표를 이룬 경험이 있다. 어린 시절 아버지께서 한약 천 첩을 싸야 그 모양이 제대로 나온다고 하셨는데 과연 그랬다. 한약을 천 첩을 쌌더니 비로소 예쁜 모양이 나왔다. 그래서 내게는 어떤 일이라도 천 번을 반복하면 반드시 변화한다는 믿음이 있다.

모든 심의心醫들이 그러하다. 심의들은 콩나물시루에 물을 주면 그 물이 다 빠져도 콩나물은 자란다는 믿음을 잃지 않고 지속적으로 마음 세탁에 매진한다. 이를 위해 심의들은 정신분열증 환우들의 치료에 있어 특별히 한문인성교육을 중시한다. 한자漢字는 사물의 형상과 소리와 뜻을 조합하여 완성한 문자이기 때문에 현실과 생각을 긴밀히 연결시켜주는 훌륭한 매개체로서 손색이 없기 때문이다.

성현의 말씀을 읽고 쓰고 암송하는 것은 마치 웨이트 트레이닝을 통해 근육을 증강시키는 효과와 비슷하다. 지속적인 암송은 집중력을 향상시켜 궁리窮理할 수 있는 힘을 길러주며 궁극적으로 격물치지格物致知로 나아갈 수 있게 한다.

정신분열병은 사고체계가 워낙 크게 교란되었기에 거의 불치병처럼 여겨지곤 한다. 그러나 열정과 신념을 가진 임상의에게는 난치병難治病은 있어도 불치병不治病은 없다. 끈기 있게 치료하지도 않으면서 환우의 병이 낫길 바라거나, 시도조차 해보지 않고 정신분열병은 안 낫는다고 단정하는 사람은 책임 있는 의료인이 아니다. 지극한 정성으로 환자와 함께 꾸준히 수양해가면 정신분열병 역시 반드시 치료된다.

피해의식

　이 세상에는 가장 기본적인 인권마저 빼앗긴 채로 차마 말로 표현할 수 없는 고문과 탄압을 당한 사람들이 있다. 또는 선천적으로 난치병을 타고나서 힘들게 살다가 짧은 인생을 끝마치는 사람들도 있다. 전혀 예측하지 못한 불의의 사고로 순식간에 사랑하는 가족을 잃은 사람들도 있다. 갑자기 산업재해나 교통사고를 당해 굴신屈伸조차 제대로 못하고 평생 누워서 근근이 살아가는 사람들도 있다.
　이런 상황에 처한 당사자와 그 가족들은 마음에 깊은 상처를 입는다. 우리는 차마 그들에게 용기를 잃지 말라는 격려를 건네기조차 미안하고 죄송스럽다. 그저 묵묵히 함께 해주는 것만이 우리가 할 수 있는 최선이 되기도 한다.
　그런데 그토록 아픈 사건들마저도 시간의 경과 속에서 조금씩 잊혀지게 되고 마음의 상처가 아문다. 그러나 그 일에 '강바기'가 개입되면 마음의 상처는 회복되지 않을뿐더러 오히려 시간이 갈수록 더욱 증폭될 수가 있다. 마음의 상처는 일상생활에서 피해의식으로 부활하고 대인관계에 악영향을 끼친다.
　그러나 다시 한 번 생각해보자. 그 아픔이 내 삶의 행복을 가로막아야 할 합리적인 이유가 될 수가 있을까? 이미 지난 일이지 않은가. 내게 생긴 여러 아픔들을 빌미삼아 너무도 쉽게 내 삶의 행복을 포기하는 것은 아닐까?

참담한 사연으로 마음의 상처를 입은 40대 초반의 남성이 있었다. 다행스럽게도 그는 삶의 의욕을 잃지 않고 있었다. 그에게는 아주 건전한 욕구의 불씨가 남아 있었다.

"제 아내는 얼마 전에 암으로 세상을 떠났어요. 너무 침울해요. 아무것도 할 수가 없어요. 하지만 저는 다시 행복해지고 싶어요. 그렇지만 떠난 사람을 생각하면 이런 제 마음에 대해서 참 미안해요."

"네, 참으로 안타깝네요. 그렇지만 떠난 분들 역시 ○○씨가 불행하게 살기를 원하지는 않을 거예요. 여기에 오신 것만으로도 이미 선생께서는 용기를 내신 거예요. 얼마든지 다시 행복해질 수 있고요. 또 그래야 해요."

"정말 그럴 수 있을까요? 무슨 비결이라도 있나요?"

"아무렴요. 따로 행복을 추구할 필요는 없어요. 마음의 상처를 빌미삼아 스스로 행복을 거부하지만 않으면, 행복은 어느새 내게 다가와서 아픈 상처를 모두 씻어줄 거예요."

행복은 사람으로서 마땅히 누려야 할 권리이자 의무다. 행복하고 싶은 욕구는 반드시 충족되어야 한다. 어떤 구실과 이유로도 양보할 가치가 아니다. 실제로 비록 내가 어떤 상처를 입었더라도, 그 상처는 내 마음의 평화와 내 삶의 행복을 깨뜨리지 못한다. 행복은 결코 마음의 상처 따위에 영향받을 만큼 빈곤한 덕목이 아니기 때문이다.

숨이 붙어 있는 한 내 삶은 행복해야 하며, 또 실제로 행복하다. 볼 수 있기에 행복하고, 걸을 수 있기에 행복하고, 생각할 수 있기에 행복하고, 살아 있기에 행복하다. 어디 이뿐이랴. 이별할 수 있음에 행복하고, 죽을 수 있음에 행복하다. 삶이 곧 행복이거늘, 강박심리라는 때가 끼어서 그 행복을 체감하지 못할 뿐이다.

여기 마음의 상처를 입고 사는 20대 후반의 여성이 있다.

"저는 다른 사람들로부터 너무 많은 피해를 입었어요. 다들 저를 싫어해요."

"만일 내가 남에게 확연하게 미움받을 만한 일을 했다고 쳐요. 그러면 다른 사람들이 나를 미워하는 게 당연하지 않나요?"

"네, 그래요."

"그런 일이 있었나요?"

"아뇨."

"내가 남에게 미움받을 만한 일을 한 적이 없음에도 다른 사람들이 나를 미워한다면, 그건 그들의 잘못 아닌가요?"

"네."

"그렇다면 왜 내가 그들로부터 피해를 입어야 하죠?"

위의 예는 실제로는 피해를 당하지 않았어도 스스로 피해를 입었다고 믿는 마음이 만들어낸 피해다. 비록 착각에 의해 만들어졌지만 그로 인한 마음의 상처는 실제 피해를 입은 사람이 느끼는 상처보다 훨씬 커진다. 어떤 이들은 천 개의 바늘이 찌르는 아픔 같다고 표현한다. 그럴 수밖에 없다. 스스로 만든 허상이기에 그 크기를 가늠할 수 없기 때문이다.

실제로 임상에서 접하게 되는 마음의 상처 또는 극한의 피해의식은 대부분 자기가 만들어낸 욕심에서 기인한다. 기대치를 높게 잡으면 그로 인한 고통 역시 그만큼 비례한다.

30대 초반의 한 여성이 말했다.

"저는 너무 많은 상처를 입고 자랐어요. 저는 친구도 없어요. 저와 같은 사람에게도 희망이 있을까요?"
"○○ 씨는 사랑을 받으셔야 해요."
"맞아요. 제게는 사랑이 필요해요."
"그럼 사랑받는 사람들의 자세를 갖춰보면 어떨까요?"
"그게 뭐죠?"
"먼저 사랑하는 거예요."

나를 사랑해줄 대상을 찾아 헤맨다면 늘 상처만 입게 된다. "사랑을 못 받았는데 어떻게 사랑할 수 있느냐?"고 반문하는 분들도 있지만, 모든 사람에게는 충분한 사랑의 에너지가 있다.

그러기에 사랑받기 위해서는 먼저 사랑하는 것이 바른 순서다. 사실 사랑이란 멀쩡한 두 발로 길을 걷는 것만큼이나 쉽다. 갈 길이 멀다 해도 한번에 욕심내지 말고 쉬엄쉬엄 걸으면 된다. 아주 조금씩이라도 사랑을 나누기 시작하면 나머지는 저절로 해결된다.

온화한 표정, 따듯한 미소, 부드러운 말투가 사랑의 문을 여는 열쇠다. "사랑해"라는 말을 꺼내면 내 마음속에 자연히 사랑이 움튼다.

실제로 우리는 참 많은 사랑을 받고 있다. 이미 내게는 사랑할 수 있는 힘과 바탕이 있다. 지금 숨을 쉬고 살아 있다는 사실 자체가 이 우주로부터 사랑받고 있다는 결정적인 증거다. 사랑을 받고 있으므로, 나 또한 사랑할 수 있다.

20대 중반의 한 남성이 말했다.

"다른 사람들의 단점을 왜 못 넘어가죠? 화만 잔뜩 나거든요."
"두 가지 측면으로 접근할 수 있어요. 하나는 내게 피해의식이 강한 거죠. 예전에 피해를 입은 마음이 부정적 색안경으로 작용하여, 남의 작은 단점만 보면 내게 좋지 않은 감정이 증폭되고 그들을 공격하면서 내 삶은 소외가 되는 거예요. 또 한 측면으로 보면 내 마음이 좁기 때문이죠. 그래서 남의 단점들을 포용하지 못하는 거예요."
"그럼 어떻게 하죠?"
"성현의 말씀을 가까이하여 내 생각을 크게 확장할 필요가 있어요."
"아무튼 저는 실제로 피해를 많이 받았거든요."
"다시 한 번 잘 헤아려보세요. 피해를 받았다는 사실에 얽매일 필요는 없어요. 비록 사실이 그렇다고 치더라도 그것을 넘어가야 내 마음이 평화로워지고 내 인생이 꽃피거든요. 피해를 받았다는 사실 여부와 상관없이 긍정적인 시각을 가지는 게 나를 위해 좋다면, 그리해야지 않을까요?"

냉정하게 생각하면 내가 피해를 받았다는 사실이 허상이다. 오히려 가해자일 가능성이 높다. 우리는 내 생명을 유지하기 위해서 이미 만물에 대해 엄청난 가해를 하고 있다. 내 몸 하나 살기 위해서 내가 이세껏 먹은 음식은 모두가 생명체들이었다. 이런 사실은 채식주의자도 똑같이 적용된다. 쌀 한 톨, 콩 하나도 생명이기는 마찬가지이기 때문이다. 그러므로 내가 살아 있다면 본질적으로 나는 가해자다.

우리는 나를 먹여 살린 생명체들 앞에서 미안할 줄 알아야 한다. 부끄러운 줄 알아야 한다. 어떻게 피해의식 타령을 할 수 있단 말인가. 만일 내게 피해의식이 일어난다면 마땅히 크게 반성할 바다.

《명심보감》 계선편繼善篇에서는 피해의식의 예방법을 정확하게 알려주고 있다.

> 내게 선하게 대하는 이에게 나는 역시 선하게 대하고,
> 내게 악하게 대하는 이에게도 나는 또한 선하게 대하라.
> 내가 이미 남에게 악하게 대하지 않았다면
> 남도 내게 악하게 대할 수 없다.
>
> (於我善者 我亦善之 於我惡者 我亦善之 我旣於人無惡 人能於我無惡哉)

도둑이 제 발 저리듯이 피해의식과 억울함, 분노, 증오, 원망은 내 안의 '강바기'가 만들어낸 부산물들이다. 내가 남에게 나쁘게 대했기에 남도 역시 나를 나쁘게 대할 것 같다는 그릇된 마음이다.

해결책은 본성회복이다. 선하게 살면 된다. 피해를 볼 수도 있다고 유연하게 생각하는 게 곧 선善이다. 피해를 적대시하기보다 이를 포용하고 감수하는 순간, 그것은 피해가 아니었음을 깨닫는다.

선한 본성을 회복하는 것은 우주적인 나를 찾는 것과 같다. 그 큰 나에게 상처를 입힐 수 있는 존재는 아무것도 없다. 피해의식은 그저 '강바기'가 만들어낸 악몽일 뿐이다.

욕심 慾心

욕구慾求와 욕망慾望, 욕심慾心이라는 낱말은 그 뜻이 서로 비슷하여 일반적으로 혼용되고 있다. 이에 기존의 사전적 의미와 심성계발의 시각을 조합하여 다음과 같이 정의해보기로 한다.

욕구 — 생존과 번영을 위한 원초적이고 일차적인 발동력
욕망 — 특정한 행위를 통해 욕구를 충족시키려는 의지
욕심 — 과정을 생략하고 좋은 결과만을 얻겠다는 마음

흔히 말하는 오욕칠정五慾七情 중의 오욕이 곧 욕구다. 오욕은 식욕食慾·수면욕睡眠慾·성욕性慾·재물욕財物慾·명예욕名譽慾을 말한다. 이러한 욕구를 충족시키기 위해 우리들은 밥을 먹고, 연애를 하고, 안전한 수면 장소를 찾는다. 경제 활동을 하며 예술을 추구하고 노래를 하거나 레저 활동을 한다. 이렇게 욕구충족을 위해 구체적인 행동을 추진하는 의지가 곧 욕망이다.

불가佛家에서는 눈·귀·코·혀·몸이라는 다섯 가지 감각기관과 이 감각기관이 감지하는 색色·성聲·향香·미味·촉觸이라는 각각의 감각이 결합하여 욕구가 생겨난다고 한다. 이것은 본성의 발현 여부에 따라 욕구

일 수도 있고, 욕심일 수도 있다.

본성이 발현되면 오욕은 건전한 욕구로 작용한다. 그러나 본성이 발현되지 않으면 오욕이 통제되지 않아 욕심으로 변한다.

아쉽게도 욕심은 결코 충족되지 않는다. 자기 분수를 넘어가기 때문이다. 예컨대 내 힘으로는 50킬로그램의 무게를 들 수 있다고 치자. 그러나 그 이상을 들려고 한다면 마음대로 되지도 않을뿐더러, 욕심을 일으킨 그만큼 몸을 다칠 수밖에 없는 것과 같다.

자존심과 관련된 명예욕名譽慾, 이기심의 산물인 재물욕財物慾은 거의 욕심이기 쉽다. 필요한 것보다 더 많이 바라기 때문이다. 그것은 곧 풍요로운 자연과의 소통을 막는 장애물로 작용한다. 그러기에 욕심을 내면 바라는 것을 얻기는커녕 가진 것마저 잃어버리고 삶이 궁핍해지고 인생을 망칠 수도 있다.

욕심은 버려야 하지만 욕구는 충족되어야 한다. 욕구가 충족되지 않으면 결국 욕구불만에 빠지고 이로 인해서 각종 마음병과 신체적 질환이 뒤따른다. 특히 성욕은 적극적으로 충족되어야 한다. 파트너가 없다면 자위행위를 통해서라도 분출하는 것이 마땅하다. 물론 원만한 성생활을 유지하기 위해서는 상대에 대한 배려와 존중이라는 예법이 절대적으로 필요하다. 예법이 지켜지는 성性은 가장 흥미진진한 삶의 축제지만, 욕심이 개입하면 흉악한 범죄가 발생한다.

그러면 왜 우리들은 본성을 잃고 욕심에 휩싸이는 걸까?

《황제내경》 상고천진론上古天眞論은 그 근본적인 이유를 밝혀주고 있다.

충분히 가지고 있음을 알지 못한 채, 때에 맞추어 마음을 통제하지 못하고, 욕심을 채우려고만 하는 것은 인생의 참된 즐거움에 어긋난다.

(不知持滿 不時御神 務快其心 逆於生樂)

이 구절을 보면 욕심의 때가 끼어 있기 때문에 충분히 가지고 있음을 알지 못한다고 볼 수 있다. 사실이 그러하다. 우리는 태어난 것만으로도 이미 굉장한 흑자 인생이다. 이 세상에는 하늘과 땅과 물과 바람, 태양과 달과 별에 의한 우주쇼가 펼쳐지고 있다. 꽃들의 향연, 바람의 애무, 계절이 변화하는 경이로움 등등…. 세상을 살아가는 즐거움이 어찌 한두 가지이겠는가. 그런데 또 그 무엇을 바란단 말인가.

우리의 옛 선비들은 늘 깨어서 항상 마음의 때를 씻어냈다. 검소와 청빈을 최고의 덕목으로 삼고 자연이 본래 가지고 있는 풍요로움을 그대로 누렸다. 《논어》 요왈堯曰과 《중용中庸》에서는 욕구와 욕심의 경계점에 대해서 각각 다음과 같이 적고 있다.

바라기는 하되 탐욕하지 않는다.
(欲而不貪)

군자는 현재의 위치에 따라 행하고 그 밖의 것을 바라지 않는다.
(君子素其位而行 不願乎其外)

이와 같은 마음이 곧 본성이다. 필요 그 이상을 바라지 않는다. 항상 겸허하고 만족할 줄 안다. 이렇게 살면 삶은 예술이 된다. 우리가 가진 가장 근원적인 욕구로서의 마음의 평화가 달성된다.

혹자가 물었다.

"도대체 왜 욕심을 버리고 마음을 비우라는 거죠? 마음껏 욕심을 채워야 즐겁지 않나요"

"욕심은 채워지지 않아요. 그 욕심을 비워야 건전한 욕구를 충족시킬 수 있어요."

"어떻게 욕심을 비우죠?"

"욕심의 허망함을 깨우치는 거예요."

욕심이 주는 해악을 아는 데도 불구하고 욕심을 버리기 힘들다고 말하지 말자. 내 옷에 쇠똥이 묻은 걸 보고도 그걸 그대로 입고 다닐 사람은 없듯이, 제대로 안다면 욕심 따위에 휩쓸리지 않는다. 오직 욕심이 주는 해악害惡을 모르기에 자신을 삶의 고통 속으로 처넣고 있는 것이다.

희미하게 아는 것은 욕심을 끊어내는 데 아무런 공헌도 하지 못한다. 아예 모르면 차라리 겸손할 수 있는 법. 안다는 생각에 가로막혀 더 이상 알려고 하지 않는 앎이라면 차라리 모르는 게 낫다.

욕심으로부터 자유롭고 싶다면 철저히 궁리해야 한다. 무엇이 내 인생에 유익함을 주는지 사력을 다해 끝까지 따져봐야 한다. 그러면 욕심의 해악을 분명히 이해하게 되고 그토록 나를 괴롭혔던 욕심을 끊어낼 수 있다.

욕심을 끊어낼 수 있는 또 하나의 방법은 큰 포부를 가져보는 것이다. 포부抱負와 욕심은 다르다. 욕심은 악惡이지만 포부는 빈 마음으로서 크고 건전하며 선善한 욕구다. 욕심은 사사私로운 마음이지만 포부란 공의公義의 마음이다. 이 마음은 고조선의 건국이념인 홍익인간弘益人間의 정신과 만난다.

《명심보감》존심편存心篇의 다음 구절을 보자.

담력은 크게 가지도록 하되 마음 씀씀이는 섬세해야 하고, 지혜는 원만하도록 하되 행동은 방정하게 해야 한다.

(膽欲大而心欲小 知欲圓而行欲方)

마음의 평화를 지키겠다는 분명한 자세를 가졌다면 포부가 큰 사람이자, 담력이 큰 사람이다. 꽃을 보는 재미와 걷는 기쁨, 말하는 즐거움 등을 누릴 줄 안다면 섬세한 마음을 가진 사람이다. 이 두 가지를 조화롭게 이끌어간다면 어떻게 욕심 따위가 끼어들 수 있겠는가.

운동선수들은 '자기만의 힘'을 빼야 경기의 흐름을 탈 수 있고 효율적으로 힘을 쓸 수 있음을 잘 이해한다. 마음도 마찬가지다. 욕심을 버리는 것은 마음의 힘을 빼는 것과 같다. 그래야 삶의 리듬을 탈 수 있고 현실감각이 생겨난다.

공자께서는《논어》위정爲政에서 다음과 같이 말씀하셨다.

내 마음이 하고자 하는 바를 좇으나 법도를 넘지 않는다.

(從心所欲 不踰矩)

마음대로 살자니 법도에 걸리고, 법도를 지키자니 욕구를 충족시킬 수 없는 것은 진정한 자유가 아니다. 오직 욕심의 허망함을 아는 사람만이 욕심에 얽매이지 않고 건전한 욕구를 추구할 수 있다. 그러니 법도를 넘을 일이 또 무엇이겠는가.

자기계발 서적을 탐독하는 사람과 종교적 수행자들도 욕심이라는 함정에 곧잘 걸려든다. 욕심은 '강바기'의 정밀한 조종을 받아 신과 진리, 자아에 슬쩍 끼어들기도 하고 영생과 구원, 해탈과 깨달음이라는 탈을 쓴 채로 집요하게 파고들어온다. 이러한 욕심으로부터 자유로워지기 위해서는 꾸준한 자기수양 외에는 다른 길이 없다.

  최소한 우리가 건강하게 살아가려 한다면 욕심이라고 불리는 마음병만큼은 꼭 치유해야 한다. 성현의 가르침에 준거^{準據}하여 선악^{善惡}을 구분해내고, 그래서 내 인생에 무엇이 중요한지 깊이 헤아린다면, '강바기'의 작품인 욕심과의 한판 싸움에서 반드시 승리할 수 있다.

  필승!

조급증과 중독증

누구든 조급하게 자기감정만 앞세워 서두르다가 낭패를 본 경험이 있기 마련이다. 근본을 멀리하고 말단에 관심을 두는 마음, 과정을 무시하고 급히 얻으려는 마음이 곧 조급증이다. 조급증은 '강바기'가 무조건 빨리 해치워야 한다면서 과정을 부정하는 것이기에 전형적인 마음병이다.

30대 후반의 남성 실업가가 방문했다.

"최근 2년간 실패의 연속이었어요. 자신감이 있었는데 결국엔 잘 안 됐어요. 제가 번 돈의 3분의 1을 잃다 보니 점점 사업이란 것이 두렵기만 하네요."

"네, 두려워야 하고 조심스러워야 해요. 혹시 실패한 원인이 지나친 자신감은 아니었을까요? 자신에게 허황된 생각이 없는지 살펴보세요. 경계심이 없는 자신감은 조급증에 불과해요. 조금 더 속도를 늦춘다면 성공의 문은 다시 열릴 거예요."

충분히 기다리지 못하고 풋과일을 따먹다가 배탈이 나듯이, 조급히 결정하고 당장 해결하고자 하는 마음이 문제를 만든다. 당장 강도나 도둑이 침입하는 시급하고 위급한 상황이 아니라면, 과연 그것이 어떤 문제인지, 정말 문제라면 어떻게 풀어갈 것인지를 한 박자 늦추고 냉철히 살피는 것이 바람직하다.

조급증이 고착되면 결국 내게 해害를 주는 나쁜 습관인 중독증으로 변질된다. 가장 전형적인 흡연중독증이 그러하다. 담배에 있는 니코틴 성분은 불과 수십 초 만에 폐를 통해 뇌에 도달한다. 그런 자극은 순간의 쾌감을 일으켜 일상의 무료함을 벗어나게 한다. 음주와 마약도 그러하다. 도벽盜癖이나 도박賭博, 게임도 마찬가지다.

이와 같은 나쁜 습관에 빠지는 것은 그 해로움을 제대로 알지 못하기 때문이다. 그러나 중독자들은 "알면서도 잘 안 된다"고 변명한다. 이건 착각이고 오해다. 알지 못하니까 못 끊는 것이다. 마음공부를 해서 중독이 내 몸에 해롭다는 사실을 명확히 인식한다면 조급증과 중독증에서 벗어난다.

50대 후반의 흡연 및 음주중독자가 말했다.

"저는 도저히 술과 담배를 끊을 수가 없어요. 술을 끊으면 정신적인 공허감이 심해서 더 견디기 어려워요."

"술과 담배보다 더 좋은 친구를 소개해드릴게요. 그것은 진리예요. 성현의 말씀을 공부하시면 술은 저절로 멀어질 거예요."

음악에 심취한 사람, 미술에 빠진 사람, 인생을 사랑하는 예술가들에게는 '중독자'라는 표현을 쓰지 않는다. 그들의 마음이 조급하지 않기 때문이다. 만일 마음이 조급하다면 결코 예술적 감각을 가질 수 없다. 비록 생활은 고달파도 마음만은 평화로운 사람들의 전유물이 곧 예술이다.

소설가 이외수 선생은 《절대강자》에서 당신 과거의 한 시절에 대해서 다음과 같이 쓰셨다.

「젊었을 때는 모든 현상과 존재들이 다 술을 마시게 만드는 구실이 됐다. 날씨가 흐리면 날씨가 흐려서 술 생각, 날씨가 맑으면 날씨가 맑아서 술 생각, 마침내 나는 습관성 알코올중독에 빠져버린 자학의 개가 되었다. 돌아보면 눈물 난다. 부끄럽고 아픈 시간들.」

이외수 선생을 음주중독자라고 부를 수는 없다. 선생은 술을 마셔도 당신이 해야 할 최소한의 일에 게으르지 않았기 때문이다. 깨우침을 주는 쓴소리를 하셨지만 결코 남을 비방하지 않았다. 선생은 다만 한때 술을 좀 많이 드셨을 뿐이다. 그럼에도 당신 자신을 돌이켜 반성하며 스스로의 부끄러움을 들춰내는 아름다운 용기를 가지고 있다.

물질적인 대상 외에도 우리에게는 자못 심각한 중독증이 존재한다. 자신과 타인의 삶에 대해 부정적으로만 생각하기, 타인의 단점만을 물어뜯기, 비방하기 등도 모두 중독증이다. 여기에도 순간적인 쾌락이 존재한다. 남을 비방하는 데는 나름의 재미와 기쁨이 있다. 그런 기쁨은 칠정 중 희喜에 속하는 것으로 자기 발전에 해롭고 대인관계를 악화시킨다.

일단 자신에게 나쁜 습관이 있음을 알아차린다 해도 심리적인 관성의 법칙에 의해서 그 증상은 지속적으로 반복되어 나타난다. 마치 브레이크 페달을 밟아도 한동안은 자동차가 앞으로 쏠리는 현상과 같다. 그러나 브레이크를 밟는 한 결국 자동차는 설 수밖에 없는 것처럼 제아무리 강력한 중독증도 지속적으로 자기수양을 한다면 반드시 해소된다.

조급증은 치료하는 사람에게도, 치료받는 사람에게도 자주 나타난다. 그러나 서둘러서 되는 일은 없다. 자기수양에는 시간이 필요하다. 조급한 마음을 꺾고 씨앗을 뿌리고 잡초를 제거하며 충분히 기다릴 줄 아는 농부의 마음을 가져야 좋은 결과를 얻을 수 있다.

《맹자》공손추公孫丑의 한 구절을 보자.

송나라 사람 중에 벼싹이 자라지 못함을 고민하다가 그 싹을 뽑아놓은 자가 있었다. 그는 아무것도 모르고 돌아와서 집안사람들에게 "오늘 내가 지쳤다. 내가 벼싹이 자라도록 도왔다"라고 말했다. 그의 아들이 달려가서 보니 (이미) 벼싹이 말라 있었다.

(宋人有閔其苗之不長而揠之者 芒芒然歸 謂其人曰 今日病矣 予助苗長矣 其子趨而往視之 苗則槁矣)

본래 위 이야기는 맹자께서 호연지기浩然之氣[46]를 언급하시면서 조급한 마음이 해가 된다는 사실을 경계코자 비유한 이야기다.

이처럼 모든 일은 조급할수록 멀어진다. 갈증을 가시게 하려고 바닷물을 마신다면 점점 더 갈증이 일어난다. 언 발을 녹이려고 오줌을 누면 발이 점점 더 얼어붙는다. 서두름을 경계하고 마음의 평화라는 근원적인 욕구를 좇아야 조급증이나 중독증에 빠지지 않는다.

가장 위험한 중독증은 자기를 성찰하지 않는 습관이다. 바짝 깨어 내 인생에서 무엇이 해롭고 무엇이 유익한지를 정확히 파악하는 자세가 필요하다.

혹자가 물었다.

"자기수양이란 성현의 말씀을 기준 삼아 내 생각과 감정을 물끄러미

주시하면서 여기에 이끌리지 않도록 깨어 있는 공부라고 하는데, 현실적으론 너무 어려운 것 아닌가요?"

"그렇지요. 절대 만만치 않은 공부지요."

"그렇게 어려운 공부를 일반인도 아닌 환우들이 어떻게 할 수 있죠?"

"어렵다고 해서 하지 않으면 마음의 때가 끼어서 더욱 힘들어지죠. 자기수양은 일반인이든, 환우든, 선생이든, 의료인이든, 우리 모두가 해야 할 공부예요. 환우들은 절실하니까 더욱 열심히 공부해요. 환우들이 수양하지 못할 것을 걱정할 게 아니라, 나 자신이 수양에 힘쓰지 못함을 걱정해야 할 문제가 아닌가요?"

사람에게는 사람으로서 마땅히 해야 할 권리와 의무가 있다. 만물을 주관하고 스스로를 부지런히 수양하기가 그것이다. 이를 팽개치는 게 게으름이다. 이때부터 마음의 때가 점점 쌓여간다. 악취가 풍기지만, 스스로는 마취가 되어 그 악취를 맡지 못하니 참으로 딱한 일이 아닐 수 없다.

만물은 항상 부지런하다. 사계절의 흐름은 냉정하다. 이 흐름을 타지 못하고 역행을 한다는 게 참으로 이상한 일이 아닐까?

자기수양은 처음에만 힘들게 느껴질 뿐, 막상 시작하면 내면의 평화를 얻게 되면서 최고의 기쁨이 생겨난다. 자기수양이야말로 삶의 가장 큰 즐거움이며 건강하고 아름답고 선한 중독증이다. 이 기쁨으로 인해서 자기수양은 중단되지 않고 더 이상 나쁜 습관이 스며들지 못한다.

순간적인 쾌락은 달콤한 독약에 불과하다. 바짝 깨어서 이 유혹을 이겨내고 마음의 평화를 추구한다면 조급증과 중독증에서 완벽히 벗어난다.

자기수양

증상 완화를 위한 치료는 흙탕물이 일어났을 때 그 흙탕물을 걷어내는 것과 같다. 약물요법, 향기요법, 음악치료, 미술치료, 명상과 기도, 각종 상담요법 등이 그러하다. 그러나 이것들만으로 병을 고치겠다는 생각은 마치 영양제만으로 우람한 근육을 만들겠다는 생각처럼 허망하다.

완치를 위해서는 반드시 원인해소에 힘써야 한다. '강바기'를 돌려세워야 한다. 앞서 말했듯이 《동의보감》 이도료병以道療病에는 "도로써 병을 고쳐야 하며 빈 마음을 얻어야 도와 합할 수 있다"고 명시되어 있다. 허준 선생은 이어서 《구선활인심법臞仙活人心法》의 글을 인용하며 다음과 같이 자기수양의 필요성을 밝혔다.

옛적에 신성神聖한 의사들은 사람의 마음을 다스려서 병이 나지 않게 하였다. 지금 의사들은 단지 사람의 병만 치료할 줄 알고 마음을 다스릴 줄은 모른다. 이것은 근본을 버리고 끝을 좇는 것이며 원인을 찾지 않고 나타난 증상만을 치료하여 병을 낫게 하려고 하는 것이니 어리석은 일이 아닌가.

(古之神聖之醫 能療人之心 預使不致於有疾. 今之醫者 惟知療人之疾 而不知療人之心. 是猶捨本逐末 不窮其源 而攻其流 欲求疾愈不亦愚乎)

물론 모든 의료인은 원인치료에 가장 중점을 둔다. 그러나 당장의 증상 완화를 먼저 기대하는 환우와 보호자의 요구를 떨쳐내기란 결코 쉬운 일이 아니다. 실제로 즉각 증상을 완화해주어야 의료인 입장에서도 신뢰를 얻고 권위를 내세우기 편하다. 그러기에 환자와 의료인이 공히 끈기와 정성이 필요한 자기수양을 택하기보다는 증상완화라는 달콤한 유혹에 빠지기 쉽다.

혹자가 물었다.

"원인치료는 원인을 해소함으로써 증상을 없애는 치료라고 들었어요. 그렇다 해도 다른 원인이 또 발생하여 재발할 수 있는 것 아닌가요?"

"진정한 원인해소는 문제를 문제로서 인식하지 않는 거예요. 자기수양은 우울을 거부하는 마음에서 우울을 포용하는 마음으로 전환하는 거예요. 그러면 우울해도 문제가 되지 않으니 원천적으로 재발이 되지 않는 거죠."

"원인치료가 되면 더 이상 마음병이 생기지 않는 건가요?"

"물론이죠. 자기수양을 지속하는 한 마음병은 생기지 않아요. 그렇지만 자기수양을 멈추면 얼마든지 다시 생길 수 있어요."

"마음병의 근원적인 예방을 위해서는 어떻게 해야 하죠?"

"자기수양을 꾸준히 하는 것이 곧 원인치료이자 예방법이에요. 마음병의 원인 그 자체를 해결하는 것이야말로 치료인 동시에 예방이에요."

마음병으로 인해 자기수양을 시작한 지 1년이 가까워진 20대 후반의 남성이 말했다.

"언제라야 제 마음병이 완치될까요? 나을 것 같지가 않아요."
"증상만을 바라보고 있어서 그래요. 증상은 그대로인 것 같아도 존재인정의 심리가 생겼다면 이미 치료가 되고 있는 거예요."
"어째서 그렇죠?"
"내게 어떤 증상이 있다면 그 증상을 발현시키는 기전이 있다는 뜻이에요. 원인이 있으니 증상이 나타나는 것은 당연해요. 바로 이 점을 받아들이지 않기 때문에 '왜 내게 이런 증상이 있어야 하느냐'며 현실과 싸우려고 하는 거죠. 이게 바로 증상에 얽매이는 거예요."
"그럼 어떻게 해야죠?"
"다소 힘들겠지만 아예 증상을 살피지 않는 게 좋아요. 그리고 성실하게 마음공부에 임하는 거예요. 처음에는 잘 안 되겠지만 하루에 한 구절이라도 외워보겠다는 마음으로 접근하다 보면 점점 마음공부에 집중력이 생겨나기 시작하면서 진도가 나가게 되죠.
성현의 가르침은 햇빛과 같고 물과 같아요. 마음공부에 충실하다 보면 어느새 내 영혼이 성장하고 그러한 성장 속에서 증상들은 녹아 없어지게 되죠. 이제껏 제대로 집중하지 않았기에 증상이 남아 있는 거예요. 증상이 남아 있다면 이를 자신의 부족함으로 인정하고 더욱 겸허해져야 해요. 결과는 하늘에 맡기고 묵묵히 자기를 수양하면 마음병이 낫지 않을 수 없는 거예요."

내 안의 '강바기'를 극복하는 것이 완치의 관건이다. 그러기 위해서는 '강바기'의 불합리성을 깨달아야 한다. 그러면 '깨치미'가 찾아오면서 우울해도 되고 불안해도 괜찮고 혼란스러워도 좋다는 믿음이 생겨난다. 이때 지속적으로 자기수양을 해 나가면 한순간의 믿음이 점점 성장하여 일상생활 전체로 확산된다.

이 경지에 대해 《황제내경》 상고천진론上古天眞論에서는 다음과 같이 말했다.

모든 잡념을 던지고 마음이 비워지면 진기眞氣가 뒤따라오고 정신이 안정되니, 병이 어찌 생기겠는가?

(恬淡虛無 眞氣從之 精神內守 病安從來)

성현의 말씀을 통해 자기를 수양하면 이러한 믿음이 생겨난다. 이때 호연지기浩然之氣가 생겨난다. 그 텅 빈 공간을 따라 힘찬 우주의 기운이 들어오면서 정신이 안정되고 신체가 건강해진다.

물론 이렇게 순행順行하는 것이 좋지만 때로는 역행逆行할 수도 있다. 사람의 생각은 불완전해서 무지와 착각에 빠지기 때문이다. 역행 또한 인정되어야 한다. 순행이 탄탄대로라면 역행은 가시밭길이다. 가시밭길로 가서 고생을 해봐야 탄탄대로의 편리함과 필요성을 깨우친다. 둘 다 필요하다.

잠시 《동의보감》 허심합도虛心合道에 인용된 혜능慧能 조사의 말을 살펴보자.

본래 한 물건도 없거늘, 어느 곳에 티끌이 낄 수 있으랴!

(本來無一物, 何處有塵埃)

누군가 이를 인용하여 "우리의 내 마음의 본성은 항시 깨끗하여 씻고 닦을 필요가 없다"고 주장한다면 옳기도 하고 동시에 틀리기도 하다. 본성은 칠정으로부터 영향받지 않는 초월된 존재이므로 내가 갈고 닦음과 상관없이 티끌 따위가 낄 수 없다. 그러므로 원론적으로 맞는 말이다. 그러나 진흙 속의 옥과 같은 본성을 보기 위해서는 마땅히 진흙에 해당하는 칠정이란 마음때를 닦아내어야 하니 '닦지 않아도 된다'는 말은 틀린 말이다.

요체는 마음을 '옥으로 보느냐, 옥과 진흙으로 보느냐'의 문제일 뿐이다. 그런데 이를 후자로 보면서도 내 마음의 때마저도 닦아낼 필요가 없다고 주장한다면, 때가 잔뜩 끼어 있음에도 불구하고 자신은 때가 끼지 않는 사람이므로 목욕할 필요가 없다고 주장하는 것과 다르지 않다. 참으로 심각한 착각이요, 위중한 마음병이 아닐 수 없다.

내 마음이 어찌 칠정 따로, 본성 따로이겠는가. 본성도 내 마음이요, 칠정도 내 마음이다. 그러므로 반드시 수양이 필요하다. 위 구절은 결코 훼손되지 않는 본성의 고유성을 강조한 부분이지 수양의 중요성을 간과한 것이 아니다. 그러므로 본성이 발현되기 위해서는 반드시 꾸준하게 갈고 닦아야 한다. 갈고 닦지 않으면 본성이 있음도 모르는 법. 어떻게 본성의 고유성을 말할 수 있겠는가.

주자朱子 선생의 뜻도 이와 같았다. 선생은 《소학小學》의 전편을 통해 "물 뿌리고 비질하며 윗사람과 응대하기(灑掃應對)"를 수시로 강조했다. 자기수양은 일상의 작은 일을 꾸준히 실천하는 것이 관건일 뿐, 결코 거창하지 않음을 말씀하신 것이다. 이는 실천형 심성계발의 핵심요소인 '청소하기와 예절 지키기'에 해당한다.

율곡 선생 역시 《격몽요결擊蒙要訣》 서문에서 "사람이 이 세상에 태어나 수양하지 않으면 사람이 될 수 없다(人生斯世 非學問 無以爲人)"라고 하셨다. 또《성학집요聖學輯要》를 통해 다음과 같이 말씀하셨다.

앎과 실천은 비록 선후가 다르지만 동시에 진행된다. 따라서 앎으로 말미암아 실천에 도달할 수도 있고, 혹은 실천으로 말미암아 앎에 도달할 수도 있다.
(知行雖分先後 其實一時竝進 故或由知而達於行 或由行而達於知)

오직 꾸준한 운동만이 근육을 단련시키듯이, 꾸준히 자기수양을 실천해야 비로소 본성이 회복되어 마음병에서 벗어날 수 있다. 나는 20여 년의 임상을 경험한 심의心醫로서 자기수양을 시작함에 있어 반드시 유념해야 할 사항을 다음의 네 가지로 요약해보았다.

첫째, 성현의 말씀이 담긴 경전經典과 그 뜻을 펼친 양서良書를 항상 가까이한다.
둘째, 내가 가진 나쁜 습관이 매우 강력하다는 점을 인정하고 이를 깔보지 않는다.
셋째, 겸허한 마음으로 꾸준하게 갈고 닦되, 그 결과는 하늘에 맡긴다.
넷째, 내게 진정 유익한 길이 무엇인지 늘 깨어 헤아린다.

자기수양은 어려울 것 없다. 위처럼 결심하고 성현의 말씀을 통해 바짝 깨어서 자기를 성찰하여 칠정의 때를 살피고 그 해로움을 아는 것, 또 이와 동시에 본성의 향기를 맡아 그 유익함을 맛보는 것, 이것이 전부다. 이와 같은 자세로 꾸준하게 수양하면 머지않아 물리物理가 툭 터지면서 생각이 크게 열린다. 제아무리 뛰고 나는 '강바기'라는 묵고 씨든 마음 때가 있을지라도 모두 씻어지고 마음병에서 벗어난다.

　마음병이든 정신질환이든 우리가 자기수양의 길로 힘차게 나아가게 하기 위한 좋은 채찍질이다. 마음병에 걸린 것은 사람답게 살아갈 수 있는 기회를 얻은 것이다. 우리가 어찌 이 좋은 기회를 그냥 흘려버릴 수 있겠는가.

심의心醫의 길

《황제내경黃帝內經》 통천通天에서는 해동네와 달동네, 그 모두를 인정하며 치우침 없이 생활하는 수양인을 "음양화평지인陰陽和平之人"이라고 불렀다.

음양이 화평한 사람은
어디에서든 정신을 편안하고 안정되게 머물게 한다.
지나치게 두려워하거나 크게 기뻐하지 않으며
유순하게 사물과 동화되어 다투는 일이 없고,
항상 때에 맞춰 적절히 변화하고 대처한다.
지위가 높을지라도 겸손하며, 낮을지라도 아첨하지 않는다.
(陰陽和平之人 居處安靜 無爲懼懼 無爲欣欣 婉然從物
或與不爭 與時變化 尊卽謙謙 卑而不諂)

위 구절에는 외부환경을 탓하지 않고 나 자신이 주체가 되어 검허하게 생활하는 모습이 잘 그려져 있다. 그러나 우리에게는 칠정에 얽매인 좋지 않은 습관의 때가 두텁게 끼었기에 자기수양으로 나아가는 길은 결코 만만치 않다. 이 점을 간파한 퇴계 선생께서는 제자들의 마음이 흐트러지지 않도록 여러 잠언箴言을 내려 경계토록 하셨다.

그 중 한 구절이 내 가슴에 깊이 파고든다.

바른길을 지키자니 거리낌이 많고
무리를 따르자니 자신을 잃는다.
이것이 제일 어려운 일이다.
(守正則多礙 隨衆則失身 此爲第一難事耳)

물론 이 잠언은 제자들이 마음의 중심을 잘 잡아서 바른길로 나아갈 수 있게끔 독려한 글이다. 그런데 또 다른 측면에서 보면 자기수양에 철저하였던 퇴계 선생의 인간적인 고뇌가 엿보이는 대목이기도 하다. 참으로 진솔한 자기 고백이 아닐 수 없다.

마음병으로 자식을 의뢰했던 50대 초반의 부부가 한 달 만에 찾아왔다.

"제 아들이 치료를 거부해요. 치료비를 돌려주세요."
"왜 자녀가 그런 이야기를 하는지 그 이유를 물어보았나요?"
"일단 아이가 싫다고 말하잖아요."
"이제껏 아드님은 망상이 심하고 게을렀어요. 모든 것을 자기식대로만 하려고 했죠. 저는 지금 아드님에게 자립의 길을 열어주기 위해 그 기초단계로 설거지, 청소, 빨래를 하도록 교육시키고 있어요. 지금처럼 게으름을 피우고 망상하며 살도록 내버려두지 않죠.

지금 아드님은 이러한 권고를 받아들이기 싫다면서 치료를 거부하는 거예요. 그럴수록 부모님께서는 마음의 중심을 단단히 잡아야 해요. 일단 부모님께서 아드님의 치료를 맡겼다면, 이런 문제를 어떻게 해결해야 하는지 먼저 저와 협의해야 하지 않을까요?"

물론 심성을 지도하는 선생이나 부모는 환우의 말을 잘 경청해야 한다. 그러나 그 말이 이치에 부합되는지의 여부를 잘 살피지 않고 무조건적으로 환우의 말을 따르는 것은 오히려 병세를 악화시키는 주된 요소로 작용한다.

이런저런 사연으로 인해 마음공부를 계속적으로 진행시키는 일이란 결코 녹록치 않다. 그러나 심의心醫는 한 번 시작한 치료의 끈을 쉽게 놓지 않는다. 때로는 이로 인해서 오해가 발생하지만 심의는 이를 개의치 않는다. 그건 상대의 오해일 뿐이고 또 그렇게 오해할 권리가 있기 때문이다. 일정 시간이 지나면 소복이 내린 오해의 눈을 쓸어낼 날이 꼭 찾아온다.

어떤 경우에는 더 심한 미움을 받기도 한다. 그러나 누군가를 미워하면 역설적으로 미워하는 그 사람을 닮게 되는 법. 결국 환우도, 보호자도 심의들을 닮아서 다시금 더 철저히 마음공부에 임하게 된다.

율곡 선생은 《격몽요결擊蒙要訣》[47) 입지立志에서 다음과 같이 말했다.

> 처음 공부할 때는 먼저 모름지기 뜻을 세워야 한다.
> 반드시 성인이 되기를 스스로 기약하며
> 털끝만큼이라도 자신을 형편없다고
> 비하하며 내던지는 생각을 가지면 안 된다.
>
> (初學 先須立志 必以聖人自期 不可有一毫自小退託之念)

입지立志란 바른길을 가겠다는 결연한 의지다. 입지는 자기수양을 계도하는 심의나 환우 모두에게 예외가 될 수 없다. 특히 심의라면 그 결심을 깨뜨리고 자기를 내던지는 일은 상상할 수 없다.

모 신문사의 기자가 말했다.

"이 세상에는 가난한 사람들이 참 많아요. 그들이 마음병에 걸리면 경제력이 없어서 치료받기 힘들어요. 이 문제를 어떻게 생각하시죠?"

"자기수양은 가난과 아무런 상관이 없지요. 율곡 선생께서 강조하셨듯이 입지立志가 중요할 뿐이에요. 저희 심의들은 모두가 최소한의 재능기부를 통해 일정한 역할을 하고 있어요. 배우고자 하는 의지만 있다면 자신을 도와줄 사람들을 찾아내는 것은 어렵지 않아요."

자립을 위해 기초적인 경제력을 회복하는 것은 자기수양의 주요 목표 중 하나다. 그러므로 경제력이 없다면 더욱 심성계발에 매진해야 한다. 경제력이 없는 것은 부끄러움도 아니지만, 내세울 만한 점도 결코 아니기 때문이다.

또한 경제력이 있음에도 불구하고 돈에 얽매여 치료를 주저하는 것도 바람직하지 않다. 돈의 중요성을 안다면 인성을 함양하는 데 아낌없이 써야 한다. 세상에 인성을 함양하는 것보다 더 유익한 투자는 없기 때문이다.

나는 심의로 자처한 이상 우리 사회에 존재하는 모든 환우들의 아픔을 해소하는 것이 곧 내 의무이자 책임이라 여긴다. 그래서 나와 심의들은 사회적 소명召命을 다하고자 한다. 이를 위해 심의들은 비록 작은 힘이지만 주변의 공익시설에 재능기부를 실천하면서 자칫 해이해지기 쉬운 마음을 스스로 단속하기에 힘쓴다. 또 최근에는 마음세탁소의 여러 유익한 자료들을 인터넷에 개방하여 문호를 크게 열었다.[48]

만일 자기수양에 뜻이 있으나 몹시 가난하여 그 혜택을 보지 못하는 환우들이 있다면 본 카페(cafe.naver.com/ohmyheart)를 적극 활용했으면 좋겠다. 우리 심의들은 이분들과 항상 함께하겠다는 마음을 이 책을 통해 밝히는 바다.

심의로 살아가는 길은 참 즐겁지만 크게 흔들릴 때도 있다. 아주 드물지만 환우의 본성이 회복되기 전에 자기만의 감정에 빠져서 극단적인 선택을 할 때가 있기 때문이다. 이를 보는 내 가슴은 움푹 패어 휑한 구멍이 뚫린다. 아마도 부모가 자식을 잃은 심정이 이러할 것이다. 도의적인 책임이 있는 나로서는 심한 자책감과 자괴감마저 올라온다.

그러나 나는 심의다. 내 임무를 멈출 수 없다. 나는 거리낌이 많더라도 바른길을 가라고 말씀하신 퇴계 선생님의 말씀과 언제라도 자기수양을 멈추지 말라는 구암 선생님의 가르침을 되새기며 비통함을 털어내고 다시 마음을 잡는다. 미리 떠난 이에 대한 죄책감에 휩싸이기보다 그들이 못다 산 인생을 대신해서 더 열정적으로 살아가고자 노력한다.

또 나는 그들이 조금이라도 애써 실천하고 이룩한 부분만큼은 인정하고 싶다. 그렇게 나는 그들과 삶과 죽음을 넘어 하나가 된다. 나는 그들이 내 눈을 통해 찬란한 세상을 보고, 내 손을 통해 사물을 느끼고, 내 마음을 통해 이 세상을 사랑할 수 있게 되기를 바란다. 어찌 아는가. 또 다른 삶과 우주가 있어 내가 그들을 다시 만나 새롭게 출발할 수 있을지….

자기수양의 길에서 슬픔은 잠시일 뿐 기쁨이 훨씬 많다. 심성계발에 정성을 쏟은 대부분의 친구들은 이제 이 사회의 당당한 구성원이 되어

힘차게 살아가고 있다. 몇 년 전에 마음공부에 열중했던 한 친구가 있었다. 그녀는 참 열심히 공부했다. 고집을 굳센 의지로 바꿨고 변덕을 유연성으로 대체했다. 성공적으로 사회에 진출한 그녀가 최근 첫 책을 출간했다면서 자신의 저서와 감사의 글을 함께 보내왔다.

참 장하다. 참 잘했다. 그리고 고맙다. 나는 그녀가 정말 자랑스럽다. 그리고 자기수양의 틀을 만들어주신 옛 성현께 감사드린다.

마음공부도, 심의 길도, 모두가 지난至難한 길이다. 다만 이런 어려움을 철저히 인정하고 굳센 각오로 임하면 누구라도 마음의 평화를 얻는다. 그러나 만일 쉽게 얻으려고만 하거나 대충 접근한다면 아무것도 얻을 수 없다.

나는 심의心醫로 살아가면서 마음이 혼란스러울 때는 옛 책 속에서 퇴계 선생을 만나 바른길을 지키고자 애썼던 당신의 인간적인 고충을 들으며 마음의 중심을 잡는다. 또 율곡 선생과 구암 선생을 만나서 내면의 영혼이 성장하는 기쁨을 함께 공유한다. 선생들은 한결같이 다정하고 친절하게 내 영혼을 어루만져준다. 어느새 내 마음의 음양陰陽이 화평해진다.

  아, 심의의 길에 외로움은 없다.

제4장 탈수 및 건조

각기 하고자 하는 바를 좇아도 모두 원하는 바를 얻는다.

(各從所欲 皆得所願)

─《황제내경》상고천진론 上古天眞論

절대 겸허

　2007년 봄, 나는 충주 마라톤 풀코스에 도전했다. 아침마다 꾸준히 30분 정도의 조깅을 해왔기에 크게 어렵지 않게 완주할 것 같았다. 그러나 그건 그냥 내 생각일 뿐이었다. 출발선에서 8킬로미터 지점부터 점점 뒤처지는 나를 보면서, 그리고 커져만 가는 내 숨소리를 들으면서, 마라톤의 냉정한 현실을 체감하기 시작했다.

　그렇게 젖 먹던 힘을 다해 두 시간쯤 뛰자, 체력도 정신력도 바닥났다. 더 이상은 계속 이어달릴 수가 없었다. 마라톤 레이스는 몸의 지구력도 중요하지만, 심리적 지루함과의 싸움이었다. 나는 걷다가 뛰다가를 반복하며 다섯 시간을 훌쩍 넘겨서야 가까스로 골인했다.

　물론 첫 도전에서 완주에 성공하긴 했다. 그러나 성공이라는 훈장이 준 기쁨보다 무리와 교만으로 인한 후유증이 더 컸다. 완주 직후의 탈진 증상은 차라리 견딜 만했다. 상체의 근육이 모두 빠지고 다리가 뭉쳐서 약 2주간은 정상적으로 걷기조차 어려웠다. 그것은 내 몸에 대한 가혹한 고문이었다.

　하지만 전혀 성과가 없었던 것은 아니었다. 나는 이 도전을 통해 내 방식이 허점투성이였음을, 내 생각은 교만이었음을 인정하게 되었다. 결코 쉽게 넘을 수 없는 견고한 현실의 벽 앞에서 나는 겸허해지지 않을 수 없었다. 더 이상의 큰 부상이 없었다는 사실만으로도 감사함이 올라왔다.

그 후 차근차근 몸을 회복시킨 나는 2008년 봄에 마라톤 클럽에 가입했다. 달리기의 기본인 달리는 자세를 수정하였고 체력향상을 위한 훈련에도 참여했다. 그렇게 석 달쯤 지나자 '러너스 하이 runner's high' [49]에 도달하면서 뛰는 기쁨을 찾게 되었다.

그 결과 나는 그 해에만 10여 차례의 하프코스와 세 차례의 풀코스를 완주할 수 있었다. 기록 역시 크게 향상시킬 수 있었다. 달리기의 희열과 골인 후의 진한 성취감이 온전히 내 것이 되었다.

내 마음공부 과정도 그러했다. 나는 나 혼자 깨치려고 수없이 노력했지만, 오히려 혼란만 가중되었고 오리무중에 빠지곤 했다. 그러나 다행스럽게도 내 옆에는 소당 스승님이 계셨다. 나는 내 방식을 내려놓고 스승님의 지도와 격려에 힘입어 지속적으로 경전공부로 나아갈 수 있었다.

다음은 《맹자》의 고자告子에 실려 널리 회자膾炙되어온 문구다.

하늘이 어떤 사람에게 큰 임무를 내리려 할 적에는, 반드시 먼저 그의 마음과 뜻을 고통스럽게 하고, 그의 근육과 뼈를 피곤에 지치게 하고, 그의 육신과 살갗을 굶주림에 시달리게 하고, 그의 몸에 아무것도 남아 있지 않게끔 한다. 그러고는 그가 행하는 일마다 그가 원하던 바와는 완전히 다르게 엉망으로 만들어놓는데, 이는 그의 마음을 뒤흔들어 인내심을 키워줌으로써 예전에는 해내지 못하던 일을 더욱 잘하게끔 해주기 위해서다.

(天將降大任於斯人也 必先勞其心志 苦其筋骨 餓其體膚 窮乏其身行 拂亂其所爲 是故動心忍性 增益其所不能)

물론 내 삶의 모든 고통은 나 스스로 만든다. 그런데 이 글에서는 하늘이 내게 큰 임무를 내리려고 나를 고통스럽게 했다고 말한다. 그랬다. 나는 학창시절에 마음병을 앓았고, 더 자라서는 대인관계가 깨지거나 무리한 투자로 경제적 어려움에 빠지기도 했다. 그러다가 도저히 어떻게 할 수 없는 상태에 이르렀다. 그것은 분명히 내 착각이었고 욕심이었다. 그래서 내 책임이었다고 생각했다. 그러나 그것을 크게 바라보았더니 모두가 하늘의 뜻이었다.

하늘은 나를 완전히 꺾어놓았고 내가 가진 뜻을 흐트러지게 했다. 하늘은 내가 하는 모든 일을 내가 원하는 바와는 전혀 다르게 망가뜨렸다. 내가 달성하고자 하는 모든 것을 훼방했다. 그리하여 나는 더 이상 아무런 주장도 할 수 없게 되었다. 나는 두 손과 두 발을 모두 들고 하늘에 투항했다.

'하늘이시여! 내 고집을 용서하소서!'

나는 일련의 시련과 경전 속 성현의 말씀을 통해 존재에 대한 순응과 겸허함이야말로 인생의 최고 가치라는 진리에 눈을 뜰 수 있었다. 내가 잃은 것은 단지 내 욕심과 집착의 소산물뿐이었다. 하늘은 내가 가진 불필요한 것을 모두 빼앗음으로써 정말로 소중한 것이 무엇인가를 깨우쳐 주었다.

'모든 것이 부서진 지금, 예전에는 해내지 못했던 일을 할 수 있다고 그러셨지. 좋아. 그럼 다시 새롭게 살아보자. 나는 아직 숨 쉬고 살아 있잖아!'

겸허하지 않은 자는 하늘이 참혹하게 깨부순다. 아니다, 사실 하늘은 가만히 있지만 나 스스로 현실에 부닥쳐 쓰러지고 무너질 뿐이다. 이런 역행 시스템은 내가 절대적으로 겸허해질 때까지 계속 작동된다.

지금 내가 최악의 상황에 빠져 있는가?

그렇다면 오히려 이 순간이야말로 겸허함에 대해 크게 깨칠 수 있는 확실한 전환점이자 절호의 기회일 수 있다.

내게 성현의 말씀을 전수해주신 소당笑堂 선생님은 평소 다음과 같이 말씀하셨다.

"내 분수가 무엇인지 알 수 없더라도 그 분수를 지킬 수가 있어요. 그 비결은 '겸허하게 살아가기'이지요."

그래도 내 안의 '강바기'는 언제나 기세가 등등하다. 툭하면 나서려고만 한다. 그러므로 사는 동안에는 항상 경계해야 한다. 설령 경계심을 잃어 그 무엇을 빼앗긴다 할지라도 아까워할 문제만은 아니다. 비록 헐벗더라도 내가 겸허함만 얻을 수 있다면 그 겸허함을 토대로 삼아 얼마든지 다시 채울 수 있기 때문이다.

혹자가 물었다.

"성현의 말씀으로 병이 나을 수 있나요? 그건 그냥 좋은 말씀일 뿐이잖아요. 그런 한가한 얘기를 하는 것 자체가 실병이 뭔지 모르시는 거예요."

"성현의 말씀에서 핵심이 무엇이라고 보시죠?"

"잘 모르겠어요."

"어째서 그 가르침들이 2,500년 이상 면면히 전해올 수 있었을까요? 왜 사람들은 그 가르침들을 통해 인성을 함양하고 바른 마음을 가지려고 애썼을까요? 이 점은 생각해보았나요?"

"아니요."

제대로 공부했다면, 진실로 깊게 사려했다면, 성현의 가르침에 대해 일언반구一言半句도 비방할 수 없다. 만일 누군가가 성현의 말씀이 내 마음병을 고치는 데 아무 소용이 없다고 말한다면, 그는 자신의 학문이 일천日淺하여 아무것도 얻지 못했음을 만천하에 뽐내고 있음에 불과하다.

고등학교 2학년의 한 남학생이 말했다.

"저는 검소함과 겸허함을 미덕으로 보지 않아요. 그들은 늘 빈곤하고 초라해요. 저는 부자가 될 거예요. 저는 최고가 되고 싶어요. 제 생각이 틀렸나요?"

"성현께서는 '행복이란 청렴함과 검소함에서 생겨나고, 덕성은 겸허함과 낮아짐에서 생겨난다'고 말했어요.50) 청렴하고 검소해야 풍요를 누릴 수 있어요. 사치스럽게 살면 늘 빈곤해질 뿐이에요. 겸허한 자가 가장 당당하죠. 검소와 풍요, 겸허함과 당당함, 그 둘은 같은 의미예요."

자기를 수양하는 사람은 반드시 겸허하다. 겸허하게 사는 것은 내 고집을 꺾고 무한한 우주의 에너지를 받아들이겠다는 뜻이다. 그에게는 특유의 당당함이 묻어난다. 겸허한 자에게는 시기할 수도 없고, 질투할 수도 없다. 시기와 질투가 기생할 대상이 비어 있기 때문이다.

자기가 뜻한 큰일을 이루기 위해서는 절대적으로 겸허한 자세가 요구된다. 겸허란 여기저기 흩어진 우주적 자산을 흡수할 수 있는 빈 그릇과 같다. 겸허의 창을 열지 않는다면 이 찬란한 우주의 축복을 받아들일 수 없다.

나는 지금 어떠한가.

내가 바라는 것이 크다면,

그것을 담아낼 겸허의 미덕이 있는 걸까?

참회록 懺悔錄

자신의 언행에 잘못이나 부족함이 없는지를 돌이켜 살펴보는 것이 반성反省이고, 자기의 잘못을 깨닫고 깊이 뉘우치는 것이 참회懺悔다. 참회란 반성을 통해 지난날의 과오를 확실하게 깨달을 때 따라오는 지극히 아름다운 각성이다.

반성은 자기성찰의 핵심이며, 자기수양의 출발점이다. 그러나 그런 반성이 참회로 완결되지 않으면 마음의 때가 씻어지지 않는다.

본래 '참회'란 죄를 지었을 때 쓰는 말이다. 그렇다면 과연 참회해야 할 정도로 내가 죄를 짓고 있을까? 그렇다. 내 마음이 평화롭지 못하고 내 생활이 즐겁지 않다면, 그것은 곧 내 삶에 대한 죄다. 특히 다음의 경우에 포함된다면 반드시 반성과 참회가 필요하다.

― 건강한 신체를 가졌음에도 초등학생이 혼자 학교에 가지 못한다.
― 중학생이 되었는데도 설거지, 청소, 빨래를 할 줄 모른다.
― 고등학생이 되었는데도 자신의 진로에 대한 생각이 전혀 없다.
― 성인이 되었는데도 정신적, 경제적으로 자립하지 못한다.
― 중년이 되었는데도 여전히 애정문제에 휩싸여 있다.
― 노년이 되었는데도 삶의 지혜가 없다.

이 외에도 자기만의 감정에 휩싸여 내가 맡은 일 하나 제대로 못한다면 성실한 반성과 깊은 참회가 필요하다. 참회에 이르는 순간에 마음의 잡티는 씻겨 내려가고 그 즉시 내 머릿속의 중압감도 해소된다.

다음은 20대 중반의 직장여성과 상담게시판을 통해 나눈 대화다.

"어제 퇴근할 때 동료들이 회식에 같이 가자고 하면 어쩌나 하고 걱정했어요. '무슨 핑계를 대야 하나' 하고요. 그러다가 문득 이런 생각이 들었어요. '친구가 없어서 고민이라고 할 때는 언제고 지금은 그 반대로 생각하고 있구나.'

저는 대인관계가 두렵기 때문에 최대한 동료들과 빨리 헤어지고 싶었던 거예요. 그런데 정작 제가 날마다 고민하는 것은 바로 '어떻게 하면 친구들을 잘 사귈 수 있을까'의 문제거든요. 이런 이중적인 모습 때문에 저 자신이 너무 혼란스럽네요."

"남들과 어울리기를 싫어하는 사람은 없어요. 어울리기를 싫어하는 것이 아니라, 어울리지 못하니까 '나는 남과 어울리기 싫어한다'고 스스로 규정해버리는 거죠. 내 안의 모순을 발견했으니 참으로 다행스럽네요."

"어떻게 하는 것이 좋을까요?"

"대인관계가 어려운 것은 첫째로 자신의 단점을 받아들이지 않기 때문이고, 둘째로 다른 사람들을 섬기고 존중하지 않기 때문이에요. 이 점을 살펴서 반성해보세요."

나를 성찰하여 무례한 점이 있다면 반성하고 참회하면 고쳐진다. 그리 어렵지 않다.

30대 중반의 직장 남성이 찾아왔다.

"마음의 중심을 잡을 수가 없어요. 하는 일마다 악수惡手를 둬요. 이 버릇을 알면서도 계속 반복해요. 아무리 다짐을 해도 고쳐지지 않아요. 허탈하고 의욕도 다 잃었어요. 어떻게 해야 하죠?"

"성공할 수도, 실패할 수도 있지요. 성공했느냐, 실패했느냐보다 더욱 중요한 것은 결과를 인정할 줄 아는 마음이에요. 허탈하고 의욕을 잃을 정도가 되어야 좋지 않은 습관에서 벗어날 수 있는 거예요. 이곳이 바로 변화가 시작되는 자리죠."

우리의 옛 선비들은 반성과 참회에 철저했다. 연암 박지원 선생의 아들 박종채는 《과정록過庭錄》에서 아버지께서 평소 하시던 말씀을 다음과 같이 적었다.

「사람들은 하던 대로 따라 하고, 잠시의 편안함만 취하며, 구차하게 놀고 임시변통으로 때운다. 천하의 온갖 일이 이 때문에 허물어지고 만다.」[51]

참회한다면 반드시 변화한다. 공부를 안 하거나 대충 하면서 마음이 평화로워지지 않는다고 투덜대는 것, 이것은 참회하지 않는 사람들이 한결같이 대는 핑계다. 지금 내가 최악의 상황에 빠져 있다면, 오히려 이 순간이야말로 겸허함에 대해 크게 깨칠 수 있는 확실한 전환점이자 절호의 기회다.

《논어》 학이편學而篇에는 증자[52]께서 하루에 세 번 다음과 같이 철저히 자신의 삶을 반성하셨다는 대목이 나온다.

사람들을 대할 때 정성을 다했는가? 친구들과 사귈 때 믿음으로 대하였는가? 배운 바를 내 것으로 만들었는가?

(爲人謀而不忠乎 與朋友交而不信乎 傳不習乎)

대충 살려는 사람에게 삶은 늘 힘들다. 그러나 내 잘못을 되돌아보고 반성과 참회에 힘쓰는 사람에게는 '강바기'가 붙어 있을 곳이 없다. 그러기에 그러한 사람의 삶은 늘 즐겁고 쉽고 재미있다. 고요하면서도 내적인 역동감이 올라온다.

혹자가 물었다.

"증자님은 성현이시니 그 정도의 집중력이 있으셨겠죠. 일반인에게는 너무 어려운 일 아닌가요?"

"실천해보지 않았으니 어렵게 느껴질 뿐이에요. 막상 해보면 쉽고 즐거워요. 한꺼번에 하려는 욕심만 삼가세요. 한 번에 하나씩 꾸준히 해나가다 보면 자기도 모르는 사이에 나쁜 습관을 떨쳐낼 수 있을 거예요."

아무리 훌륭한 가르침도 내 생활에 적용하지 않는다면 종이에 찍힌 잉크무늬에 불과할 뿐이다. 마음공부는 최소 천 번의 반복이 필요하다. 천 번이라고 해도 그리 긴 시간이 필요하지는 않다. 하루 세 번 성찰하면 1년이면 족하다. 하루 한 번만 해도 3년이면 충분하다. 내 인생의 참된 유익을 구한다면 그 정도는 얼마든지 투자할 가치가 있지 않을까?

20대 중반의 한 여성이 있었다. 그녀는 사람에 대한 차별심이 심했다. 그녀는 친구도 없었고, 부모에게 의지하여 근근이 살아가고 있었다.

"지하철을 타고 다닐 수가 없어요. 거지부터 시작해서 정신을 못 차린 사람들이 너무 많아요. 지저분하고 불결해요."
"그런 ○○씨는 누구와 교류하고 있나요? 또 ○○씨가 우리 사회에서 차지하는 위치는 어떻죠?"
"그야 뭐, 저는 아직 나이가 어리잖아요."
"나이가 어리지 않아요. 더 어린 친구들도 사회생활 훌륭히 하죠. 타인을 존중하는 마음이 없으면 본인만 힘들어요. 정작 정신을 못 차린 사람은 세상과 사람들을 무시하는 마음을 가진 ○○씨가 아닐까요?"

크게 참회하여 바짝 정신을 차려야 할 사람은 곧 나 자신이다. 내가 맡은 일에 게을러지면 남의 잘못을 들춰내는 습관이 뒤따르는 법. 그러므로 바람직한 삶의 자세에 대해 《명심보감》 정기편正己篇에서는 다음과 같이 말했다.

부지런함은 값으로 매길 수 없는 보배이며,
삼가 조심함은 몸을 지키는 부적이다.
(勤爲無價之寶 愼是護身之符)

부지런해야 할 바는 내게 주어진 최소한의 책무요, 삼가 조심할 바는 화풀이와 비방, 원망이다. 부지런해야 우리의 삶은 항상 여유롭고, 화풀이를 삼가야 내 마음이 늘 평화롭다.

수양한 만큼 참회가 이뤄진다. 참회는 '깨치미'의 주특기다. 반성하고 참회하면 과거의 잘못과 부족한 것은 모두 소멸된다. 참회할수록 '강바기'는 무력화되고 내 마음의 때가 싹 씻어지고 과거는 깨끗하게 청소된다. 그래서 오늘 나는 다시 태어난 사람이 된다. 오늘 또다시 새롭게 내 인생을 출발할 수 있다니 이 어찌 신바람 나는 일이 아니겠는가.

　나는 지난날, 자기수양의 감각을 잃고 흐릿한 정신으로 지냈던 일과 선善을 멀리함으로써 내 마음의 평화를 깨뜨렸던 일들에 대해 깊이 참회한다.

　이제 다시 맑고 깔끔하게 출발한다.

　오늘은 내 생일이다.

가장 멋진 도전

우리는 바퀴벌레나 뱀으로 태어날 수도 있었고, 더 작은 미생물로 태어날 수도 있었다. 또는 나무로 태어날 수도 있었다. 아예 태어나지 않았거나 하나의 돌멩이로 존재할 수도 있었다. 어쩌면 오래전에 그런 모습을 다 거쳤을지도 모른다.

그러므로 지금 내가 사람으로 태어난 것은 당연한 일이 아니라, 참으로 감사한 일이다. 지극히 놀라운 행운이요, 우주적 기적이자, 희대의 사건이다. 그러나 우리는 이 엄청난 사실을 머릿속에서 지워버리곤 한다. 과거의 썩고 낡은 사건을 끄집어내어 근심의 소용돌이에 온 정신을 내던지기도 하고, 오지도 않은 미래의 일을 붙잡으려고 하다가 걱정의 시궁창에 나 자신을 처넣기도 한다.

어째서 이런 일이 발생하는 걸까?

현실을 직시하지 못한 채 무엇이 옳고, 무엇이 그른 줄 몰라서 내 생활에 만족할 줄 모르고, 감사함을 잃어버렸기 때문이다.

30대 중반의 남성이 말했다.

"마음이 불안해요. 인생의 목표를 어디에 둬야 할지 모르니 어떻게 살아야 할지도 모르겠어요."

제4장 탈수 및 건조

"불안해서 인생의 목표를 잃은 게 아니라 늘 목표지향적으로 살아서 불안한 거예요. 목표지향적인 삶도 좋지만, 이제는 과정에 만족하는 삶을 살아보는 게 어떨까요?"

"무슨 뜻이죠?"

"관점을 바꿔 생각해보면, 우리는 '성공의 기쁨과 실패의 쓰라림을 두루 경험한다'는 인생의 목표를 이미 이뤄가고 있는지도 몰라요. 그러니 일의 성패와는 무관하게 지금까지 살아온 경험만으로도 만족하고 감사할 수 있지 않나요?"

"전 도저히 그럴 수 없을 것 같은데요."

"안 되는 쪽을 살피면 그런 감정에 젖어들기 쉽죠. 비록 내 삶이 처참하게 느껴지더라도 반드시 되는 부분을 찾아내서 만족할 줄 알아야 성취욕이 생겨나고, 이때부터 변화할 수 있는 거예요."

동양에 살든 서양에 살든, 삶을 즐기는 자의 행복을 이길 자는 없다. 디오게네스도 그랬다. 세계정복이라는 목표를 향해 달렸던 알렉산더가 거지 디오게네스를 찾았을 때 디오게네스는 마침 일광욕을 즐기고 있었다.

"디오게네스여. 내가 그대를 위해 도와줄 일이 있다면 무엇이든지 말해보오."

"한 발 옆으로 비켜주시지요. 왕께서 햇볕을 가리고 계십니다."

알렉산더의 내면은 더 가지고자 하는 가난한 거지였다. 그는 큰 나라를 다스려야 했고, 더 많은 나라를 정복해야 했다. 반면 디오게네스는 이 세상을 다스리거나 빼앗을 땅으로 인식하지 않았다. 그는 매우 태평한 왕의 마음을 가지고 있었다.

《장자莊子》추수秋水에는 다음과 같은 우화가 등장한다.

장자가 복수에서 낚시를 하고 있는데 초나라 임금이 대부 두 명을 보내 말을 전했다. 그들이 "원컨대 번거로우시겠지만 나라의 정치를 맡아주시기 바라오" 하고 청하자, 장자가 낚싯대를 든 채 돌아보지도 않고 말했다. "듣자하니 초나라에는 신령스런 거북이 있는데 죽은 지 이미 3천 년이 지났다고 하더이다. 임금은 이것을 비단에 싸서 상자에 넣어 묘당에 모셔놓았다고 하더군요. 허나 이 거북의 입장에서는 죽어서 뼈만 남기어 존귀하게 되고 싶어하겠소, 아니면 살아서 진흙 속에서 꼬리를 끌고 다니고 싶어하겠소?" 대부가 말했다. "그야 살아서 진흙 속에서 꼬리를 끌고 다니고 싶어하겠지요." 이를 듣고 장자가 말했다. "그렇다면 가시오! 나는 진흙 속에서 꼬리를 끌고 다니며 살 테니까."

(莊子釣於濮水 楚王使大夫二人往先焉 曰 願以竟內累矣 莊子持竿不顧曰 吾聞楚有神龜 死已三千歲矣 王巾笥而藏之廟堂之上 此龜者 寧其死爲留骨而貴乎 寧其生而曳尾於塗中乎 二大夫曰寧生而曳尾塗中 莊子曰 往矣 吾將曳尾於塗中)

장자는 철저히 자기에게 주어진 삶을 누렸다. 겉모양이 어떻든 간에, 스스로 할 소임을 다하고 남에게 피해를 끼치지 않는 사람의 삶은 아름답다.

조지 버나드 쇼의 묘비명에는 다음과 같은 글이 적혀 있다.

"우물쭈물하다가 내 이럴 줄 알았다."

퇴계 선생은 돌아가시기 이틀 전에 다음과 같이 말씀하셨다고 한다.

"평생 틀린 견해로써 제자들을 가르쳤으나, 이 또한 참으로 어려운 일이었다."

이 얼마나 당신 삶에 대한 자신감의 역설적 표현인가. 애석하게도 세간에는 이를 오인하여 "이분들처럼 후회하는 삶을 살지 말라"고 망언하는 사람들도 있다. 스스로의 삶에 만족할 줄 모르니 선각자들의 마음을 읽어낼 줄 모른다.

다음은 율곡 선생의 일화다.

「어느 날 율곡 선생은 선생의 집을 방문한 고관대작高官大爵에게 평소에 먹던 그대로 밥과 반찬을 내놓았다. 그러자 그는 소박하게 차려진 밥상을 보고 눈을 찡그렸다. 이때 율곡 선생께서 "해가 지기를 기다려 식사하면 밥맛이 절로 좋아집니다."라면서 호방한 농담을 던졌다. 그 역시 웃으며 화답하지 않을 수 없었다.」

율곡 선생께서는 기름진 음식을 배불리 먹는 것에 집착하기보다는 청빈하게 사시면서 만족감을 누리셨고 성현의 반열에 올랐다.

성현의 말씀은 역사관, 특정한 주의와 사상, 종교관을 내세워 "이렇다 또는 저렇다"라고 함부로 규정하지 않는다. 시대의 흐름을 내세워 세인들의 가슴을 뜨겁게 충동질하지도 않는다. 지극히 단순하고 평범한 가르침을 통해 가장 우뚝 선다. 성현의 가르침을 담은 《채근담》은 다음과 같이 말한다.

하늘이 내게 복을 박하게 준다면 나는 내 덕을 두터이 하여 이를 맞이할 것이며, 하늘이 내 몸을 수고스럽게 한다면 나는 내 마음을 편안하게 하여 이를 보충할 것이며, 하늘이 내 처지를 곤궁하게 한다면 나는 내 도를 깨우쳐 이를 통하게 할 것이다. 그러니 하늘인들 나를 어찌하겠는가!

(天薄我以福 吾厚吾德以迓之 天勞我以形 吾逸吾心以補之 天阨我以遇 吾亨吾道以通之 天且我 奈何哉)

혹자가 물었다.

"성현께서는 '만족하고 감사할 줄 알아야 한다'고 가르치셨죠. 그런데 이런 삶과 자기발전이 없는 현실안주와는 어떻게 다른 건가요?"
"본래 현실안주現實安住의 뜻은 현실에서 편안히 쉰다는 뜻이지요. 과연 게으른 사람이 편안히 쉴 수 있을까요?"
"아니요."
"네. 만족하고 감사할 줄 아는 사람은 불필요한 힘을 쓰지 않기에 삶의 에너지가 충만하죠. 그 결과 자연히 성실하고 부지런해져요. 따라서 새로운 욕구와 건전한 의지가 올라오게 되죠. 결코 현실에 안주하는 나태한 태도가 나타나지 않아요."

한자 중에 발을 뜻하는 족足이라는 글자는 '만족'이라는 뜻도 지니고 있다. 제 발로 걸을 수만 있어도 만족스럽다는 뜻이다. 누구라도 현실을 직시한다면 걸을 수 있다는 사실만으로도 만족할 수 있다. 아니다, 한발 더 나아가 숨만 쉬고 있어도 그렇다. 아니다, 살고 죽는 것과도 상관없이 늘 만족할 수 있다.

　나는 10년 전부터 매일 아침 턱걸이 운동을 하기 시작했다. 턱걸이는 매우 부담스러우면서도 지루한 운동이다. 그리고 그것이 곧 매력이다. 부담감과 지루함을 이기는 그만큼 성취하는 기쁨이 크기 때문이다. 아마도 짧은 시간에 겸허함과 성취감을 느낄 수 있기로는 최적의 운동일 것이다.

　목표는 15개로 정했다. 고교시절 기껏해야 5~6개밖에 못했기에 무리한 목표이기도 했다. 그러나 욕심내지 않았다. '아니면 만다'는 생각으로 마음을 비웠다. 되는 그만큼, 하는 그만큼 철저히 만족감을 챙겼다. 그랬더니 목표를 달성한 것은 물론이고 최근에는 대망의 '턱걸이 20개 클럽'에 가입할 수 있었다.

　누구라도 마찬가지다. 내가 처한 환경과 상관없이 얼마든지 만족할 수 있는 요소를 캐낼 수 있다. 최소한의 목표량을 설정하되, 대충주의를 경계하고 빡센 마음으로 접근해야 진한 성취감과 만족감을 얻을 수 있다. 그러면 그다음 단계의 도전도 가능해지고, 결국 평소에 넘보지 못했던 목표마저도 이룰 수 있다.

　인생의 목표점을 향해 달리는 우리들은 의도한 목표를 이루기도 하고 이루지 못하기도 한다. 그러나 그러한 삶의 과정에서 만족할 줄 안다면, 그것이 곧 인생의 목표를 이룬 것! 그는 진정한 인생의 승리자다. 그러하기에 만족과 감사함을 아는 삶에의 도전은 세상에서 가장 위대하고 멋지다.

참된 부와 당당한 명예

　직업에 필요한 기술과 정보를 습득하는 것이 지식이라면, 그런 지식을 원활하게 쓰기 위해 필요한 것이 지혜다. 지식이 구슬이라면 지혜는 이를 꿰는 실과 같다. 지혜가 없이 쌓아올린 지식은 모래 위에 지은 집이다. 지혜는 원만한 대인관계와 자신감, 자립심의 길라잡이다. 그 핵심은 곧 '마음 다스리기'이다.

　내 마음을 다스리지 못하면 부정적인 감정이 증폭된다. 웃으며 재미있게 살아갈 수 있는 날들이 적어진다. 대인관계가 무너져 외톨이가 되며 온갖 문제가 발생한다.

　마음을 다스리려면 먼저 '다스려지는 마음'과 '다스리는 마음'을 구분해야 한다. 전자는 칠정七情이고 후자는 본성本性이다. 전자는 '강바기'이고 후자는 '깨치미'이다. 즉 다스려야 할 대상은 칠정이며, 다스리는 주체는 본성이다.

　칠정은 그냥 자연스럽게 일어나는 생각과 감정들이다. 떠오르는 모든 것이 칠정이며, 본성이란 그런 생각과 감정들을 한 번 더 냉철하게 헤아리는 마음이다. 예컨대 사촌이 땅을 샀을 때 부지불식간에 올라오는 질투라는 감정이 칠정이다. 그러나 한 번 더 생각하면 축하하고 격려해줄 수 있는 일이다. 이것이 본성이다. 칠정은 조급하고, 변덕이 잦고 고집스럽다. 하지만 본성은 여유롭고, 유연하고, 굳세다.

　마음이 다스려지면 낯빛은 온화하게, 말투는 부드럽게, 태도는 공손히 변한다. 스스로 설거지, 청소, 빨래를 실천하게 된다. 그리고 역으로 이런 사항들을 실천하도록 계도하는 것도 마음을 다스리는 데 효율적이다. 즉 실천을 통해 이해를 높이는 방법이다.

　이런 실천사항은 특히 자녀교육에서는 매우 효율적이고 필수적인 요소다. 자녀에게 부모가 식사한 식기를 씻게 하고 온 가족의 속옷을 빨고 널고 개도록 하는 과정 속에서 가족 구성원과의 말 없는 대화가 이루어진다. 자녀는 성취감과 보람을 느끼고 가족구성원으로서 자신의 존재 의미와 가치를 체득한다.

　그러나 많은 부모들은 자녀가 누려야 할 권리를 박탈하고 그 의무를 모두 면제해주고 있다. 그러면서도 자녀가 자립심을 갖추고 예의 바른 사람이 되기를 원한다면 마치 땅에 씨앗을 뿌리지도 않고 수확을 하겠다는 마음을 가진 것과 같다.

　자녀 문제로 40대 후반의 여성이 방문했다.

"제 아들은 군대까지 다녀왔지만 지금은 컴퓨터 게임에만 몰두하고 있어요. 입대 전에도 학교 성적이 나빴고 지난 학기엔 학사경고까지 받았어요. 게으른 생활에 젖었어요. 뭔가 방법이 없을까요?"

"정작 필요한 지혜는 챙겨주지 않으셨기에 그래요. 온 가족의 변화가 필요해요."

"어떤 변화요?"

"자제분의 문제로 오셨지만 이는 부모님의 문제이기도 해요. 부모님이 먼저 마음공부를 시작한다면 아드님도 동참할 수 있어요."

이 어머님은 용기를 내서 심성계발을 시작했다. 나는 자식으로 하여금 설거지, 빨래, 청소를 꾸준히 실천하도록 계도했다. 그러한 나의 계도가 적용되기 위해서는 선생의 가르침대로 따르겠다는 부모의 결심과 협조가 필요하다. 다행히 부모님들이 잘 협조했고 나는 자식을 제대로 훈육할 수 있었다.

모자가 함께 심성계발을 시작하면서 원망과 의존으로 점철됐던 인간관계가 감사와 자립으로 변화했다. 본성이 발현되기 시작했고 생활이 안정되었다.

그러기를 4개월, 외적으로 뚜렷한 변화가 있었다. 직전 학기 과락 상태였던 학점이 심성계발을 시작한 후, 수직으로 상승하였고 그다음 학기에서는 최우수 성적 장학생으로 선발된 것이다. 이처럼 기본이 잡히면 말단은 다스려지는 법이다.

물론 이제껏 마음의 중심을 잘 잡았다고 할지라도 방심하면 그 순간부터 바로 무너질 수 있다. 심성계발에 있어 완성형은 없다. 마치 밥을 먹고 세수하고 목욕하는 것처럼 꾸준하게 실천해야 그 혜택을 입을 수 있다.

조선 중종 때의 명신 名臣이었던 사재 思齋 김정국 金正國(1485~1541) 선생은 벼슬에서 밀려난 후로 궁벽한 촌에서 살았지만 자기의 마음을 다스려 내적 풍요를 누렸다. 선생은 스스로 당신의 호를 팔여 八餘[53]라고 짓고 다음과 같은 글을 남겼다.

「토란국과 보리밥을 배불리 넉넉하게 먹고, 부들자리와 따듯한 온돌에서 잠을 넉넉하게 자고, 땅에서 솟는 맑은 물을 넉넉하게 마시고, 서가에 가득한 책을 넉넉하게 보고, 봄날에는 꽃을, 가을에는 달빛을 넉넉하게 감상하고, 새들의 지저귐과 솔바람소리를 넉넉하게 듣고, 눈 속에 핀 매화와 서리 맞은 국화에서는 넉넉하게 향기를 맡는다네. 한 가지 더, 이 일곱 가지를 넉넉하게 즐기기에 팔여八餘라고 했네.

내 밭이 넓지 않아도 배 하나 채우기에 넉넉하고, 내 집이 좁고 누추해도 몸 하나는 언제나 편안하다네. 밝은 창에 아침 햇살 오르면 베개에 기대어 옛 책을 읽고, 술이 있어 스스로 따라 마시니 영고성쇠榮枯盛衰는 나와는 무관하다네. 무료할 거라곤 생각지 말게. 진정한 즐거움은 한가한 삶에 있으니.」[54]

이 글은 본래 물욕物慾에 빠진 자신의 친구에게 보낸 편지라고 한다. 이는 자신이 누리는 참된 행복과 여유로움을 혼자 챙기지 않겠다는 마음이었다. 의리를 지킬 줄 아는 참된 우정의 발로였다. 아마도 친구는 사재 선생의 달콤한 충고에 크게 깨우쳤으리라.

《맹자》고자告子에서는 다음처럼 말했다.

학문의 도는 별다른 것이 없다. 흐트러진 마음을 바로잡는 것이 전부다.

(學問之道 無他 求其放心而已矣)

게는 옆으로 기어야 편안하고, 솔개는 하늘 높이 솟아야 편안하며, 물고기는 물에서 헤엄쳐야 편안하다. 사람 역시 사람으로서 살아야 할 도리를 지켜야 편안한 법. 그러므로 자기의 흐트러진 마음을 다스리지 않을 수 없다.

율곡 선생은 《율곡전서栗谷全書》인심도심도설人心道心圖說에서 다음과 같이 말씀하셨다.

마음을 다스리는 사람은 한 생각이 발현될 때에 그것이 도심道心인 줄 알면 곧 넓히고 충실하게 한다. 그것이 인심人心인 줄 알면 정밀하게 살펴서 반드시 도심道心으로써 절제시킨다. 그리하여 인심이 항상 도심에 의거하여 명령을 듣게 되면 곧 인심도 도심이 될 것이다. 어찌 천리天理를 보존치 못할 것이며, 어찌 인욕人慾을 막아내지 못하겠는가.

(治心者 於一念之發 知其爲道心 則擴而充之 知其爲人心 則精而察之 必以道心節制 而人心 常聽命於道心 則人心爲道心矣 何理之不存 何欲之不遏乎)

천리를 보존하고 인욕을 막는 것이 곧 마음 다스리기다. 마음을 다스리지 못하면 외적으로 부유할지라도 내적으로 가난해지고, 외적으로 명성이 드높을지라도 내적으로 초라해지기 때문이다.

우리는 예쁜 사람들을 좋아한다. 그러나 제아무리 외모가 예쁘더라도 마음이 예쁘지 않다면 그 사람과 함께 일을 도모할 수 없다. 마음이 예쁜 사람은 내면의 미인이요, 인격자다. 그에게는 변치 않는 우정, 꺾이지 않는 믿음, 굳건한 의리가 있다. 과연 누가 그의 마음을 흐트러뜨릴 수 있겠는가. 과연 누가 그에게 배신감을 안겨줄 수 있겠는가. 과연 누가 그로 하여금 실망감을 품게 할 수 있겠는가.

대개 의리를 중시하는 사람과 실속을 챙기는 사람을 대립적으로 생각하지만, 결코 그렇지 않다. 의리를 중시하면 반드시 실속이 생기며, 실속을 챙기려면 반드시 의리가 필요하다. 또 의리야말로 그 자체로도 이미 가장 실속 있는 재산이 되는바, 결코 둘일 수 없다.

내게도 이러한 덕목이 있는가?

이를 바탕으로 형성된 인간관계가 있는가?

만일 그렇지 않다면 내 마음을 다스리지 못했다는 증거다. 그래서 의리가 없는 사람으로 전락하였기 때문이다. 남 탓이나 하면서 내 마음을 다스리지 않는다면 변덕이 심하고 고집만 강해진다. 아무와도 소통하지 못한다. 이제 이런 삶은 접어야 한다.

항상 내 생각과 언행을 살펴서 악惡을 경계하고 선善을 추구하기, 흐트러진 내 마음 다스리기, 우리가 이렇게 살아간다면 율곡 선생이 얻었던 참된 부와 당당한 명예를 내가 가지지 못할 게 무엇인가.

예절과 대인관계

    예절禮節에서의 예禮란 배려와 존중을 뜻한다. 배려는 상대의 부족함을 감싸고 도와주는 것이요, 존중이란 상대의 존재와 영역을 인정하고 그 공간을 침범치 않는 것이다. 이런 예禮가 힘을 얻기 위해서는 예禮가 아닌 부분에 대해서는 철저히 끊어줘야 한다. 이것이 곧 절節이며 군자가 경계해야 할 사물四勿이다.

    사물은 《논어》에 나오는 말로, "예禮가 아니면 보지 말며(非禮勿視), 듣지 말며(非禮勿聽), 말하지 말며(非禮勿言), 움직이지 말라(非禮勿動)"는 네 가지 가르침을 말한다.

    20대 초반의 청년이 말했다.

"예절이란 다른 사람을 섬기는 것이라고 들었어요. 그러나 그렇게 섬기면 저를 더 얕잡아 볼 것 같아요. 이럴 때는 어떻게 하죠?"

"다른 사람을 진심으로 섬겨보았나요?"

"아직 그런 적은 없어요."

"○○씨는 누군가 ○○씨를 섬기면 그를 얕잡아보나요?"

"아니요."

"타인을 섬기는 그 모습은 참 아름답죠. 그렇게 아름다운 나를 누가 감히 얕잡아보겠어요? 직접 실천해보세요. 그러면 자신이 한없이 커지는 걸 느낄 수 있어요."

내가 상대에게 예를 취했다고 해서 상대로부터 그 어떤 보상을 바란다면 그건 상대에 대한 예가 아니다. 내가 상대를 섬길 때 그 상대가 인격자라면 그 또한 나를 섬길 것이다. 그러나 상대가 비인격자라면 나를 멸시할 수도 있다. 그러나 그것은 그의 사정일 뿐 나와는 무관하지 않은가. 그러므로 상대의 반응을 살필 필요가 없다. 내가 상대에게 예를 취했다는 그 자체로 만족할 줄 아는 게 예禮다.

오염된 물과 유해한 음식을 먹거나 독한 가스에 노출되면 몸이 건강할 수 없다. 이와 마찬가지로 비방과 원망, 화풀이가 횡행한다면 그곳은 심리적으로 자기 자신과 주변에 있는 사람 모두에게 유해한 환경이다.

예절을 지키지 않으면 그는 악취를 풍기는 사람이다. 내가 그렇게 하지 않음은 물론이고 타인이 그러하다면 그러한 환경에 가지 않는 게 절節이다.

예가 없는 사람을 끊어내는 것은 단지 사람을 멀리함이 목적이 아니다. 그런 과정을 통해 나 자신을 보호할 수 있고 상대와도 다시금 좋은 관계로 나아갈 수 있는 기회를 잡기 위함이다. 예가 없는 환경이나 예가 없는 사람을 끊어줌으로써 내 마음속 미움과 원망이 자라나지 않도록 관리하는 게 곧 절의 근본적인 이유다.

예절을 지키는 사람은 자기의 의견을 내세우기 전에 상대의 의견을 물어볼 줄 안다. 아무리 친한 사이라고 할지라도 상대가 원하지 않는 일을 강요하지 않는다. 상대가 말하지 않는 비밀이 있다면 이를 결코 캐려 하지 않는다.

그의 태도는 공손하며, 그의 말투는 부드럽고, 그의 낯빛은 온화하다. 그가 하는 말은 이치에 맞는다. 그의 삶은 지극히 경건하다. 주일무적主一無適하고 정제엄숙整齊嚴肅55)하다.

혹자가 물었다.

"상대를 비판하는 것도 예절에 어긋나는가요?"
"비방과 비판은 완전히 달라요. 비방은 자기의 감정을 실어서 사실을 왜곡시키는 것이지요. 비판은 상대의 허물에 대해 감정을 배제한 채로 냉정하게 평가하는 것이고요. 비판은 필요해요. 평론가나 판사의 일이 그러하지요. 건전한 비판은 예절에 어긋나지 않아요. 그러나 비판을 할 때도 나 자신이 어떤 위치에 있는가를 먼저 살펴야 해요."

예절은 모든 일의 기본이다. 기본이 어긋나면 일이 제대로 진행되지 않고 대인관계 역시 어려워진다. 대인관계로 힘들어하는 20대 초반의 여성이 말했다.

"저는 사람들 만나는 게 무서워요. 사람들이 저를 싫어하거든요."
"사람들이 ○○씨를 싫어한다면 아마도 친절하지 않은 모습 때문일 거예요. 먼저 예절을 지켜보세요. 그 누구도 차별하지 말고 낯빛을 온화하게, 말투를 부드럽게, 태도를 공손하게 해보세요."
"비록 그렇게 해도 다른 사람들이 저를 오해할 수 있지 않나요?"
"타인들의 반응에 일희일비하지 않기 위해서 내가 먼저 예절을 갖추는 거예요. 그걸로 이미 충분해요. 실제로 정성을 다해 예절을 갖추면 상대가 의식되지 않아요. 상대가 어떻게 나오든지 상관하지 말고 묵묵히 내 길을 가면 되죠. 정성을 다하지 않고 가식적인 예절을 취했기에 자꾸 상대가 의식되는 거예요."

　직급과 연령을 구별하기에 존댓말을 쓸 수도 있고 예사말을 쓸 수도 있다. 그러나 어찌 사람의 가치에 차등을 둘 수 있겠는가. 언제나 기본적인 인권을 지켜주는 것이 예절이다. 그러기에 예절을 지키는 사람과의 어울림은 언제라도 즐겁다.
　예절을 아는 사람은 기본적으로 사람에 대해 구별할 뿐, 결코 차별하지 않기에 그 누구와도 소통하고 공존할 수 있다. 변사또를 마다하고 이몽룡을 택한 성춘향의 마음은 우리가 예절이 있는 사람들을 좋아한다는 보편적인 정서의 발로다. 누구인들 그렇게 하지 않았겠는가.
　다음은 유안진 님의 시집 〈지란지교를 꿈꾸며〉 중의 한 소절이다.

「저녁을 먹고 나면 허물없이 찾아가
차 한 잔을 마시고 싶다고 말할 수 있는 친구가 있었으면 좋겠다.
입은 옷을 갈아입지 않고 김치 냄새가 좀 나더라도
흉보지 않을 친구가 우리 집 가까이에 있었으면 좋겠다.
비 오는 오후나 눈 내리는 밤에 고무신을 끌고 찾아가도 좋을 친구,
밤늦도록 공허한 마음도 마음 놓고 보일 수 있고,
악의없이 남의 얘기를 주고받고 나서도
말이 날까 걱정되지 않는 친구가.」

　지란지교芝蘭之交는 지초와 난초처럼 향기로운 교제를 말한다. 상대의 행복을 내 행복으로 느끼는 사귐이다. 이러한 사귐은 어떤 경우라도 상

대의 공간과 사생활을 지켜줄 수 있는 자신감과 믿음이 있어야 가능하다. 단지 제멋대로 상대의 공간으로 침입하는 것이 지란지교는 아니지 않은가.

타인에 대한 예절만큼이나 나 자신에 대한 예절 역시 중시되어야 한다. 남의 기분을 맞춰주거나 남의 욕심을 들어주면서 자신을 희생하다 보면 자칫 내 마음속에 원망이나 분노가 쌓일 수 있다. 이 역시 내 마음과 나 자신에 대한 심각한 결례다.

때로는 예절이 가식假飾일 수 있다. 그래도 괜찮다. 그럴 수 있다. 좋지 않은 감정을 표출하는 것보다는 훨씬 낫기 때문이다. 다만 항상 가식적이어서는 곤란하다. 가식은 자기 자신도 힘이 들뿐더러 상대에게도 부담을 주기 때문이다. 공자께서도 "말 잘하고 표정 좋은 사람치고 어진 사람이 드물다"[56]고 하시지 않았던가.

그러므로 가식을 넘어 자연스러운 예절로 나아감이 마땅하다. 꾸준히 자기를 수양하면 일상생활 속에서 특별한 형식을 취하지 않더라도 상대에 대한 따뜻한 마음이 전달된다. 어머니에게 발을 씻기게 했다는 효자 나무꾼의 이야기는 가식과 형식을 초월하여 예절을 지킬 수 있다는 좋은 예다.

예절은 공유와 공존을 위한 절대적인 미덕이요, 대인관계를 원만하게 하기 위한 윤활유다. 예절의 중심은 곧 나다. 남에게 강요할 바가 아니다. 함께 잘하자고 토닥거리기보다 내가 먼저 나설 바다. 예절은 타인에게 흐뭇한 감동을 선물함과 동시에 자신의 인생을 풍요롭고 아름답게 꽃피게 할 수 있는 최선의 선택이다.

인격자와 자유인

선가禪家에는 다음과 같은 이야기가 전해온다.

「열반을 앞두고 등은봉이라는 선사가 제자들에게 말했다. "앉아서 죽은 사람이 있느냐?"
제자가 답했다. "있습니다."
선사는 다시 물었다. "서서 죽은 사람도 있느냐?"
제자가 답했다. "예, 있습니다."
그러자 선사는 또다시 물었다. "그렇다면 거꾸로 서서 죽은 일도 있느냐?"
제자가 답했다. "그런 일은 없습니다."
이에 등은봉은 물구나무를 선 채로 숨을 거두었다. 그런데 아무리 밀어도 시신이 끄떡도 하지 않아 제자들이 매우 당황했다.
그때 비구니였던 그의 누이동생이 달려와서 등은봉의 귀에 속삭이듯 말했다. "오라버니는 살아서도 법을 안 따르더니 죽어서까지 사람들을 속이는군요. 이게 대체 무슨 짓이오?"
이 한소리를 듣고서 시신은 툭 쓰러졌고, 비로소 다비식을 할 수 있었다.」

누이는 기이한 말과 행동을 즐기는 오라버니를 나무랐다. 누이의 말이 이 이야기 속에서만 머문다면 화두로서의 가치가 없다. 누이가 오라버니의 귓가에 한 말이 바로 나 자신에게 하는 말로 들릴 때에 비로소 내게 유익한 화두가 된다.

"오라버니! 원 참, 성품도 별나오. 그렇게 씩씩하게 서서 죽는 것도 멋지지만, 병들어 누워 죽는 것 또한 기적이 아니면 뭐란 말이오. 죽으면서까지 기이한 행위로써 사람들의 관심을 끌려고 하다니, 장난이 좀 지나치지 않소?"

인격자는 초능력을 가진 사람이 아니며 그럴 필요도 없다. 인격자는 평범함 속에서 만족하고 감사할 줄 안다. 물구나무를 서서 기이하게 죽을 필요가 없다. 그냥 누워서 편안하게 죽는 것은 죄가 아니다. 물구나무를 서서 죽는 법력은 대단하지만 그것은 삶의 가치를 결정할 만큼 위대한 일이 아니라는 사실을 등은봉의 누이는 잘 알고 있었다. 그녀는 그녀의 오라버니가 초능력자가 아닌 인격자이길 원했다.

생활에서 자기를 성찰하는 사람이 인격자다. 심성계발을 하고 있는 어느 교사 한 분이 자기성찰의 체험담을 적어 보냈다.

「요즘 학교에서 여러 가지 일들로 마음이 무거워질 때가 많았어요. 그런데 내 마음을 살펴보니 어김없이 칠정의 마음이 증폭된 것이더군요. 본성으로 다스리니 즉시 마음이 평화로워졌어요. 부끄럽지만 저의 경험담을 소개할까 해요.

1) 인仁(존중과 포용)

상황 자습시간에 아이들이 제 말을 듣지 않고 계속 떠들며 소란을 피우네요.

칠정 뒷목이 경직되고 마음이 불편해져요. 녀석들이 나를 무시하는 것 같아요. '이 녀석들을 어떻게 혼내지?'라는 생각과 함께 화가 올라와요.

본성 '아이들을 잡는 게 내 역할이 아니지. 아이들은 아직 자습하는 법을 잘 모르잖아. 자습할 때는 남에게 피해가 되니 잡담해선 안 된다는 사실을 모를 뿐.' 이런 생각으로 학생들을 존중하고 포용하는 마음을 내니 화가 가라앉네요. 아이들에게 자습하는 방법을 간단히 설명해주니 즉시 조용해지더군요.

2) 의義(반성과 경계)

상황 동료 교사가 맡은 학급의 아이들이 계속 사고를 쳐요. 그 선생님이 아이들을 불러 훈계하는데 오히려 아이에게 하소연을 하더군요.

칠정 '저렇게 약한 모습으로 대하니 아이들이 막 나가지.' 그 선생님을 무시하는 이런 교만이 갑자기 올라와서 마음이 불편해졌어요.

본성 '다른 선생님의 교육관을 무시하는 내 교만이 또 올라오는구나. 나 자신도 제대로 못하면서 남을 평가하려는 생각을 항상 경계하자.' 이런 마음을 내니 마음이 평화로워지네요.

3) 예禮(양보와 겸손)

상황 어젯밤에 악몽을 꾸었어요. 꿈은 내 생각을 반영한다는데, 내용은 생각이 잘 안 나지만 그 무서운 느낌 때문에 기분이 찜찜해요.

칠정 '아직도 내 마음속에는 왜 이리 두렵고 불안한 것들이 많을까?'

하는 생각에 마음이 무거워져요.

본성 '심성계발을 더 열심히 해야지. 난 아직도 배워야 할 것, 부족한 것이 너무 많아. 더 열심히 정진하자.' 이렇게 겸손의 마음을 내니 이내 마음이 안정되네요.

4) 지智(만족과 감사)

상황 며칠째 감기몸살과 어지럼증으로 고생했어요.

칠정 '내 몸은 왜 이리 부실할까? 조금만 무리를 하면 바로 반응하니 참 속상해. 혹시 당뇨나 갑상선에 이상이 있지는 않을까?' 하는 생각으로 불안해져요.

본성 '가정과 학교 일을 병행하는데다 강박심리가 심해 무엇이든 열심히 해야 하는 성격이잖아. 1년에 한두 번 정도 몸이 신호를 보내는 것은 당연해. 그래도 쓰러지지 않고 둘 다 해낼 수 있을 정도는 되니 얼마나 감사한 일이야?' 이런 마음을 내니 다시 평온해져요.

이처럼 '칠정이'의 마음은 늘 일어나지만 그때마다 '본성이'로 잡으니 문제가 되지 않고 평화로워졌어요. 인의예지신仁義禮智信은 제 삶에서 가장 유용한 덕목이 분명해요.」

자기를 성찰하면 내가 어떻게 욕구불만에 빠지고 분노에 휩싸이는지를 알 수 있다. 분노가 일어났을 때 스스로 그 감정에서 벗어나려 하기는커녕 오히려 상대방에게 핑계를 대면서 응징하려 드는 내 생각을 바라보자. 내 마음을 샅샅이 살핀다면 나는 더 이상 '강바기'의 노예로 전락하지 않는다.

그러나 자기를 성찰하지 않으면 상대에게 의존해 살면서도 자기의 잘못을 파악하지 못하고 상대만을 탓하게 된다. 심하면 다음처럼 망언까지 해댄다.

"내가 오죽 화가 났으면 너를 때리기까지 하겠냐? 제발 생각 좀 해라. 생각 좀!"

그러나 정작 자신을 들여다보고 생각 좀 해봐야 할 사람은 그런 말을 하는 나 자신이다. 그러기에 자기성찰이 필요하다. 늘 자기성찰에 충실했던 율곡 선생은 《격몽요결擊蒙要訣》 입지立志에서 다음과 같이 말씀하셨다.

사람의 본성은 본래 선하기에 옛날이나 지금이나 지혜롭거나 어리석음의 구별이 없다. 그러나 성현께서는 어찌하여 성현이 되셨으며, 나는 어찌하여 이렇게 못난 사람이 되었는가. 진실로 뜻을 세우지 않았고, 제대로 알지 못했고, 행실이 돈독하지 않았기 때문이다. 뜻을 세우고, 아는 것을 밝히고, 행실을 돈독히 하는 것은 모두 내게 달려 있다. 어찌 다른 이에게서 구하겠는가.

(人性本善 無古今智愚之殊 聖人何故獨爲聖人 我卽何故獨爲衆人耶 志不立 知不明 行不篤 志之立 知之明 行之篤 皆在我耳 奇可他求哉)

지금 이 순간 우리 사회도, 이 도시도 힘차게 돌아가고 있다. 누군가 뜻을 세우고, 아는 것을 밝히고, 행실을 돈독히 하고, 바짝 깨어 있는 사람이 있기 때문이다. 이 얼마나 고마운 일인가. 그는 타인을 위해 남이 보든 말든, 자기의 할 일을 묵묵히 해내는 군자요, 인격자다.

인격자는 기적을 좇거나 기이한 것을 결코 바라지 않는다. 생활 속의 모든 일들이 이미 기적임을 알기 때문이다. 평범한 생활에서 충분히 만족하며, 홀로 있을지라도 그 마음이 흐트러지지 않는다. 주변과 상관없이 항상 선善한 생각을 하고 선하게 행동한다.

남이 보든 안 보든 자기성찰을 하는 모습을 《대학大學》에서는 "신독愼獨"이라고 하였다. 신독은 홀로 있을 때에도 선善에 어긋나는 언행을 삼간다는 뜻으로 군자가 지녀야 할 필수 덕목이었다.

《명심보감》 안분편安分篇에서는 다음과 같이 말하고 있다.

분수를 지키면 몸에 욕됨이 없을 것이요, 이치를 알면 마음이 스스로 한가로우니 비록 사람 사는 세상에 거하나 도리어 인간세계를 벗어난다.

(安分身無辱 知機心自閑 雖居人世上 却是出人間)

자기의 분수를 지키며 타인을 배려하고 내 맡은 일에 충실한 사람이 인격자다. 그는 마음을 비워 칠정의 나를 내세우지 않기에 번잡할 일이 없다. 불필요한 욕심을 끊기에 남의 오해를 살 일도 없으며, 또 남이 오해를 하더라도 개의치 않는다. 그의 의지는 산처럼 굳세고, 그의 행동은 물처럼 유연하다. 그는 세상에 살면서도 세상을 초월한 신선처럼 살아간다.

먼저 인격을 갖춰야 자유로울 수 있다. 인격이 없다면 가는 곳마다, 만나는 사람마다 부딪치는 법. 어떻게 자유로울 수 있겠는가.

나는 어떤가. 자유인이 되기를 원하면서도 인격자의 길을 팽개치고 있는 것은 아닐까?

내 인생 살기

당나라 선승禪僧 조주趙州는 '조주끽다趙州喫茶'라는 유명한 화두話頭를 남겼다.

「어느 날 조주가 제자에게 "그대는 나를 본 적이 있느냐?"고 말했다. 그 제자가 "네, 본 적이 있습니다"라고 대답하자, 조주는 "차 한 잔 마시게!"라고 하였다.

그리고 옆에 있던 또 다른 승려에게도 똑같은 질문을 하였다. 그 승려가 "본 적이 없습니다"라고 대답하자, 이번에도 조주는 "차 한 잔 마시게"라고 하였다.

이때 옆에 있던 원주院主라는 제자가 "본 적이 있다는 대답에도 차를 권하시고, 본 적이 없다는 대답에도 또한 차를 권하시니, 도대체 그 이유가 무엇입니까?"라고 물으니, 조주는 원주에게도 똑같이 "차 한 잔 마시게!"라고 하였다.」

세상을 살아가면서 내가 맡은 최소한의 일을 해내면서 자기를 비하하거나 자책하지 않음과 동시에 남을 비방하거나 원망하지 않는다면 특별히 심각해질 만한 일은 없다. 조주 선사는 그렇게 살았다. 차를 마시는 그 순간에는 단지 차를 마시는 것으로 충분했다. 나머지는 그저 내가 하고 싶은 대로 살면 된다. 여타의 대화는 마음의 유희에 불과했다.

우리나라의 황희 정승도 이와 유사한 일화를 남겼다.

「어느 날 하인 둘이 다투는 것을 보고 정승께서 그 사연을 물었다.
한 하인이 자기의 입장을 말하자 황희 정승은 "그래, 네 말이 옳다"고 하였다.
그러자 다른 하인이 자기의 결백을 주장했다.
그랬더니 정승은 "네 말도 옳다"고 말했다.
이때 옆에 있던 부인이 "아니 두 사람이 서로 반대의 이야기를 하는데 둘 다 옳다고 하시니 그건 잘못된 판단이 아닌지요?"라고 물으니 황희 정승은 "허허. 당신 말도 옳구려"라고 말했다.」

분쟁이 붙으면 판사는 법이라는 특정한 잣대로 판별을 한다. 그러나 그 잣대를 뺀다면 옳고 그름의 문제는 무의미하다. 단지 무료함을 달래는 다툼에 황희 정승은 이런저런 판단이라는 잣대를 들이대지 않았다. 황희 정승은 위의 일에 대해 옳고 그름을 따질 만한 중대한 사건이 아닌, 그냥 내버려두면 저절로 해결되는 자연스러운 삶의 한 모습으로 인식했다.

말하지 않음으로써 오히려 아름다운 일들이 얼마나 많은가. 논하지 않음으로써 해결되는 문제들 역시 대부분이다. 그러나 우리는 지나치게 많이 따진다. 삶의 모든 요소에 허황된 자기만의 생각을 내세워 옳고 그름이라는 잣대를 들이댄다. 그러다 보니 생각이 많아져 내 인생을 살지 못한다.

다음은 《명심보감》 정기편正己篇에서 인용한 순자荀子의 말이다.

쓸데없는 말과 시급하지 아니한 일은 그만두고 얽매이지 말라.
(無用之辯 不急之察 棄而勿治)

조주 선사, 황희 정승과 같은 분들은 그 마음의 중심이 칠정이 아닌 본성에 있었다. 두 분은 불필요한 말에 얽매이지도, 시급하지 않은 언쟁에 휩싸이지도 않았기 때문에 올곧게 당신들의 인생을 살 수 있었다.

성현의 말씀을 요약하면 결국 '내가 맡은 바 최소한의 일을 해내기'와 '자책과 자기비하, 화풀이, 비방, 원망, 불평, 불만 등을 않기'로 대별된다. 이것으로 충분하다. 이것은 내 인생을 살기 위해 지켜야 할 가장 기본적인 요소들이다. 이것 외는 신경을 꺼도 된다. 이것저것 신경을 쓰다가 과연 언제 내 인생을 살 수 있겠는가.

내 인생을 살아가려면 외부의 영향을 적게 받아야 한다. 정치나 경제 상황과 같은 외적인 조건에 쉽게 흔들려서는 곤란하다. 또 남이 칭찬하면 우쭐하고, 남이 험담하면 발끈하는 자세로부터 자유로워야 한다.

성현의 말씀에 근거한 확고한 자연철학이 확립되면 내 삶에 대해서 남들이 아무리 이러쿵저러쿵 떠들더라도 개의치 않는다. 그들에게는 내 인생을 판단할 권리가 있음을 인정할 줄 알기 때문이다. 악의적인 공격이 아닌 이상, '그들은 그들의 길을 가고 나는 나의 길을 가면 된다'는 신념과 배짱으로 살아간다.

실제로 내 인생을 성실하게 산다면 남에 대한 원망과 비방을 할 틈이 없다. 또 타인들이 나에 대해서 비방을 하더라도 그 소리를 귀담아들을 시간이 없다. 그의 마음은 고요한 평화와 아름다운 사랑으로 가득 찬다.

40대 초반에 남편과 사별했고 60대 초반에 두 자녀가 결혼하면서 지금은 홀로 살게 된 분이 찾아왔다.

"아들과 딸이 모두 좋은 사람과 결혼해서 분가했어요. 다들 잘 살아가는데 저는 왜 이렇게 우울하고 공허한지 모르겠어요."
"어머님은 이미 자식을 훌륭하게 키우셨어요. 자녀가 어머님에게 의존하지 않고 잘 살아가면 그것이 곧 어머님의 기쁨이 아닐까요? 이제 어머니로서의 역할보다 더 큰 자기 자신을 찾는 것이 어떨까요?"

내 인생을 살겠다는 것은 내 인생을 주관하고자 하는 욕구다. 이는 마땅히 충족되어야 할 건전한 삶의 욕구다. 그러나 이를 오해해서 오직 나 하나만을 위하고자 한다면 결코 내 인생을 살 수 없다. 내 인생은 철저히 타인의 인생과 연결되어 있기 때문이다. 그러므로 내 인생을 살기 위해서는 반드시 이타적이어야 한다.
40대 초반의 한 여성이 말했다.

"억울하고 분통이 터져서 죽겠어요. 전혀 근거 없이 나를 모함해서 폭력을 썼다며 고소를 하네요. 이래도 되는 건가요? 괘씸해서 이 도시마저 정이 떨어져요. 그 여자를 아주 박살 내고 싶어요."
"옷에 흙탕물이 튀었다고 생각하세요. 조금 귀찮지만 더러워진 옷은 빨면 그뿐이에요. 좀더 강인하고 유연하게 대처하세요. 내 삶이 그런 못난 사람을 상대해야 할 만큼 초라하진 않잖아요."

어느 날엔가 누군가 내게 다짜고짜 물었다.

"달마가 서쪽에서 온 이유가 무엇인가요?"
"달마 인생 살려고요."

달마 대사는 욕심을 부리거나 남을 원망하거나 비방하지 않았다. 자기가 해야 할 바에 충실했다. 그렇게 본성에 맞춰 살았다. 남과 내가 하나임을 깨쳤기에 더없이 이타적인 삶을 살았다. 그런 달마 대사의 정신은 우리가 충분히 배울 가치가 있다. 그러나 내가 달마와 똑같이 생활할 필요는 없다. 달마는 달마 인생을 살 때가 가장 즐겁고, 나는 내 인생을 살 때가 가장 기쁘다.

나는 내 삶의 주인공! 역사 속의 사건들, 신문에 나는 이야기들, 세상에서 정한 규칙들 역시 단지 내 인생의 참고사항일 뿐이다. 내가 걸어온 길이 내 역사요, 내 주변에 일어나는 일들이 곧 시사(時事)요, 내 본성이 곧 법이고 진리다.

이렇게 내 인생이 가장 값지다. 아무튼 내가 최고다. 아무리 남과 비교하더라도 나만한 사람은 없다. 내가 없으면 이 세상도 없기 때문이다. 내가 비록 큰 잘못을 하더라도, 비록 내 삶에 극한의 수치스러운 일이 있을지라도, 그 모든 삶을 내 인생의 원소로 여기고 무한히 나 자신을 용서하며 새롭게 출발해야 한다.

가급적 내 머릿속에서 희생이란 단어는 지우는 게 좋다. 상대를 위해 자기를 희생하더라도 상대는 그런 내 마음을 알아주지 않는다. 오히려 내가 도와준 상대로부터 피해보상을 요구당하는 황당한 경우에 봉착하기도 한다. 그러면 다시금 원망을 품고 눈물을 흘리고 한숨을 몰아쉬면서 상대를 탓할 것인가.

내 인생을 사는 방법의 핵심은 '내 입장을 분명히 하기'다. 내가 할 수 있는 일은 하고 못 할 일은 못할 뿐이다. 다만 이러한 주장이 내 게으름과 고집에 바탕을 둬서는 곤란하다. 반드시 성현의 가르침대로 예법에 준거해야 통용될 수 있다.

내 인생이라는 이유만으로 내 삶은 내 인생의 가치에 걸맞도록 행복하고 재미있어야 한다. 이를 위해서는 내 마음의 중심을 잡고 이타심을 발휘하여 선하게 살아야 한다. 그러면 내 삶에 대한 자신감이 생겨난다. 또 이타적인 삶이 주는 참된 즐거움으로써 충분한 보상을 받는다. 그러니 따로 또 그 무엇을 바라겠는가.

내 인생을 사는 사람이 많을수록 이 세상은 점점 평화로워진다. 그러기에 옛 성인은 "수신제가치국평천하修身齊家治國平天下"[57)]라 하지 않았던가.

내 인생을 살지 않으면 나도 괴롭고, 남에게도 부담을 준다.

내 인생을 살면 나도 즐겁고 남도 편하다.

삶은 곧 행복

　어른이 되어서도 우리가 사는 이 세상이 곧 극락이고 천국이라고 말하는 사람은 드물다. 세상물정을 모르던 어린아이 시절에 우리는 이 세상 속에서 천국을 체험했다. 먹을 것이 풍부했고, 햇볕도 따스했으며, 하늘 같은 부모님은 나를 지켜주었다. 이 세상은 더없이 안전했다. 더 바랄 것도 없었다. 졸리면 잤고, 배고프면 먹었다. 웃고 장난치고 노래했다. 행복이 뭔지 모르는 채로 지극히 행복했다.
　그러나 어른이 된 우리는 다시금 어린아이 시절의 행복을 맛보기에는 아는 것이 너무 많아졌다. 세상 곳곳의 처절한 사연들을 접하다 보면 평온한 오늘 하루가 괜스레 미안하다. 식품 유통상의 문제를 다룬 프로그램을 보고 나면 갑자기 입맛이 뚝 떨어진다. 아는 만큼 행복은 점점 멀어져만 간다.
　불행을 느끼는 사람은 이 세상은 내가 불행을 느끼기에 더없이 적합한 요소들로 가득 차 있다고 생각한다. 그들은 어디에 머물더라도 불행의 이유를 캐내서 불행을 선택하고야 만다.
　어느 날 모교에서 강연이 끝난 후에 한 여고생이 물었다.
　"저는 항상 행복을 추구했어요. 그런데 왜 아직 행복하지 않을까요?"

"행복만을 추구했기 때문이에요. 그건 일종의 성공강박증이고, 행복강박증이에요. 그러나 참된 행복은 실패와 불행까지도 인정할 때 얻어지죠. 지금부터는 행복을 추구하지만 말고 직접 누려 보는 건 어떨까요?"

"선생님은 정말로 행복하신가요?"

"살아 있다는 사실 자체가 가장 큰 행복이죠. 걷는 것, 숨을 쉬는 것, 먹는 것, 자는 것, 그리고 지금 학생과 대화하고 있는 것이 더없는 행복이지요. 괴로우면 괴로워할 줄 알고, 불행하면 불행하다고 말할 수 있는 것 또한 행복이에요. 어떻게 행복을 부정할 수 있겠어요."

"그건 누구나 똑같잖아요?"

"그래요. 행복은 그런 거예요. 그렇기 때문에 누구든 행복할 수 있어요. 행복마저도 뭔가를 극복해서 얻어내야 하는 무엇이라면 우리 삶이 너무 비참하지 않을까요? 다행히 삶은 그렇지는 않아요. 삶은 이 자체로 행복이에요."

진정 행복했던 어린 시절에 우리는 행복과 불행을 가리지 않았다. 불행이 뭔지도 몰랐다. 비록 철이 없고 인지력이 한참 떨어졌지만, 그때는 상상을 초월하는 믿음이 있었다. 그 믿음은 삶이 나보다 현명하다는 믿음이다. 인생이 내 계획보다 영리하다는 믿음이다. 그러나 어른이 된 지금은 '앎'으로 말미암아 그 믿음이 크게 훼손되었다.

그러므로 다시 행복하려면 그 믿음을 회복해야 한다. 상상을 초월하는 악행이 횡행하고 지옥보다 더 망측한 일들이 일어난다고 할지라도, 우리는 나만의 생각 잣대를 내려놓고 다시 이 존재세계를 믿어야 한다.

모든 불행은 걷히게 된다는 믿음, 불행 역시 행복의 또 다른 이면이라는 믿음이 필요하다.

  40대 초반의 한 남성이 말했다.

"저는 그냥 살 만해요. 그런데 모든 일에 의욕이 없어요. 심지어 성생활조차도 흥미를 잃었어요. 모든 게 귀찮고 지루하기만 해요. 행복하지가 않아요. 무엇이 문제일까요?"

"행복한 줄 모르겠다는 현재의 생활이 곧 행복이에요."

  2010년 8월 5일, 칠레 북부 아타카마 사막의 산호세 광산에서 33명의 광부가 지하 700미터 아래에 매몰됐다가 극적으로 구조된 사건이 있었다. 그 당시 갱도에 매몰된 광부들의 가장 큰 소망은 다시 햇빛을 보는 것이었다. 그런데 우리는 그런 행복을 이미 가지고 있지 않은가.

  행복의 요건은 충분하건만 이를 느끼지 못하는 것은 삶 속에서 불행의 요소만을 끄집어내어 '이래서는 행복할 수 없다'고 단정하는 습관 탓이다. 그러나 진짜 어려움에 처하면 평범한 일상사가 상상을 초월할 정도로 큰 행복이었음을 깨치게 된다.

  예컨대 난치병에 걸린 환우들의 소망은 가족과 함께 밥 한 끼 먹는 것이다. 그저 병원을 벗어나 일상으로 돌아가는 것이 삶의 최대 목표다.

  그러나 지금 그렇게 살고 있는 사람들은 '지금의 삶이 행복하다'는 사실을 쉽게 잊는다. 편한 생활 덕분에 보는 것도 많고 아는 것이 많아지면서 그만큼 행복의 기대치가 올라갔기 때문이다. 다시 행복하기 위해서는 안다는 생각을 털어내야 한다. 기대치가 내려가야 한다.

  그러기에 좀 힘든 경험을 해보는 것도 괜찮다. 행복의 기대치를 내릴 기회이기 때문이다. 그러나 환경이 도와준다고 해서 무조건 만족의 기대치가 내려가지는 않는다. 반드시 자기수양을 해야 이미 우리에게 모든 게 갖춰져 있다는 본질을 접할 수 있다. 아니, 자기수양을 하면 굳이 환경이 바뀌지 않아도 충만한 행복을 만끽할 수 있다.

몇 해 전, 행복전도사로 널리 알려진 C씨가 질병의 고통을 이겨내지 못하고 스스로 자기 삶을 접었다. 누구보다도 행복해 보였던 그녀…. 그러나 그녀의 행복은 질병이 주는 고통을 넘어서질 못했다. 어쩌면 그녀의 행복은 불행과 반대되는 행복이었는지 모른다. 그런 행복은 불행이 등장하면 곧 흩어질 수밖에 없다.

진정한 행복은 불행까지도 품어내는 그 무엇이어야 한다. 한 난치병 환자의 마음이 그랬다. 그는 자신의 질병이 심해지면서 척추신경이 점점 마비되었고, 손발도 제대로 쓸 수 없게 되었다. 그때 그는 다음과 같이 말했다.

"저는 행복해요. 왜냐면 아직 제 손가락이 움직이고 있으니까요."

그의 병은 더욱 깊어져서 손가락으로 더 이상 글을 쓸 수 없게 되었다. 그때 그는 다음과 같이 말했다.

"저는 행복해요. 아직도 저는 숨을 쉴 수 있고, 생명력을 느끼기 때문이에요."

그의 행복은 불행과 맞서는 행복이 아니었다. 그는 고통과 죽음마저도 삶의 일부로, 당연한 생명현상으로 받아들였다. 그에게 고통이란

'삶'이라는 게임의 한 요소인 정상적인 태클이었을 뿐이다. 그는 자신의 삶을 "이렇다" 또는 "저렇다"라는 말로 쉽게 단정하지 않았다. 그런 행복은 그 어떤 불행으로도 깨지지 않는다.

한 성자는 죽음이 찾아오자 다음과 같이 말했다.

"나는 살아 있는 동안 행복했어요. 이제 죽음이 내 앞에 있네요. 나는 다시금 새로운 여행을 떠나게 됐어요. 그래서 또 행복해요. 사실 내 마음은 설레고 있어요."

고민하고, 울고 짜고 화내고, 생각하고, 대화하는 그 모든 경험은 역설적으로 삶의 행복을 뒷받침해주는 훌륭한 지표다.

물론 극심한 질병의 고통, 사랑하는 사람과의 이별, 원치 않는 가족의 죽음, 각종 재해, 억울한 손해 등은 행복을 저해하는 요소다. 극악한 범죄와 테러, 폭력과 전쟁의 암운暗雲도 그러하다. 그러나 그런 상황들조차도 우리를 계속 불행의 늪에 빠져 살게 할 자격은 없다.

우리는 무조건적으로 행복해야 한다. 이 명제는 행복을 저해하는 온갖 장애물로도 훼손할 수 없을 만큼 너무나 절실하고 큰 가치이기 때문이다.

이를 위해서는 내 행복을 담을 수 있는 마음그릇이 커야 한다. 또 그 그릇이 비어 있어야 한다. 그러므로 내 마음의 때를 씻어야 한다. 쓸모없는 잡동사니가 있거든 버려야 한다. 더욱 겸허한 자세가 필요하다. 그렇게 다 비워서 내가 무아無我가 된다면 이 우주 전체를 담을 수 있고 내 행복은 세상 그 무엇으로도 흔들리지 않는다.

나는 한때 내 혈연을 잃은 후 나 스스로 행복하기를 포기했었다. 동생을 잃어버린 내 아픔의 문제가 아니었다. 그녀를 못 챙겨 주었던 죄책감만도 아니었다. 나는 고생스럽기만 했던 그녀의 인생이 너무도 가여웠다.

그러나 다시 행복해지기까지 불과 1년이 채 걸리지 않았다. 내 마음 속 상처는 날마다 찾아오는 삶의 행복감을 막아내기에는 역부족이었기 때문이었다. 또 내 혈연인들 내가 불행하게 살기를 바라겠는가. 나는 행복을 찾았고, 그녀를 내 행복 속에 함께 품었다. 녀석이 못다 한 행복을 내가 대신 누리기로 결심했다.

행복하기 위해서는 다시 어린아이가 되어야 한다. 실제로 우리들은 우주의 질서와 하늘의 섭리 앞에 서면 여전히 철부지 어린아이다. 그러므로 어린아이답게 아는 것으로부터 벗어나야 한다. 모든 격식으로부터 초월되어야 한다. 기존의 구태의연한 틀은 모두 깰 필요가 있다.

그러면 다시금 근본적인 질서가 생겨나고 밝은 지혜가 피어나고 거대한 믿음이 올라온다. 이것이 자연법이며, 인의예지신이며, 본성이다. 이를 따르면 절로 마음이 행복해진다.

행복의 조건은 이미 우리에게 충분하다. 우리가 '사람'으로 태어나 마음껏 말하고, 생각하고, 감정을 표현하면서 살아가는 이 삶이야말로 이미 최고의 행복조건이다. 이것만으로도 천문학적인 금액이 걸린 로또 복권에 당첨된 것과 같다. 그런데도 또다시 로또 복권을 꿈꿔야 할까?

그러므로 만일 누군가에게 "당신은 행복하세요?"라고 묻고 싶다면 실례가 되지 않도록 신중해야 한다. 내 행복에 관심을 가지지 않고 남의 행복을 묻기 때문이요, 이미 행복한 사람에게 행복하지 않을 수 있다는 선입견을 가진 것과 같기 때문이다.

봄이 오면 이 땅의 초목은 어김없이 자라나고 여름이 찾아오면 매미가 노래한다. 가을의 단풍은 여전히 곱고 겨울의 설산雪山은 순수한 아름다움을 자랑한다. 도시의 굉음은 내 삶의 활력소로 다가온다. 다시 우리의 마음에는 충만한 행복이 찾아오고 웃음꽃이 피어난다.

    불행을 끄집어내어 확대하지 않는다면,
    지나치게 행복만을 추구하지 않는다면,
    내 마음의 그릇을 비울 수 있다면,
    삶은 곧 행복이다.

찬란한 인생

《중용中庸》에서는 다음과 같이 말했다.

참된 것은 하늘의 도리요, 참되려고 하는 것은 사람의 도리다.
(誠者 天之道也 誠之者 人之道也)

본래 병이 없는 완벽한 세상이란 존재하지 않는다. 모든 것이 여기에 있었다. 더 얻을 것도 없다. 불완전한 모습 이대로가 곧 완전한 세상이다. 내게 병이 있음을 겸허히 인정하고 자기수양을 통해서 본성에 가까이 가려 함이 중요할 뿐이다.

나를 비우고 겸허해진다면, 그래서 모든 존재를 인정할 수 있다면 모든 다툼이 종식된다. 이때부터 병이라는 존재가 내 삶에 저해요소가 되지 않는다. 오히려 병으로 인해서 더욱 겸손해지고 내적인 성장이 일어난다.

20대 중반의 청년이 길고 길었던 마음병의 터널에서 빠져나오고 있었다.

"저는 늘 열등감에 시달렸는데요, 저를 낮추고 있는 그대로의 자신을 인정하였더니 참 편해졌어요."

또 다른 20대 후반의 청년이 말했다.

"결국 껄끄럽게 느꼈던 모든 세상은 달동네였고, 그것마저도 삶의 일부라면 제가 어떻게 해볼 것이 아니더라고요. 내 인생의 달동네를 인정하니 마음이 평화로워요."

자존심이 강했던 20대 후반의 여성에게도 깨달음이 찾아왔다.

"저는 남과 비교하면서 잡생각에 휩싸여 참 고통이 심했어요. 그게 다 남의 행복을 부정하는 제 오만함에서 비롯되었더라고요. 많이 반성하고 있어요."

뭔가 풀리지 않는 생각의 오류를 가졌던 20대 후반의 남성도 크게 변화했다.

"자기성찰을 하다 보니 착각에서 벗어날 수 있었어요. 칠정의 내가 난 줄 알았거든요. 무한히 큰 나를 찾고 나니 마음이 가벼워요."

심한 강박증에 시달렸던 30대 초반의 남성은 다음과 같이 말했다.

"따지고 평가하는 마음을 내려놨어요. 이 세상은 해동네와 달동네밖에 없고, 그냥 전부가 제 삶이라고 인정하니 살만해요."

대인관계로 고충이 많았던 30대 중반의 여성도 새로운 사실을 알게 되었다.

"성현들의 말씀을 공부한 후, 선하게 살기로 결심했고 그것을 실천하는 데 자신감이 생겼어요. 이젠 아무도 저를 무시할 수 없다는 것을 알았어요. 사람들 만나는 게 설레고 즐거워요."

부부문제로 고민해오던 40대 초반의 남성은 삶의 자세가 달라졌다.

"저는 아내를 감시하기만 했던 것 같아요. 이제는 모든 것을 맡기고 사랑하려 해요."

죽음의 공포에 떨던 30대 후반 남성도 편안한 얼굴로 말했다.

"죽음에 대한 오해가 풀리니 일상의 일에 집중력이 생겼어요."

크게 성공한 후 두 번의 큰 실패를 겪은 40대 초반의 사업가 역시 느낀 점이 있었다.

"저는 30대에 큰돈을 벌었다가 대부분을 잃어서 크게 자책했는데, 이제는 이 모든 것이 내 삶임을 알게 되었어요. 충분히 일어날 수 있는 일이라고 생각해요. 다시 힘이 생겨났어요."

피해의식이 많았던 40대 초반의 한 여성이 말했다.

"제가 가장 싫어했던 유형의 사람이 저라는 것을 알았어요. 참 부끄러워요. 지금부터라도 제 마음이 흐트러지지 않도록 잘 경계하려 해요."

자기계발과 종교적 구도에 집착했던 40대 후반의 남성은 망상에서 벗어났다.

"이제 더 이상 도道와 깨달음을 추구하지 않아요. 도가 아닌 삶이 없더라고요."

과중한 업무와 대인관계의 악화로 고초를 겪었던 50대 초반의 직장여성 역시 새로운 삶을 찾아가고 있었다.

"아직도 저는 많이 가지고 있더라고요. 제가 참 젊은 나이더라고요."

그러나 위와 같은 아름다운 깨달음을 얻었다고 치더라도 지속적으로 씻어내지 않으면 잊혀진 옛 노래가 된다. 반드시 성현의 가르침을 듣고, 읽고, 쓰고, 외워서 사고의 폭을 넓히고 집중력을 길러야 깨달음의 감각을 잘 지켜나갈 수 있다.

혹자가 물었다.

"심성계발을 하지 않아도 행복하고 마음의 평화를 누리며 잘 사는 사람들이 있어요."

"그분들도 나름대로 심성계발을 하고 있는 거예요. 다만 용어와 방법이 달라 보일 뿐이죠. 겸허한 마음으로 자신을 갈고 닦는 과정은 모두 심성계발이고 자기수양이에요."

마음병에 걸렸다면 삶의 축제에 참가하라는 하늘의 초청장을 받은 것과 같다. 실제로 옛 성현들께서는 예외 없이 그 과정을 겪으셨다. 마음병은 곧 축복의 시발점이다.

《황제내경》 음양응상대론陰陽應象大論에서는 성인에 대해 다음과 같이 논했다.

성인은 하지 않음을 일로 삼고, 빈 마음이 주는 능력을 즐긴다. 아무런 간섭도 하지 않는 유쾌한 뜻을 좇으니 수명이 무궁하여 천지와 함께 한다. 이것이 성인이 몸을 다스리는 법이다.

(聖人爲無爲之事 樂恬憺之能 從欲快志於虛無之守 故壽命無窮 與天地終 此聖人之治身也)

밤과 낮, 겨울과 여름, 나와 너, 생물과 무생물, 삶과 죽음이라는 구조 속에서 일어나는 생로병사生老病死와 흥망성쇠興亡盛衰의 역정이 곧 우리 삶이다. 그러므로 옛 성현께서는 사람이 관여할 수 없는 영역일랑 마음에 두지 말고 다만 자기수양을 하며 선하게 살아가라고 하셨다.

퇴계 선생의 제자 학봉鶴峯 선생은 《퇴계집》 언행록言行錄에서 다음과 같이 말했다.

선생의 학덕學德은 사욕私慾이 전부 씻어졌기에 천리天理가 해와 달처럼 빛났다. 사물과 나 사이에 피차의 경계가 없었다. 그 마음은 곧 천지만물과 더불어 상하上下로 함께 흘렀고, 각기 그 묘한 이치를 얻은 바가 있었다.

(先生之學 私慾淨盡 天理日月 物我之間 未見有彼此町畦 其心直與天地萬物上下同流 有各得其所之妙)

몸의 때를 씻는 목욕과 때 묻은 옷을 세탁하는 것이 큰 기쁨이듯, 자기수양의 길 역시 그러하다. 위대한 스승이신 퇴계 선생께서는 이 길을 걸으셨다. 부지런히 마음때를 씻어내어 찬란한 깨달음의 경지에 도달하셨다. 고요함 속에서 벅찬 생명의 기운을 느꼈고 일상에서도 우주적인 즐거움을 누렸다. 만물과 공존하며 선하게 살아가는 기쁨을 모두 챙기셨다.

어찌 우리들이라고 예외일 수 있겠는가.

삶은 펼쳐진 잔칫상이다. 삶과 우주의 운행에 대한 경외감은 내 머릿속 잡념을 압도한다. 아침이면 태양은 어김없이 붉게 떠오른다. 봄이 오면 새싹들은 다시 자라나고 예쁜 꽃들이 피어난다. 우뚝 솟은 산 아래로는 강물이 끊임없이 흘러간다.

아, 모든 게 제자리에 있었건만, 세상은 있는 그대로 찬란하였건만, 내 마음속 무지의 골이 깊고, 착각의 산은 높고, 오해의 바다가 깊어서 보지 못했고, 듣지 못했을 뿐이었다.

오늘도 이 찬란한 세상은 활기찬 운행을 멈추지 않는다. 경이로운 우주는 날마다 감동의 교향곡을 뿜어내고 있다. 우리는 언제라도 이 소리를 들을 수 있다.

눈 뜬 잠에서 깨어난다면,

꾸준히 내 마음의 때를 씻어낸다면….

감사의 글

제가 심의 心醫로서 한국 고유의 심리치료를 펼칠 수 있는 것은 퇴계 선생님과 율곡 선생님을 위시한 수많은 선비님들과 의성 醫聖 구암 허준 선생님, 시대를 초월하는 혜안 慧眼을 지니신 선사 禪師님들의 가르침에 힘입은 바가 큽니다.

성현 聖賢들의 밝은 지혜를 전수해주신 소당 笑堂 스승님과 제가 공부할 수 있도록 자극과 격려를 아끼지 않은 한의학계의 여러 교수님, 선후배님들께 감사의 큰절을 올립니다.

또한 사랑하는 부모님과 가족, 친구와 지인들께 더욱 감사드립니다. 무엇보다도 저를 믿고 가장 소중한 삶을 맡긴 환우님과 보호자님들께 깊은 감사를 전합니다.

원고를 다듬어주신 인의예지 심성계발원의 심의 선생님들과 모든 식구에게 특별한 감사를 드립니다.

평소 음으로 양으로 베풀어준 '태평염전'의 따뜻한 사랑에 더욱 감사드리옵고, 글에 문외한인 저를 격려하고 좋은 지침을 주신 정신세계사 관계자분들께도 감사드립니다.

무엇보다도 이 책을 읽어주신 독자님들께 심심한 감사의 말씀을 전합니다.

우주의 모든 존재 앞에 머리 숙여 깊이 감사드립니다.

부록

내 마음의 때를 씻어주는 열두 가지 처방전
(十二洗心方)

널리 배워서 뜻을 두텁게 하고
절실하게 물어 가까운 곳부터 헤아린다면
어짊이 그 속에 있다.
(博學而篤志 切問而近思 仁在其中矣)

— 《논어》

순서	십이세심방 十二洗心方	적용 범주	효과
1	청심해우문 淸心解憂問	고민과 스트레스, 근심, 걱정이 많다.	근심과 걱정에서 벗어나 자유로워짐.
2	집착해소문 執着解消問	대인관계가 어렵고 집착이 심하다.	내 삶의 주인공으로 살아가게 됨
3	망상인지문 妄想認知問	잡생각이 많아서 머리가 맑지 않다.	망상이 사라지고 갈등이 해소됨.
4	감정완화문 感情緩和問	부정적인 감정들이 생겨나 몹시 힘들다.	감정이 안정되고 평정심을 얻게 됨.
5	발심각성문 發心覺醒問	의욕이 상실되고 인생이 무료하다.	바짝 정신이 들고 삶의 의욕이 생겨남.
6	지소선후문 知所先後問	하는 일마다 실패하고 갈피를 잡을 수 없다.	일의 순서를 알게 되면서 효율이 생겨남.
7	수신자립문 修身自立問	타인에 의존만 하며 나태하게 생활한다.	게으름을 떨쳐내고 자립하게 됨.
8	욕구충족문 慾求充足問	스트레스가 심하고 욕구불만에 빠져 있다.	신나고 재미있는 삶을 영위하게 됨.
9	허심합도문 虛心合道問	쉽게 좌절하거나 자기를 비하한다.	마음이 비워지고 지극한 행복을 찾게 됨.
10	본성회복문 本性回復問	내 정체성이 뭔지 헛갈리고 답답하다.	본성을 회복하여 마음의 평화를 얻게 됨.
11	절대순행문 絶對順行問	삶이 점점 힘들어지고 귀찮아진다.	리듬을 타면서 즐거운 삶이 시작됨.
12	성인군자문 聖人君子問	변덕이 심하고 결단력이 없다.	의리 있는 인격자로서 살아가게 됨.

십이세심방+二洗心方이란?

　내 생각을 헤아리지 않으면 비합리적인 '강바기'에 의해 내 삶을 빼앗긴 채 그의 노예가 됩니다. 고통의 구렁텅이에 빠졌음에도 내 삶에 왜 이런 일이 일어나고 있는지를 알지 못합니다. 이를 해결하기 위해서는 내 안의 '강바기'를 붙잡고 냉철하게 따지는 게 필요합니다.
　저와 심의들은 이 취지를 살려서 〈십이세심방+二洗心方〉을 구성했습니다. 십이세심방은 우리 마음 저 깊은 곳에 있는 '강박심리'라는 묵고 찌든 때를 씻어내기 위한 합리적인 의문疑問이자, 효율적인 처방입니다.
　앞의 표는 그 적용범주 및 효과입니다.
　위의 의문이 나와 상관없다고 단정하기에 앞서 한 번쯤 진지하게 접근해본다면 결코 남의 이야기가 아니라는 사실을 알게 됩니다.
　내 안의 '강바기'도 본래는 나를 위한다는 취지로 내게 여러 가지 지시와 명령을 내립니다. 그러나 '강바기'는 비논리적이고 비이성적이기 때문에 이차적인 문제를 일으킬 뿐입니다. 그래서 '강바기'를 잘 달래주면서 그의 주장에 대해 그 이유와 근거를 물어보는 게 좋습니다. 그러면 '강바기'는 슬그머니 꼬리를 내리고 물러갑니다.
　그래도 녀석은 부지런히 나를 찾아옵니다. 그때마다 다시 정확히 물어보면 또 물러갑니다. 찾아오는 것은 어렵고, 묻는 것은 쉽습니다. 결국 이 게임의 승리는 묻는 자인 '깨치미'가 차지합니다.
　위 〈십이세심방〉을 통해 내 마음의 때를 씻어내고 깔끔한 마음을 얻어볼까요?

1. 고개 들기 (淸心解憂問)

그는 지금 경치 좋은 바닷가에 있다. 그런데도 그는 고개를 푹 떨어뜨린 채 심각한 고뇌에 빠져 있다. 그의 머릿속에는 근심과 걱정으로, 그의 가슴에는 온갖 자책과 자괴감으로 가득 차 있다.

그는 '자기만의 생각의 틀' 안에 현실을 맞추려다가 현실과 다투면서 온갖 좋지 않은 감정들이 뒤따라온 줄을 모른다. 그는 이 순간 이곳에 없다. 바로 '강바기'에게 내 마음을 빼앗겨 버렸기 때문이다.

이러한 모습이 나라고 가정하고 내 안의 '또 다른 나'에게 다음처럼 물어보자.

1) 내 머릿속 고민과 좋지 않은 감정을 내려놓지 못하는 이유는 무엇인가?

내 고민을 내려놓으면 그것을 누군가 가져갈까 봐 두려워하는 걸까? 그러나 그 고민은 내게만 중요할 뿐이지 남에게는 쓰레기와 같은 법. 누군가 가져갈 리가 없지 않을까?

2) 그것이 그토록 중요한가?

나는 지금의 경치를 즐기는 일보다 내 고뇌를 더 중요하게 여긴다. 자신을 학대하면서 고통 속에 처넣고 있다. 꼭 그렇게만 살아야 할까? 그 삶이 그토록 재미있는 일일까?

3) 잠시라도 고개를 들어 내 눈앞에 펼쳐진 경치를 즐겨봄은 어떨까?

지금 내 앞에는 시원하고 푸른 바다와 맑은 하늘 풍경이 펼쳐져 있다. 자, 이제 고개를 들어 보자. 이제껏 내가 부여잡고 있던 그것들은 단지 악몽이지 않을까?

▶ 요지

마음을 맑히고 고뇌를 풀어주는 처방이다. 내가 느끼는 근심과 걱정은 어두운 쪽만을 바라봐서 생기는 허상이다. 고개를 들어 밝은 쪽과 되는 쪽을 바라보자. 그곳엔 새롭고도 무한한 가능성이 펼쳐져 있다.

2. 끊어내기 (執着解消問)

그녀는 내 인생이 망가진 이유가 그 사람 때문이라고 여긴다. 오늘도 그녀는 그가 과거에 던졌던 좋지 않은 말 한마디에 얽매여 뜬눈으로 밤을 지새우고 있다. 날마다 그 사람과의 아픈 기억만을 추려내어 불행한 소설을 쓴다. 그 사람에게 당한 피해만을 생각하며 원망을 부여잡고 독한 시름에 빠져 있다. 정작 그녀가 해야 할 일은 엄두도 못 낸다.

이러한 모습이 나라고 가정하고 내 안의 '또 다른 나'에게 다음처럼 물어보자.

1) 나는 정말 피해자인가?

그 사람으로 인해 내 삶이 망가졌다고 자책하고 상대를 원망한다면, 상대 역시 나를 적대시할 수 있다. 그렇다면 나 역시 상대에게 피해를 주는 가해자가 될 수도 있지 않을까?

2) 언제까지 내 마음속에 피해의식과 상처를 한 사발씩 담아둬야 하는가?

내 잘못과 내 책임을 은폐하고자 상대의 단점만을 꼬집고 있었다. 나는 언제까지 원망이라는 독초를 씹어 삼키고, 비방의 독화살을 쏘고, 불평과 불만의 안갯속을 방황할 작정인가?

3) 내 인생, 내가 주관하며 살아가야지 않을까?

어쨌든 지금 괴로운 것은 '그'가 아니라 '나'다. 남의 위로와 이해나 받으면서 살고자 하는 마음을 접어야 내 삶이 즐거운 법. 이제부터는 내 인생의 주인이 되어 살아가야 할 때가 아닐까?

> ▶ 요지
>
> 좋지 않은 관계를 끊어내고 집착을 해소하기 위한 처방이다. 나 자신을 관리하지 않으면 상대를 탓하는 마음만 커진다. 이제 내 마음속의 증오와 서운함, 미련과 원망을 끊어내자. 그래야 멋진 내 인생이 시작되니까.

3. 제대로 알기 (妄想認知問)

누군가 다음과 같이 생각하고 있다.

―나보다 잘난 사람은 없어.
―내게는 아무런 단점도, 잘못도 없어.
―그 사람이 내게 용서를 빌어야 마땅해
―나는 아주 깨끗한 사람이야
―나는 모든 것을 잘하는데 이 세상의 다른 사람들이 문제란 말이야.

이러한 생각들은 비현실적이고 편협한 생각들로서 망상에 속한다. 이와 같은 생각에 휩쓸리면 타인들을 멸시하고 세상을 천대하기 쉽다.
이러한 모습이 나라고 가정하고 내 안의 '또 다른 나'에게 다음처럼 물어보자.

1) 나는 상상과 망상을 구분하는 걸까?

각종 만화나 영화 속에 등장하는 주인공들은 존재하지 않지만 우리의 삶을 더욱 맛깔나고 풍요롭게 해준다. 이와 달리 망상은 부정적 생각과 공격적인 상상이다. 내 생각은 어떤가?

2) 내 망상의 위험성과 허구성을 제대로 이해하고 있는가?

망상은 현실과 다르기에 내 생활을 저해하는 요소로 작용한다. 망상에 빠지면 사람들과 다툼이 잦고 사회에서 소외된다. 나는 망상이 곧 내 삶에 치명적인 독이라는 사실을 이해하고 있을까?

3) 내게는 망상을 해소해줄 출구가 있는가?

'강바기'의 생각이 곧 망상이다. 오직 한 가지만을 주장한다. 고집스럽고 욕심쟁이다. '그럴 수 있다', '내 생각이 틀릴 수도 있다', '별 차이 없다' 등과 같은 유연한 생각이 내게 있을까?

▶ **요지**

상상과 망상을 구별할 수 있게 하는 처방이다. 집중력을 발휘하여 내 생각을 제대로 관찰해보자. 현실과 동떨어져 있다는 사실을 직시하자. '강바기'의 얼토당토않은 주장을 보는 그 순간, 나는 망상에서 벗어난다.

4. 포용하기 (感情緩和問)

살다 보면 누구라도 치명적인 실수와 실패를 통해 창피와 수모受侮를 당할 때가 있다. 이를 잘 극복하지 못하면 불안과 두려움, 불편과 괴로움, 우울과 외로움, 혼돈 등이 더욱 증폭된다.

이들은 내게 있어 초청받지 못한 불청객이다. 이들은 내 공간에 아무런 노크도 없이 불쑥 출현하기 때문이다.

내가 이러한 상황에 처했다고 가정하고 내 안의 '또 다른 나'에게 다음처럼 물어보자.

1) 왜 내게는 감정의 풍랑이 증폭되었는가?

살다 보면 뜻대로 되지 않는 일들이 허다하다. 그러기에 불안하고 우울하고 다소의 피해도 당한다. 그러나 이것 역시 삶이 아닌가. 내가 그들을 너무 심하게 거부하는 것이 아닐까?

2) 이들은 정말 불청객인가?

내가 내 안의 감정들과 싸우면 내 생활에 불편을 초래할 만큼 커지고 그것이 내 마음과 몸을 옥죈다. 그렇다면 이들은 스스로 찾아온 '불청객'이 아니라 내가 초빙한 '귀빈'이 아닐까?

3) 이들을 감수할 생각은 없는가?

내 감정은 내 생각의 그림자다. 가벼운 감정이든 증폭된 감정이든 결국 내가 부른 감정들이다. 그러기에 이들이 비록 내게 해가 된다고 하더라도 이를 감수하고 포용해야 하지 않을까?

> ▶ 요지
>
> 좋지 않은 감정들을 완화시키는 처방이다. 내 마음속의 부정적인 감정을 불청객으로 인식하는 그 생각이 그 감정을 더욱 증폭시킨다. 그러나 그들은 내 안의 '강바기'가 초청한 '귀빈'이다. 그러니 이제 그들을 포용해보자.

5. 깨어 있기 (發心·覺醒問)

그녀는 지금 몹시 억울하다. 화가 잔뜩 났다. 그 이유는 다음과 같다.

· 주변 사람들이 내 말을 우습게 안다.
· 사람들이 내 존재를 업신여긴다.
· 누군가 내 공간을 침입해서 내게 피해를 끼치고 있다.
· 이 사회가 내 앞길을 막고 있다.
· 그 사람이 나를 불행하게 만들고 있다.

그러나 그녀가 화난 이유를 타인과 환경 탓으로 계속 돌린다면, 타인이나 외부환경이 변하지 않는 한 계속해서 원망하고 비방하고 화풀이하며 살아갈 수밖에 없다.
이러한 모습이 나라고 가정하고 내 안의 '또 다른 나'에게 다음처럼 물어보자.

1) 툭 하면 화풀이를 하는 내 모습을 좋아할 사람이 있을까?

나는 지금 '나만이 특별하다'고 믿고, '내 견해만 옳다'고 주장한다. 그러면서 남이 내 마음을 알아주지 않는다며, 상대의 단점을 들춰내고 화풀이를 해댄다. 이런 나와 가깝게 지내고 싶은 사람이 있을까?

2) 내 인생을 화풀이나 하면서 날려버리기에는 너무 아깝지 않을까?

자기수양을 하는 사람에게는 꽃향기가 나고, 화풀이를 하는 사람에게는 악취가 난다. 내가 어떻게 살아야 할지는 내가 결정할 일이다. 후자로 살아가기에는 내 인생이 너무 아깝지 않을까?

3) "정신 좀 차리라"는 충고를 들어야 할 사람은 누구인가?

내가 만나는 사람들을 무시하고 내가 처한 환경을 부정하면서 싸움만을 일삼는 나. 이런 모습은 내가 평소에 한심하게 여기던 타인의 모습이다. 혹시 그녀가 곧 내 모습이 아닐까?

▶ 요지

마음의 중심을 잡고 정신을 바짝 차려서 살아가게 하는 처방이다. 나만의 고집에 빠지면 화풀이가 잦다. 냉철하게 나를 돌아보자. 나는 평소 내가 가장 혐오했던 그 사람과 똑같은 일면을 가지고 있을 수 있다.

6. 순서 정하기 (知所先後間)

그에게는 시급하게 이뤄야 할 목표가 있다. 그것이 달성되지 않았기에 그는 아무것도 할 수가 없다. 목욕도 못하고, 밥도 못하고, 빨래도 청소도 못한다. 취직은 엄두조차 내지 못한다. 친구들과 놀거나 여행을 가는 것은 아예 불가능하다. 음악을 듣거나 책을 읽을 만한 여유도, 집중력도 없다.

이러한 모습이 나라고 가정하고 내 안의 '또 다른 나'에게 다음처럼 물어보자.

1) **진정으로 시급한 일들은 무엇인가?**

나는 마음에 드는 이성친구와 배우자를 찾거나 이를 위해 좋은 직장과 재력이 있어야 한다고 믿는다. 그렇다면 이를 달성하기 위해서 보다 더 시급한 일들이 있지 않을까?

2) **목표만 내세우고 과정을 소홀히 하는 것은 아닐까?**

사람은 과정에 충실할 수 있을 뿐, 그 결과는 하늘의 몫이다. 지금 나는 목표만 거대하게 세우고 조급함에 휩싸여 마땅히 먼저 해야 할 기초공사에 소홀한 것은 아닐까?

3) 지식보다 먼저 지혜를 확충해야 할 시점이 아닌가?

나는 지금 단지 내 생각과 내 감정의 노예가 되어 바삐 움직이기만 할 뿐, 정작 가장 중요한 내 마음의 평화를 잃어버렸을 수도 있다. 내게 가장 시급한 것은 지식보다 지혜가 아닐까?

> ▶ 요지
>
> 먼저 할 바와 나중에 할 바를 파악할 수 있는 처방이다. 근본은 마음의 평화다. 이를 얻는 게 지혜다. 지혜의 기반이 닦인 이후에 지식을 쌓아야 내 인생이 견고해진다. 먼저 지혜의 주춧돌을 놓자. 그다음이 지식이다.

7. 자립하기 (修身自立間)

그는 몹시 가난한 빚쟁이다. 그러나 그는 결코 움직이지 않는다. 사람들을 만나지도 않고 자기계발을 하지도 않는다. 홀로 외톨이가 되어 자기의 삶을 자책하고 스스로를 비하하며 아무것도 할 수 없다고 단정한다. 게으름과 패배주의가 그의 가슴속 깊이 자리매김하고 있다.

그의 인생은 불타버린 황량한 대지처럼 그을음과 잿더미만이 가득하다. 그는 겨우 가족에 의지하여 힘겹게 생계를 이어갈 뿐이다.

이러한 모습이 나라고 가정하고 내 안의 '또 다른 나'에게 다음처럼 물어보자.

1) 부정적인 생각부터 접어야 하지 않을까?

숨을 쉬는 한 아직도 내게는 삶의 희망이 남아 있다. 다만 좋지 않은 생각의 때가 끼어서 스스로의 가치를 잊고 있을 뿐이다. 부정적인 생각일랑 접고서 다시 출발할 수 있지 않을까?

2) 내게 자립에 대한 의지가 있는가?

언제까지 타인에게 의존만 하며 부담을 주는 존재로 살아갈 수는 없지 않은가. 만일 내게 자립에 대한 의지가 없다면 그 의지가 생겨날 수 있도록 자기를 수양해야 하지 않을까?

3) 주어진 일부터 충실히 해보는 것은 어떨까?

언제 어느 곳에 있든 공동체의 일원으로서 내게 주어진 일, 내가 할 수 있는 최소한의 일들이 있다. 내가 살고 있는 공간에서 할 수 있는 일들인 청소와 설거지, 빨래부터 시작해봄은 어떨까?

▶ 요지

자립의지를 길러주는 처방이다. 어디를 가더라도 주어진 자기의 책무를 해내는 것이 자립이다. 자기를 수양하여 게으름과 패배주의, 부정적 생각을 극복하자. 성현의 가르침을 가까이하면 절로 그렇게 된다.

8. 뜻 이루기 (慾求充足問)

선가禪家의 화두에 등장하는 목이 좁은 호리병 속에 들어 있는 새를 상상해보자. 새는 자꾸 커져서 바깥으로 나가야 하지만 이 호리병은 목이 너무 좁다. 그렇다고 대단히 진귀한 이 호리병을 깨뜨리기도 아깝다.

이 어려운 상황을 해결하기 위해서는 새를 살리든, 병을 깨뜨리든 둘 중 하나를 선택해야 한다. 그런데 누군가 호리병도 깨뜨리지 않고 새도 살리는 방법만 찾으면서 마음의 갈피를 잡지 못하고 있다.

이것이 곧 내 상황이라고 가정하고 내 안의 '또 다른 나'에게 다음처럼 물어보자.

1) 상반되는 두 가지를 모두 얻겠다는 내 생각은 합리적인가?

삼복더위에 눈썰매를 즐길 수 없고, 빙판에서 수영할 수 없다. 낮의 따듯함과 밤의 포근함을 한 번에 누릴 수는 없다. 그러나 지금 내 마음은 그 두 가지를 한 번에 얻으려 하는 건 아닐까?

2) 먼저 한 가지라도 얻겠다고 생각해보는 것은 어떨까?

사람으로 태어난 것만으로도 엄청난 축복이다. 공기와 물, 햇빛의 풍요로움을 누릴 수 있다. 여기에서 즐거움을 찾을 수 없다면, 그 무엇으로 내 욕구를 충족시킬 수 있을까?

3) 내 삶에 만족과 감사함이 깃드는가?

안 되는 상황에 얽매이기 전에 되는 상황을 찾아서 감사하자. 그러면 성취감이 생겨나 삶의 활력이 생긴다. 나는 매사에 만족할 수 있고 감사할 줄 아는 사람일까?

> ▶ 요지
>
> 욕구를 충족시키기 위한 처방이다. 두 가지를 모두 얻으려면 호리병 속의 새와 같은 허상에 걸려든다. 욕심을 버리는 순간 만족과 감사함이 올라오고 허상은 사라진다. 욕구가 충족되고 평소 뜻하는 바를 이루게 된다.

9. 내려놓기 (虛心合道門)

그녀는 지금 다음처럼 생각하고 있다.

"도저히 그를 지금 이대로 용서할 수 없어. 반드시 그가 내게 사죄를 해야 해"

그러나 그녀는 그녀가 얼마나 무거운 욕심의 짐을 지고 있는지 알지 못한다. 상대로부터 용서를 받겠다는 마음, 이해를 받겠다는 마음, 사랑을 받겠다는 마음을 가지고 있는 한 상처는 점점 깊어지고 삶은 자꾸만 추락한다.

내가 그녀라고 가정하고 내 안의 '또 다른 나'에게 다음처럼 물어보자.

1) 누군가로부터 내가 사과를 받으면 내 마음이 평화로워질까?

상대로부터 사과를 받는다고 상황이 달라지지 않는다. 오히려 이를 꼬집어서 새로운 보상을 요구할 수도 있고, 그 후에도 계속적으로 상대에게 군림하려고 애쓴다. 이런 식의 대처가 합리적일까?

2) 그토록 무거운 마음의 짐들을 들고 갈 필요가 있을까?

어쩌면 나는 오만傲慢이란 족쇄를 차고 불손不遜이란 멍에를 짊어진 채, 욕심이란 감옥에 갇혀 있는지도 모른다. 굳이 그렇게 무거운 마음의 짐들을 들고 다녀야 할까?

3) 내려놓는 것이야말로 더 크게 얻을 수 있는 길이 아닐까?

주먹을 꽉 쥐고 있다면 더 이상 어떤 것도 잡을 수 없다. 이와 마찬가지로 우리 머릿속의 고집을 내려놓아야 더 큰 일을 성취할 수 있다. 더 크게 얻기 위한 길을 마다해야 할까?

▶ 요지

마음을 비울 수 있게 하는 처방이다. 내 생각만 고집한다면, 뭔가를 탐내기만 한다면 내 삶은 점점 더 큰 어려움에 처한다. 생각의 무게가 내 삶을 짓누르기 때문이다. 그러므로 그러한 짐들을 내려놓자. 더 크게 얻기 위해서.

10. 본성 찾기 (本性回復問)

사노라면 다양한 문제들이 뒤따라 다닌다. 경제적인 어려움, 대인관계의 갈등, 각종 재해와 사고 등이 그러하다. 우리들은 이러한 문제들에 파묻혀서 아주 오랜 세월 참된 나를 잃고 살아가기도 한다.

그러나 이런 문제에 잘 대처하기 위해서는 그 문제를 가진 내가 누구인지 알아야 한다. 문제에 매몰된 내가 나의 전부는 아니다. 참된 나는 문제를 초월해서 존재한다. 그것이 곧 본성이다.

지금 나는 본성을 잃었다고 가정하고 내 안의 '또 다른 나'에게 다음처럼 물어보자.

1) **복잡한 삶의 문제를 지닌 당사자인 나는 누구인가?**

내 몸의 주인은 마음이며, 내 마음에는 인욕칠정人慾七情과 천리본성天理本性이 공존한다. 지금 나는 내 생각과 감정의 덩어리인 인욕칠정을 나의 전부로 착각하고 있는 것이 아닐까?

2) **내 마음의 중심은 어디에 있는가?**

내 마음을 내 안의 '강바기'에게 빼앗긴 것은 아닐까? 내가 조급하다면, 불안과 두려움이 증폭된다면 '강바기'에게 쫓기고 있음이 틀림없다. 정성을 다해서 내 안의 '깨치미'를 부를 때가 아닐까?

3) 내게는 본성의 덕목이 잘 발현되고 있는가?

본성을 찾으면 인의예지신仁義禮智信이라는 아름다운 덕목이 발현된다. 이를 위해 항상 깨어서 내 칠정의 위험성을 살필 필요가 있다. 내게는 이 다섯 가지 덕목이 잘 발현되고 있을까?

> ▶ 요지
>
> 참된 나인 본성을 회복시키는 처방이다. 사람에게는 존중하고, 포용하고, 반성하고, 양보하고, 감사할 줄 알고, 평화를 사랑하는 매우 아름다운 본성이 있다. 자기를 성찰하여 본성을 찾도록 하자. 그래야 삶이 즐겁다.

11. 흐름 타기 (絶對順行間)

계절은 여름에서 겨울로, 다시 겨울에서 여름으로 흐른다. 건기에서 우기로, 다시 우기에서 건기로 흐른다. 강물의 흐름을 막을 수 없듯이 인생의 흐름 역시 그러하다.

존재세계의 양면성을 인정하며 그 흐름에 맞춰 살아가는 것이 순행順 行이다. 흐름을 따르는 삶은 순풍에 돛을 다는 것과 같아서 마음껏 그 즐거움을 누릴 수 있다. 이에 비해 거대한 자연의 흐름을 거스르는 것은 역행逆行이다.

이를 인식하면서 내 안의 '또 다른 나'에게 다음과 같이 물어보자.

1) 나는 여태껏 세상의 한 축과 힘겨운 싸움을 벌이고 있었던 것은 아닐까?

내 마음에 들지 않더라도 그 또한 내 삶이라면 이를 감수하고 받아들일 수도 있다. 삶은 투쟁해서 쟁취해야 할 전쟁터가 아닐 수도 있는 법. 이를 부정하며 꼭 싸워야 할까?

2) 나는 순행의 리듬을 타고 있는가?

해동네와 달동네를 차별하지 않고 사는 것, 되는 일과 되지 않은 일을 둘 다 받아들이는 것이 순행이다. 되면 얻어지는 것이 있어 좋고, 안 되면 그만큼 겸허해질 수 있어서 괜찮지 않을까?

3) 순행과 역행, 이 모두를 내 삶이라고 생각하는가?

내 장점을 내세우면 오만해져서 내 단점이 되고, 내 단점을 받아들이면 겸손해져서 내 장점이 된다. 성공과 실패도 그러하다. 이 모두가 내 삶이다. 둘 다 의미가 있지 않을까?

▶ 요지

삶의 리듬을 타기 위한 처방이다. 내가 누릴 수 있는 즐거움부터 챙기는 데서 순행이 시작된다. 또 역행을 통한 시행착오는 우리 인생의 필수과목이다. 이로 인한 불편과 고통을 인정하고 감수하면 절대순행의 즐거움이 시작될 터.

12. 사랑하기 (聖人君子間)

칠정의 사랑은 기쁜 만큼 고통이 뒤따르고 즐거운 만큼 괴로움이 생겨난다. 이와 달리 본성에 근거한 사랑은 희망의 불씨이자 평화의 전주곡이다. 사람을 가장 사람답게 살 수 있게 도와준다. 사랑하면 결코 외롭지 않다.

성인군자가 따로 존재하지 않는다. 바로 본성대로 살아가는 사람, 본성의 사랑을 실천하는 사람이 곧 성인군자다.

이를 인식하면서 내 안의 '또 다른 나'에게 다음과 같이 물어보자.

1) 내 삶이 어려울수록 사랑이 필요치 않을까?

대인관계, 경제상황, 각종 재해 등은 쉬지 않고 내 삶을 노크한다. 이때가 오히려 사랑할 수 있는 기회다. 사랑해야 힘이 생기고 돌파구가 열린다. 어려울수록 사랑이 필요하지 않을까?

2) 아래처럼 결심하고 꾸준히 실천하면 어떨까?

- 어떤 일에도 원망과 비방을 삼간다.
- 주어진 모든 상황을 철저히 인정한다.
- 사람과 만물을 차별 없이 사랑한다.

나도 이 결심을 굳세게 지켜나갈 수 있지 않을까?

3) 성인군자의 삶에 도전해봄은 어떨까?

나로 인해 내 주변에 문제가 발생하는 삶일랑 접자. 위처럼 결심하고 이를 지켜낸다면 내 삶의 나무에는 향기로운 꽃이 피어난다. 그렇게 멋진 성인군자의 삶에 도전해봄은 어떨까?

> ▶ 요지
>
> 성인군자로 살아가기 위한 처방이다. 성인군자는 어디에 있어도 따듯한 온기를 머금고 향기를 발산한다. 모든 문제가 해결되고 평화로운 세상이 열린다. 변치 않는 믿음, 조건 없는 사랑. 깨지지 않는 의리를 지켜내면 성인군자다.

심성계발 요약표

심성계발			
이해형 심성계발 (Two Way 철학)	양호이음량(陽好而陰良) 해동네도 좋지만 달동네도 괜찮다. (인정과 믿음의 법칙)		
	순행즉락, 역행즉(고이)오 (順行卽樂, 逆行卽(苦而)悟) 흐름을 따르면 즐겁고, 흐름에 거슬리면 (고통 끝에) 깨친다. (순응하기)		
	절대순행(絶對順行) 크게 보면 역행도 순행의 범주에 속한다. (본질을 이해하고 현상에 속아주기)		
실천형 심성계발 (생활순행)	수동형 생활순행 (율곡 선생의 비방 않기)	1. 어떤 일이라도 남을 비방하거나 원망하지 않는다.	
		2. 화풀이를 삼가고 인상을 찌푸리거나 폭력을 쓰지 않는다.	
		3. 누가 나를 헐뜯을 때 내게 잘못된 점이 있거든 이를 인정하고 즉시 고친다.	
		4. 내게 잘못이 없으나 오해받을 만한 일이 있었다면, 이것마저도 고친다.	
		5. 만일 내가 잘못하지 않았음에도 불구하고 타인이 나를 비방한다면, 그 사람의 문제이므로 대응치 않고 종달새 소리로 흘린다.	

	능동형 생활순행 (한석봉 어머니의 내 떡 썰기)	최소한의 책임완수
		  밥하기, 설거지, 청소, 빨래, 정리정돈,
		  최소한의 약속 지키기	

		최소한의 자기계발
		  용모단정, 운동과 건전한 취미생활,
		  본성회복, 지식습득	

		최소한의 자연예절
		  1. 응대 (자기입장 분명하게 전하기)
		    1) 표정응대(낯빛을 온화하게, 말투를 부드럽게,
		       태도를 공손하게)
		    2) 인사하기, 3) '예'와 '아니오'의 정확한 표현
		    4) '미안합니다. 감사합니다. 멋집니다.
		       사랑해요. 도와주세요.' 등의 적극적 표현
		  2. 물어보기 (발언권 주기)
		    1) "어떻게 생각하세요?"
		    2) "제가 어떻게 하면 좋겠습니까?"
		       (내 생각을 주장하기 전에 상대의 견해를
		       물어본 후에 적절하게 대처한다.)
		  3. 져주기와 속아주기 (내 고집 꺾기)
		    "선생님 의견이 맞습니다."
		    (크게 부딪칠 때는 2보 전진을 위해 1보 후퇴한다.)	

1) 한의학의 생리와 병리를 밝힌 기본 이론서로서 한의학 최고最古의 경전이다. 진한秦漢 시대 (B.C.221~A.D.220)의 의서醫書로 추정되고 있다.
2) 정통 한학자이자 국문학 박사이신 양현승 선생님의 호.
3) 조선 세조 때 편찬된 〈의약론醫藥論〉에 등장한다. 자기수양을 통해 스스로의 마음을 다스리면서 타인의 병을 치료하는 의료인을 지칭한다.
4) '강박심리'는 칠정이다. 이를 편의상 '강바기'라는 애칭으로 부르기로 한다.
5) '각성심리'는 본성이다. 이를 편의상 '깨치미'라는 애칭으로 부르기로 한다.
6) 심성계발에서는 사덕四德과 이성理性을 한 가지로 본다. 3장 칠정과 본성 참조.
7) 고려 충렬왕 때 추적秋適이 성현聖賢과 선각자先覺者들의 명구名句를 모아 엮은 책이다. 고려 말부터 조선시대 내내 최고의 인성교육 학습서로 자리매김했다.
8) 혹자或者 — 현재 심의心醫의 길을 걷고자 배우는 문하생門下生 중의 한 사람.
9) 무술에 있어서 '형'은 정지동작의 한 형태이고, '투로'는 연속동작의 한 형태이다.
10) 이 책에서 '영혼'은 본성의 영역에 해당하는 본질적인 마음을 뜻한다.
11) 퇴계선생이 명나라 주권朱權(1378~1448)이 지은 《구선활인심법臞仙活人心法》을 필사한 책. 마음을 다스려서 질병을 치료하는 방법과 양생체조인 도인법導引法과 기공술氣功術이 소개되어 있다.
12) 지금의 화성시. 6세기 후반부터 신라가 서해를 통하여 중국과 교통할 수 있었던 길목이었다.
13) 퇴계 선생은 이 과정에서 《천명도설》의 이론을 일부 수정하여 "사단四端은 이理가 발현한 것이고, 칠정七情은 기氣가 발현한 것이다(四端理之發, 七情氣之發)"라고 하며 이理와 기氣가 모두 발현한다(理氣互發說)고 주장했다.
14) 《퇴계집退溪集》의 원문은 "四端之發純理 故無不善, 七情之發兼氣 故有善有惡"이다.
15) 《퇴계집》 원문은 "四端理發而氣隨之 七情氣發而理乘之"이다. 퇴계 선생이 고봉 선생의 견해를 받아들여 이원론적인 시각을 완화시킨 정의라고 볼 수 있다.
16) 기氣가 발하고 이理가 탄다. 발하는 것은 오직 기氣다. 이理는 원리로서 본래 그 자리를 지키고 있다는 논리다.
17) 이理는 원리로서 두루 통하지만 기氣는 특정되고 한정된다는 논리다.
18) 북송北宋 중기에 유학을 발전시키고 확립한 정호程顥와 정이程頤, 주희朱熹의 성姓을 따서 부르는 성리학의 또 다른 이름이다. 이 책에서는 송대의 성리학을 한정시키는 말이다.

355

19) 이理가 발할 때는 기氣가 따라온다는 뜻. 고봉 선생의 견해를 존중하여 이理가 발함에 있어 기氣의 역할을 포함시켰다는 데 의의가 있다.
20) 천명지성天命之性이라고도 한다. 성리학의 심성론心性論에 언급된 것으로 사람에게 있는 지극히 선한 하늘의 성품을 지칭한다. 상대적인 표현으로는 선과 악이 공존하는 기질지성氣質之性이 있다. 성리학자들은 본연지성을 이理에, 기질지성을 기氣에 배속했다.
21) 송宋나라 원오극근圜悟克勤이 선가의 화두話頭를 선별하여 백 가지 칙則을 모아둔 책.
22) 1942년생. 영국의 물리학자로서 만성적인 근위축증(루게릭병)을 앓으면서도 '양자중력론'에 의거한 우주 기원에 대한 독창적인 이론을 발표하였다.
23) 1953년생. 북아일랜드 태생의 영국 신학자이며 성공회 신부이다.
24) 1175년 송나라의 주희朱熹와 여조겸呂祖謙이 주돈이周敦頤, 정호程顥, 정이程頤, 장재張載 의 글 중에서 실생활에 유익한 부분을 뽑아서 편집한 성리학性理學의 입문서다.
25) 유儒·불佛·도道 삼교三敎의 가르침은 근본적으로 일치한다는 견해를 가진 서산대사가 지은 책. 1579년(선조 12년)에 사명대사가 발문을 쓰고 간행하였다.
26) 구름 또는 비와 나누는 정이라는 뜻으로, 남녀의 정교情交를 이르는 말. 중국 초나라의 회왕懷王이 꿈속에서 어떤 부인과 잠자리를 같이했는데, 그 부인이 떠나면서 자기는 아침에는 구름이 되고 저녁에는 비가 되어 양대陽臺 아래에 있겠다고 말했다는 고사에서 유래했다.
27) 고려 말의 문신. 성리학의 도입에 힘썼다.
28) 심성계발에서는 이를 '존재인정'이라고 한다. 존재란 수평적으로는 '해동네'와 '달동네'며, 수직적으로는 현상과 본질이다. 이것은 율곡과 퇴계의 이기설理氣說과 합치된다. 사단지심을 존재인정의 측면에서 바라보면 인仁의 단서인 측은惻隱한 마음은 존중과 포용, 의義의 단서인 수오羞惡의 마음은 반성과 경계, 예禮의 단서인 사양辭讓의 마음은 양보와 겸손, 지智의 단서인 시비是非의 마음은 만족과 감사로 해석해볼 수 있다.
29) 존재의 두 축을 인정하고 자연의 흐름에 순응하는 것이 순행順行이며, 그러지 않는 것이 역행逆行이다. 순행하면 즐겁고, 역행하면 고통 끝에 깨친다.
30) 노르에피네프린norepinephrine이라고도 한다. 교감신경계의 신경전달 작용을 하는 부신수질에서 에피네프린과 함께 추출되는 호르몬이다. 아드레날린의 과다한 분비는 심장병과 신경증, 관절질환, 두통과 노화를 일으킬 수 있다고 보고되어 있다.
31) 뇌하수체에 존재하는 엔도르핀endorphin의 일종이다. '체내의 모르핀(morphine within)'이라는 의미로 엔도르핀이라고 명명되었는데, 엔도르핀은 아편과 같은 기능을 하면서도 중독성이 나타나지 않는 천연 진통제다.
32) 한대漢代의 동중서董仲舒라는 학자가 이미 맹자가 주창한 인仁·의義·예禮·지智라는 네 가지 덕목에 신信이라는 덕목을 추가하여 "본성은 곧 오상五常"이라고 하였다. 인의예지仁義禮智라는 이성대로 살면 내 마음이 평화롭다는 믿음을 가질 수 있다.

33) 정기신精氣神은 도교道敎와 한의학에서 등장하며 우리의 몸과 마음에 대한 실체적 해석이다. 육체와 정신을 하나로 보고 있으며, 정精과 기氣와 신神을 유기적으로 연결하여 역동적으로 이해하고 있다.
34) 편의상 강박심리는 '원카드(one card)'로, 각성심리는 '투웨이(two way)'라고도 말한다. 원카드는 외길만 고집하는 닫힌 생각을 말하며, 투웨이는 다양한 길을 인정하는 열린 마음이다.
35) 질병에 대해서는 다양한 접근과 해석이 필요하다. 상기의 병명은 일반적으로 널리 알려진 정신질환들이다. 이 책에서는 동양인문학과 한의학적 관점에서 조명하고 있으므로 서양의학의 설명과 다소 차이가 있다.
36) 대개 서양의학에서 정신질환의 하나로 분류되는 '강박증' 혹은 '강박장애'와 이 책에서 언급하는 '강박심리'는 서로 유사해 보이지만 그 속성이 전혀 다르다. 강박증은 내면의 갈등이 외부로 반복해서 표출되는 언어적, 행동적 장애인데 비해 '강박심리'는 마음병을 일으키는 기본 인자로서 현실과 무관하게 고착화된 자기만의 신념을 말한다.
37) 불안장애를 포함하여 이 장에서 언급되는 각각의 병명들, 즉 우울증, 공황장애, 망상증, 정신분열증 등은 일반인들이 흔하게 접하는 통상적 명칭들이다. 하지만 이 책은 서양의학적 시각보다는 동양의 인문학과 한의학적 시각에서 조명하고 있기에 서양의학의 규정과는 다소 차이가 있다.
38) 불안증과 불안장애는 같은 말이다. 우울증과 우울장애, 공황증과 공황장애도 마찬가지다.
39) 이 역시 심성계발의 기준에서 강박심리가 각종 마음병을 만들어가는 기전을 설명한 것으로 서양의학의 시각과는 다르다.
40) 서양 정신의학에서는 '양극성 장애'라고도 한다.
41) 망상과 망상증은 같다. 망상이라는 단어 자체가 병리적으로 쓰이고 있어 '망상'과 '망상증'은 따로 구분할 필요가 없다.
42) 우리의 내면의식인 혼魂이 날아가고 표면의식인 백魄이 흩어지는 현상을 말한다. 몹시 놀라 정신을 잃는 것을 표현한 말이다.
43) 본명은 최영의崔永宜(1923~1994). 일본에서 활동한 '극진가라테'의 창시자이다.
44) 현악기의 현絃을 조율調律하듯이 충분히 이 증상을 조절할 수 있다는 희망적인 뜻을 내포하고 있다. 거듭 말하듯이, 이 책에서 언급된 '정신분열병'은 동양 인문학과 한의학적 관점으로 바라본 것으로서 서양의학과 그 의미가 다소 다르다.
45) 귀신을 교활할 귀鬼 자와 정신 신神 자로 풀어서 해석해본 것이다.
46) 《맹자》에 나오는 말로 '천지간에 있는 거침이 없고 넓고 큰 기개'를 말한다.
47) 1577년(선조10년) 율곡이 학문을 시작하는 이들을 가르치기 위해 저술한 책이다.

48) 이 책 저자약력에서 소개한 인의예지 심성계발원(www.simseong.com)과 카페 '해동네달동네
(http://cafe.naver.com/ohmyheart)'다.
49) 대개 30분 이상 안정적으로 달릴 때 얻어지는 달리기의 쾌감을 말한다. 러닝 하이running high
라고도 한다.
50) 《명심보감》 정기편正己篇에 등장한다. 원문은 "福生於淸儉 德生於卑退"다.
51) 《죽비소리》(정민 著, 마음산책 刊)에서 재인용함.
52) 증자曾子(B.C. 506~436)는 공자의 제자다. 이름은 삼參, 자字는 자여子輿였다. 효심이 두터웠고 내성궁행內省躬行에 힘썼다. 공자의 손자인 자사子思의 스승이다. 자사는 다시 맹자를 가르쳤다.
53) 여덟 가지 넉넉함(餘)을 지녔다는 뜻.
54) 《선비답게 사는 것》(안대회 著, 푸른역사 刊)에서 재인용함.
55) 《성학십도聖學十圖》에는 다음과 같은 인용구가 있다. 어떤 사람이 묻기를 "경敬이란 어떻게 힘써야 하는 것입니까?" 하였더니 주자가 말했다. "정자는 일찍이 '정신을 통일하여 흐트러짐이 없는 것'(主一無適)이라 하기도 하고, '몸가짐을 가지런히 하고 마음을 엄숙히 하는 것'(整齊嚴肅)이라고도 했다."
56) 《논어》 학이學而에서 "巧言令色 鮮矣仁"이라 하였다.
57) 《대학大學》의 8조목 중에서 격물格物, 치지致知, 성의誠意, 정심正心 이후의 네 가지 덕목이다. 내 몸을 먼저 다스린 후에야 가정, 나라, 세계가 평화로울 수 있다는 뜻이다.

순금의 정신으로 빚어내는
천금의 감동이 있는 곳

정신세계사는 홈페이지와 인터넷 카페를 통해
열린 마음으로 독자 여러분들과 깊은 교감을 나누고자 합니다.
홈페이지(www.mindbook.co.kr) 또는 인터넷 카페(cafe.naver.com/mindbooky)의
회원으로 가입해주시면

1. 신간 및 관련 행사 소식을 이메일로 받아보실 수 있습니다.
2. 신간 도서의 앞부분(30쪽 가량)을 미리 읽어보실 수 있습니다.
3. 지금까지 출간된 도서들의 정보를 한눈에 검색하고 열람하실 수 있습니다.
4. 품절·절판 도서의 대여 서비스를 이용하실 수 있습니다.(카페 안내문 참고)
5. 자유게시판, 독자 서평, 출간 제안 등의 기능을 활용하실 수 있습니다.
6. 정신세계의 핫이슈에 대한 정보와 의견들을 자유롭게 나누고
   교류하실 수 있습니다.
7. 책이 출간되기까지의 재밌는 뒷이야기들을 들으실 수 있습니다.

일상의 깨달음에서 심오한 가르침에 이르기까지,
그 모든 정신의 도전을 책 속에 담아온 정신세계사의 가족이 되어주세요.

정신세계사의 주요 출간 분야

겨레 밝히는 책들 / 몸과 마음의 건강서 / 수행의 시대 / 정신과학 / 티벳 시리즈 / 잠재의식과 직관 / 자연과 생명 / 점성·주역·풍수 / 종교·신화·철학 / 환생·예언·채널링 / 동화와 우화 영혼의 스승들 / 비총서 (소설 및 비소설)